智能化立体仓库软件系统开发

张仰森　黄改娟　著

清华大学出版社

北京

内 容 简 介

本书主要介绍依据作者实际的项目开发经验,经过总结、提炼和创新形成的智能化立体仓库软件系统开发方法。全书共 14 章,内容包括智能化立体仓库概述、智能化立体仓库系统组成及工作原理、智能化仓库管理子系统 WMS 设计、数据库设计、B/S 系统的多层架构设计及实现技术、入库货位分配的多目标优化算法、出库托盘选择与拣选路径优化算法、基于 RFS 终端的数据采集子系统、RFS 的实现、ITDW 智能调度系统的研究与实现、两辆往复式 RGV/AGV 的联合调度算法、箱式输送线的缓存区调度算法、基于组态软件的 ITDW 监控系统设计、通信子系统的设计与实现。

本书可作为高等学校计算机应用和物流相关专业高年级本科生和研究生相关课程的教材或参考书,也可供从事智能化立体仓库或立体停车库、智能物流系统等领域的专业人员或科技工作者参考。

本书封面贴有清华大学出版社防伪标签,无标签者不得销售。

版权所有,侵权必究。举报: 010-62782989,beiqinquan@tup.tsinghua.edu.cn。

图书在版编目(CIP)数据

智能化立体仓库软件系统开发/张仰森,黄改娟著. —北京:清华大学出版社,2021.8
ISBN 978-7-302-57682-2

Ⅰ. ①智… Ⅱ. ①张… ②黄… Ⅲ. ①自动化技术－应用－仓库管理 Ⅳ. ①F715.6-39

中国版本图书馆 CIP 数据核字(2021)第 045422 号

责任编辑:龙启铭 战晓雷
封面设计:何凤霞
责任校对:胡伟民
责任印制:朱雨萌

出版发行:清华大学出版社
   网 址:http://www.tup.com.cn,http://www.wqbook.com
   地 址:北京清华大学学研大厦 A 座 邮 编:100084
   社 总 机:010-62770175 邮 购:010-83470235
   投稿与读者服务:010-62776969,c-service@tup.tsinghua.edu.cn
   质量反馈:010-62772015,zhiliang@tup.tsinghua.edu.cn
   课件下载:http://www.tup.com.cn,010-83470236
印 装 者:三河市铭诚印务有限公司
经 销:全国新华书店
开 本:185mm×230mm 印 张:16.5 字 数:360 千字
版 次:2021 年 8 月第 1 版 印 次:2021 年 8 月第 1 次印刷
定 价:59.00 元

产品编号:087432-01

前言 FOREWORD

　　智能化立体仓库系统是现代物流业的重要组成部分,在生产型企业、商务型企业的生产过程中起着非常重要的作用,在全世界都存在着巨大的市场潜力和广阔的发展前景。在生产型企业,生产车间从仓库中领取生产所需的原料和包辅材料,仓库系统执行出库作业,通过运输设备将生产原料和包辅材料输送到生产车间;当产品生产完成以后,将包装好的产品通过输送线送入仓库。当需要销售产品时,销售部门通过 ERP 系统向仓储部门下发销售计划,仓库系统根据销售计划生成出库作业,并通过计算机系统执行这些出库作业,实现产品销售,并将出库结果回传 ERP 系统。在商务型企业,企业采购的商品进入仓库,商品在销售时需要出库。整个物流系统中,仓库系统占有非常重要的地位。为了节约用地,提高物流运转速度,自动化或智能化立体仓库受到越来越多的生产型企业和商务型企业的重视。进入 21 世纪后,自动化或智能化立体仓库如雨后春笋在全国各地兴起,许多企业纷纷建立自己的立体仓库。

　　立体仓库的发展经历了人工叉车立体仓库、自动化立体仓库和智能化立体仓库的阶段。早期设计的立体仓库,其出发点是利用多层货架存储的优势,提高空间的利用率,进而减少仓库的占地面积,节约土地资源和企业成本。货物的存取主要通过人工叉车完成,仓库管理的记账也通过人工完成。后来,随着计算机及自动化控制技术被引入仓储领域,一定程度上达到了立体仓库自动化管理的效果,大大降低了工人的劳动强度。随着现代物流思想的推广和应用,人工智能技术被应用于立体仓库系统之中,业界和学界对立体仓库的性能优化、设备的智能调度、企业管理的辅助决策、机械制造工艺的革新等方面进行了研究和尝试,并将成果投入实用,大大提高了立体仓库的智能化程度,使企业生产管理更高效、更智慧,提高了企业的核心竞争力。

　　智能化立体仓库系统通常由立体仓库设备与相应的计算机信息管理及设备调度系统组成。立体仓库设备主要包括输送机、货架、码垛机、穿梭运输车、机器人等;计算机信息管理及设备调度系统由仓库管理系统(Warehouse Management System,WMS)和仓库控制系统(Warehouse Control System,WCS)组成,是整个智能化立体仓库的核心与灵魂。

如何设计 WMS 和 WCS 其实是智能化立体仓库系统设计的核心所在。WCS 中包括设备调度系统,它关系到仓库中多种机器人设备的调度问题。只有把 WMS 和 WCS 等软件设计好,才能解决好智能化立库系统设计的主要问题,即存储安全、存储效率、运行效率和能耗效率。

目前市场上有关仓储与配送、自动化立体仓库工程与建设方面的著作大多是由管理科学或机械工程及设计方面的学者撰写的,主要从概念、理论方面进行论述,或者从立体仓库的货架规划、设计、布局、组织施工、过程监理、项目验收、使用维护等环节进行论述。这些著作采用的是立体仓库建设的理论性的生命周期模型,实战性不是很强,有的著作通过仿真系统来验证其系统设计的有效性。到目前为止,本书作者还没有看到一本关于智能化立体仓库软件系统开发方面的专著。软件系统本来是立体仓库的核心和灵魂,但由于其安装在计算机中,在立体仓库现场几乎看不到计算机,看到的都是各种机器人设备和立体货架,因此,许多人关注的是货架的设计和堆垛机、AGV 等机器人的选型,而把指挥这些设备有序、高效运行的计算机软件忽视了。

在未来几年里,现代物流业将更快速地发展,企业对立体仓库的需求也将更大,对其智能化水平的要求也将更高。2014 年 10 月,国务院在《物流业发展中长期规划(2014—2020 年)》中指出,物流业已成为国民经济的重要组成部分,并步入转型升级的新阶段,要按照建设生态文明的要求,推动节能减排,加快关键技术装备的研发应用,提升物流业信息化和智能化水平,实现物流作业各环节、各种物流设施、设备以及物流信息的衔接配套,促进物流服务体系高效运转。可以预见,未来智能化立体仓库建设的需求更加旺盛,相关的计算机软件开发必将越来越受到重视。

本书是作者在参加国家重点研发计划项目"快件物流资源共享服务应用示范"的过程中,根据研究工作需要,结合多年来主持开发多个智能化立体仓库软件系统的经验编写的,是到目前为止第一部有关智能化立体仓库软件系统开发方面的专著。作者在多年的立体仓库软件系统开发过程中取得了很多项目经验,获得了数十项科研成果。本书的许多关键技术及科研成果都应用在"快件物流资源共享服务应用示范"项目中。

本书由 14 章构成,主要从仓库管理系统及其数据库设计、手持无线射频系统、设备调度系统、监控子系统 4 个方面进行介绍,并包括软件架构或模式的选择与实现方法。由于作者主持开发的多个系统实现的业务功能有所差异,采用的开发编程环境也有所区别,因此,在书中可能会看到不同系统开发实现的痕迹,希望读者能够理解。

作者主持开发的智能化立体仓库软件系统目前在国内多个企业运行,为企业的智能化管理做出了贡献。在一系列智能化立体仓库软件系统的开发过程中,作者的多名研究生参与其中,并对系统的实现做出了贡献,本书的很多内容也有他们的贡献,他们是张桂琴、李媛丽、刘安宇、张宇、刘武雷、张涛、柴菁等。

本书得到国家重点研发计划项目"快件物流资源共享服务应用示范"的课题"物流资源整合优化及非标产品服务共享技术研究"的支持,作者在此表示感谢。

在本书的写作过程中,尽管作者力求完美,但限于水平,疏漏和错误在所难免,敬请各位专家和广大读者批评指正。

"路漫漫其修远兮",在立体仓库的智能化进程中,我们只迈出了很小的一步。计算机技术的发展日新月异,未来,人工智能技术必将得到深层次应用,也必将实现更深层次的信息集成。作者愿和广大读者一起携手,共同谱写智能化立体仓库软件系统研发的新篇章。

张仰森

2021 年 6 月于北京

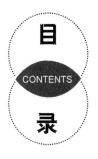

目 录

CONTENTS

第1章

智能化立体仓库概述

随着中国经济的快速发展和工业化水平的不断提高,中国建成了门类齐全、独立完整的产业体系,有力推动了工业化和现代化的进程,显著增强了综合国力,支撑了世界大国的地位。然而,与世界先进水平相比,中国制造业仍然大而不强,在自主创新能力、资源利用效率、产业结构水平、信息化程度、质量效益等方面差距明显,转型升级和跨越发展的任务紧迫而艰巨。为此,国家提出了《中国制造2025》的制造业发展规划。智能化立体仓库(Intelligent three-dimensional warehouse)是工业生产物流环节的重要组成部分,具有智能制造工程的特征,是现代物流技术的重要组成部分,其优点是节省土地和人力成本、生产效率高。近年来,电子商务的快速发展也刺激了立体仓库市场需求量的逐年增长,每年的市场规模为数十亿元。立体仓库的开发正在日益受到中国众多工业制造企业和物流企业的青睐和重视。

在现代工业制造企业中,随着生产规模的不断扩大,为了提高生产效率,智能化物流系统已经成为企业不可或缺的重要组成部分。物流(logistics)是指物资实体的物理流动过程,即物资场所(位置)的转移及时间占用,其核心是实物流动。物流系统是指在一定的时间和空间里由需要位移的物资以及包装设备、搬运装卸设备、运输设备、仓储设备、人员和通信联系等若干相互制约的动态要素构成的具有特定功能的有机整体。物流系统的目的是实现物资的空间和时间效益,在保证社会再生产顺利进行的前提条件下,实现各个物流环节的合理衔接,并取得最佳的经济效益。智能化物流系统则是指利用现代计算机信息技术和人工智能技术,优化物资供应的流程,降低库存成本,实现生产过程的最低库存,提高资金利用效率,通过智能化管理提升企业的经济效益。

在智能化物流系统中,智能化仓储系统是其核心和枢纽,是企业物流系统实现物流合理化的关键所在,在国民经济中有着举足轻重的地位。对于仓储系统来说,智能化立体仓库系统由于具有占地面积小、空间利用率高等特点,受到现代化制造企业的青睐和重视,它不仅能够快速、高效、合理地存储各种物资,而且在沟通物流信息、衔接产需、进行科学储备与生产经营决策等方面也能发挥出重要的作用。所以,近年来许多企业都开始建造智能化的立体仓库系统,甚至有的企业在进行 ISO 质量管理体系认证过程中,将智能化立体仓库作为物流管理的重要组成部分。

立体仓库系统经历了从人工叉车立体仓库到自动化立体仓库,再到智能化立体仓库的发展过程。早期的人工叉车立体仓库主要的特点是节省土地,便于集中存储,但人工的劳动强度比较大;随着计算机和自动化技术的发展,自动化的机械传输设备和堆垛设备代替了人工叉车,大大减轻了库存管理的劳动强度,提高了工作效率;而人工智能技术的出现又把自动化立体仓库系统的智能化水平提高到新的高度,智能化立体仓库不但能够减轻劳动强度,提高仓储效率,而且能够提供决策支持,做到最小化存储,提高企业的资金周转率、利用率,从而最大限度地提高企业经济效益。立体仓库系统的发展历程如图 1.1 所示。

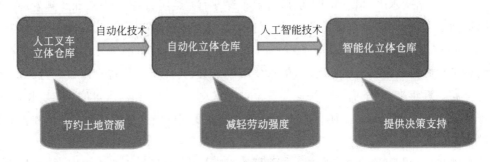

图 1.1   立体仓库系统的发展历程

智能化立体仓库应用范围很广,几乎遍布所有行业。目前在中国,智能化立体仓库应用的行业主要有机械、冶金、化工、航空航天、电子、医药、食品加工、烟草、印刷、物流配送中心、机场、港口等。

目前市场上关于立体仓库建造的相关著作不多,并且大多数是从物流管理的角度或机械设计的角度对立体仓库的建设进行介绍。随着计算机技术和人工智能技术的发展,智能化立体仓库技术已经非常普及,计算机软件系统已经成为智能化立体仓库系统的核心,没有计算机软件,就不可能有智能化的信息管理系统。本书以作者主持开发的智能化立体仓库软件系统为基础,结合计算机软件开发技术和人工智能技术,对智能化立体仓库软件系统的开发方法进行论述,供相关工程技术人员参考。

1.1 智能化立体仓库概述

1.1.1 智能化立体仓库的结构

立体仓库又称高层货架仓库,一般是指采用几层、十几层乃至几十层高的货架来存储货物,用相应的搬运设备进行货物入库和出库作业的仓库。由于这类仓库能充分利用空间存储货物,故人们形象地将其称为立体仓库。根据国际自动化仓储会议(International Conference on Automatic Warehousing)的定义,自动化仓库就是采用高层货架存放货物,以巷道式堆垛起重机为主,并结合出入库周边设备进行作业的一种仓库。这里所说的出入库周边设备通常包括辊式输送机、链式输送机、提升机、RGV/AGV、搬运机器人等。智能化立体仓库则是在自动化立体仓库的基础上,采用计算机软件技术和人工智能技术,使仓储系统的出入库更加智能高效,并能够为企业管理起到辅助决策的作用。

智能化立体仓库系统主要由高层货架、托盘、巷道式堆垛机、输送机系统、运输小车系统、自动控制系统、仓库管理系统、调度监控系统、无线手持系统等组成。在智能化立体仓库系统中,仓库管理系统、调度监控系统、无线手持系统等都涉及计算机软件的开发,是整个智能化立体仓库系统的灵魂,没有这些计算机软件系统,整个立体仓库系统就达不到自动化、智能化的效果。同时,通过调度监控系统可实现立体仓库内的单机手动、单机自动、联机控制、联网控制等多种立体仓库运行模式,实现仓库货物的立体存放、智能存取和标准化管理,可大大降低储运费用,减轻劳动强度,提高仓库空间利用率。

1. 高层货架

货架是立体仓库货物的存放场所。高层货架是立体仓库的重要建筑物,一般是由钢构件焊接或组装而成的。每排货架分为若干列和层的货格,每个货格可以存放 1~3 个托盘或货箱。作为一种承重结构,货架必须具有足够的强度和稳定性。货架越高,占用的存储面积越小,同时对货架的承重强度、安装精度和稳定性要求也越高,在正常工作条件下和特殊的非工作条件下都不至于被破坏。同时,高层货架还必须具有一定的精度和在最大载荷下的有限弹性变形。货架有悬臂货架、流动货架和货格式货架等形式,其中货格式货架比较常见,多用于容量较大的立体仓库。目前国内立体仓库采用的货架高度一般在 20m 以内,大多数采用 10~15m 的高度。图 1.2 是常见的货格式货架。

图 1.2 常见的货格式货架

2. 托盘

托盘是用于集装、堆放、搬运和运输作为单元负荷的货物的水平平台装置。其基本功能是装载货物,同时还应该便于叉车和堆垛机的叉取和存放。托盘是由两层面板中间夹以纵梁或柱脚,或单层面板下设纵梁垫板或柱脚形成的平面结构。为了提高出入库效率和仓库的利用率,实现存储智能化作业,通常采用货物连带托盘的存储方法,其中托盘作为存储工具。常见的托盘如图 1.3 所示。

图 1.3　常见的托盘

3. 巷道式堆垛机

巷道式堆垛机是立体仓库中最重要的搬运设备。其整机结构高而窄,主要由运行机构、货叉、装有存取货机构的载货台、机架和电气设备组成。其主要用途是在高层货架的巷道内来回穿梭运行,将位于巷道口的货物放入货格,取出货格内的货物运送到巷道口,或者将货物从一个货格放入另一个货格。

堆垛机的类型可按其支撑方式、结构形式、服务方式和作业方式等进行分类。巷道机按支撑方式可分为悬挂式堆垛机、地面支撑式堆垛机,按结构形式可分为单立柱堆垛机和双立柱堆垛机,按服务方式可分为直道堆垛机、弯道堆垛机和转移车,按作业方式可分为单元式堆垛机、拣选式堆垛机和混合式堆垛机。

堆垛机的载重量一般为几十千克到几千千克,行走速度一般为 4～120m/min,提升速度一般为 3～30m/min。图 1.4(a)是单立柱堆垛机,图 1.4(b)是双立柱堆垛机。图 1.5 是堆垛机的分类。

4. 输送机系统

输送机系统是立体仓库的主要外围设备,其主要的功能是将货物运送到堆垛机上或将堆垛机上的货物送到仓库出口,是货架与货物出入库口之间的连接输送系统。输送机种类非常多,常见的有辊筒输送机、链式输送机和皮带输送机等,如图 1.6 所示。

(a) 单立柱堆垛机　　　　　　　(b) 双立柱堆垛机

图 1.4　单立柱堆垛机和双立柱堆垛机

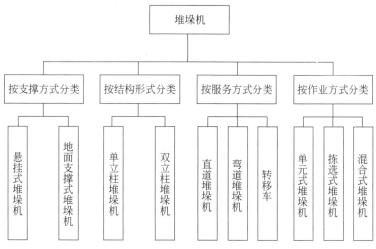

图 1.5　堆垛机的分类

5. 运输小车系统

运输小车系统也属于立体仓库的外围设备,其作用和输送机系统类似,主要负责将货物运送到出入库平台或从出入库平台将货物移走。运输小车系统目前主要有 RGV 和 AGV 两种。RGV 是有轨制导车辆(Rail Guided Vehicle)的英文缩写,又称为有轨穿梭小

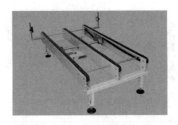

(a) 辊筒输送机　　　　　(b) 链式输送机　　　　　(c) 皮带输送机

图 1.6　辊筒输送机、链式输送机和皮带输送机

车,它通过轨道对车辆进行导引。AGV 是自动导引车辆(Automated Guided Vehicle)的英文缩写,它通过电磁或光学等自动导引装置对车辆进行导引,如图 1.7 所示。

(a) RGV　　　　　　　　　　　(b) AGV

图 1.7　RGV 和 AGV

6. 自动控制系统

自动控制系统也称仓库控制系统,主要负责驱动智能化立体仓库系统中各个设备的自动运行,采用的控制方式主要以现场总线方式为主。设备控制器目前大多数采用可编程逻辑控制电路(PLC),控制系统的编程主要是对 PLC 进行编程。智能化立体仓库系统中的调度系统主要通过 PLC 实现对堆垛机、输送机、RGV/AGV 等设备的控制与调度。

7. 仓库管理系统

仓库管理系统是整个智能化立体仓库系统的核心。目前典型的智能化立体仓库系统均采用大型的数据库系统(如 Oracle、SQL Server、Sybase 等)开发仓库管理系统。仓库管理系统的开发一般有两种模式,即客户机/服务器(Client/Server,C/S)模式和浏览器/服务器(Browser/Server,B/S)模式,用户可根据不同的需求进行选择。C/S 模式将客户端程序部署在客户机上,定时访问服务器交换数据。由于客户端与服务器直接相连,没有中间环节,因此具有响应速度快、受网络影响小、操作界面漂亮、形式多样等特点,可以充分满足用户的个性化要求。C/S模式的缺点是需要专门的客户端安装程序,分布功能弱,针对点多面广且不具备网络条件的用户群体,不能够实现快速部署安装和配置。另外,C/S模式兼容性差,开发工具有较大的局限性。若采用不同工具,需要重新改写程序,开发成本高,需要具有一定专业水准的技术人员完成。B/S模式客户端的应用程序是通过WWW浏览器实现的,处理程序主要部署在服务器端,开发简单,共享性强,可以随时随地通过网络进行查询、浏览等业务处理,业务扩展简单方便,系统维护也比较方便,只需要改变网页,即可实现所有用户的同步更新。其缺点是个性化特点明显降低,无法实现个性化功能要求;页面动态刷新,响应速度明显降低;无法实现分页显示,给数据库访问造成较大的压力;功能弱化,难以实现传统模式下的特殊功能要求。

8. 调度监控系统

调度监控系统是整个立体仓库系统的枢纽,它上连仓库管理系统,下连可编程逻辑控制器,通过PLC对仓库系统中的所有设备进行控制,在整个系统中起着信息传递的作用。当系统处于自动状态时,整个立体仓库中的设备通过设备调度算法进行控制,设备调度算法的优劣直接影响立体仓库系统运转的效率;当系统处于手动状态时,通过组态软件开发的可视化监控系统对立体仓库中的设备进行操作。可以说,没有调度监控系统,立体仓库系统就会处于瘫痪状态。

9. 无线手持终端系统

无线手持终端系统也称射频终端(Radio Frequency terminal System,RFS),它和仓库管理系统访问的数据库是相同的,可采用C/S或R/S架构实现,但由于在手持终端上部署客户端程序比较复杂,所以大多数RFS采用B/S架构实现。手持终端是可以进行条形码识别的数据采集设备。在立体仓库的日常运作中,由于所有货物出入库数据采集的需要,RFS是应用最频繁的,几乎所有的出入库操作和作业下发都是由RFS完成的,所以RFS设计的好坏直接关系着整个立体仓库的作业效率。

1.1.2 智能化立体仓库的特点

智能化立体仓库是以高层货架为主体,以成套搬运设备为基础,以计算机控制技术为手段的高效率物流、大容量存储的机电一体化高科技集成系统。它可以产生巨大的经济效益和社会效益。智能化立体仓库主要有如下几个特点。

1. 空间利用率高

早期立体仓库的构想的基本出发点就是提高空间利用率,充分节约有限且宝贵的土地。在西方一些发达国家,提高空间利用率的观点已有更广泛、深刻的含义,节约土地已与节约能源、环境保护等更多的方面联系起来,有些国家甚至把空间利用率作为系统合理性和先进性考核的重要指标。立体仓库的空间利用率与其规划紧密相连。一般来说,智能化立体仓库的空间利用率为普通平面仓库的 2~5 倍,这在提高土地利用效率方面是相当可观的。

2. 便于形成先进的物流系统,提高企业生产管理水平

传统仓库只是货物储存的场所,保存货物是其唯一的功能,是一种静态储存。智能化立体仓库采用先进的智能化货物搬运设备,不仅能使货物在仓库内按需要自动存取,而且可以与仓库以外的生产环节有机连接,并通过计算机管理系统和智能化货物搬运设备使仓库成为企业生产物流中的一个重要环节。企业外购件和自制生产件进入智能化立体仓库储存是整个生产的一个环节,短时储存是为了在指定的时间自动输出到下一道工序进行生产,从而形成智能化的物流系统,这种储存也可以看作动态储存,是当今智能化立体仓库发展的一个明显的技术趋势。

3. 加快货物的存取节奏,减轻劳动强度,提高生产效率

建立以智能化立体仓库为中心的物流系统,其优越性还表现在智能化立体仓库所具有的快速、高效的出入库能力,能快速、妥善地将货物存入立体仓库中(入库),也能快速、及时、自动地将生产所需零部件和原材料送达生产线。这一特点是普通平面仓库所不具备的。同时,智能化立体仓库的实现是减轻工人劳动强度的最典型的例子。

4. 减少库存资金积压

一些大型企业由于历史原因造成管理手段落后,物资管理零散,使生产管理和生产环节的紧密联系难以到位,为了达到预期的生产能力并满足生产要求,就必须准备充足的原材料和零部件,以保证产品生产能够不间断地进行。但这可能会导致部分原材料或零部件的库存积压,造成库存资金的大量占用,拉高了企业运行的资金成本。如何控制库存积压并充分满足生产需要,已成为大型企业不得不面对的一个大问题。智能化立体仓库系统通过数据分析可以给出在满足生产需求条件下的最低库存要求,减少库存资金的占用,是解决企业资金利用效率最有效的手段之一。

5. 成为现代化企业的重要标志

现代化企业采用集约化大规模生产模式。在生产过程中,各环节必须紧密相连,成为一个有机整体,这就要求生产管理科学、实用,做到决策科学化。建立智能化立体仓库系统是其有力的措施之一。

如前所述,智能化物流系统在最大限度地利用空间、最大限度地满足生产要求、减轻工人劳动强度、提高生产效率、加强生产和物资管理、减少库存积压资金等方面具有无可比拟的优势,这正是一个现代化企业所追求的。

由于采用计算机管理和网络技术,企业领导能够宏观、快速地掌握各种物资信息并使工程技术人员、生产管理人员和技术人员及时了解库存信息,以便合理安排生产工艺,提高生产效率。国际互联网(Internet)和企业内部网络(Intranet)更为企业取得与外界的互联、突破信息瓶颈、开阔视野、外引内联提供了广阔的空间和坚实、强大的技术支持。

国内外大型企业自 20 世纪 60 年代始逐步采用智能化物流系统。今天智能化物流系统已成为企业生产管理不可缺少的重要组成部分。据统计,日本目前已建成的智能化立体仓库已超过 10 000 座。建立智能化立体仓库系统已成为现代化企业的重要标志之一。

1.2　国内外发展概述

立体仓库的出现与发展是与工业发展和科技发展相适应的。现代化工业和科学技术促使工业生产向社会化、专业化和集中化方面发展。生产的高度机械化、智能化必然要求生产原料和物资的供应分发及时、迅速和准确,这就促使自动化仓储技术得到迅速发展,并成为工厂建造设计中高科技的一个体现。

1.2.1　立体仓库发展概述

立体仓库的产生和发展是第二次世界大战之后生产和技术发展的结果。20 世纪 50 年代初,美国出现了采用桥式堆垛起重机的立体仓库;20 世纪 50 年代末至 60 年代初,美国出现了司机操作的巷道式堆垛起重机立体仓库;1963 年,美国率先在立体仓库中采用计算机控制技术,建立了第一座由计算机控制的立体仓库。此后,自动化立体仓库在美国和欧洲得到迅速发展,并形成了专门的学科。20 世纪 60 年代中期,日本开始兴建立体仓库,并且发展速度越来越快,成为当今拥有智能化立体仓库最多的国家之一。

我国对立体仓库及其物料搬运设备的研制开始得并不晚。1963 年,机械部北京起重运输机械研究所研制出我国第一台桥式堆垛起重机;1973 年,机械部起重所开始研制我国第一座由计算机控制的智能化立体仓库,该库高 15m,并于 1980 年正式投入运行。截至目前,尽管我国已经有数千座智能化立体仓库投入运营,但利用人工智能技术开发的智能化立体仓库在我国的整体发展水平尚在起步阶段,在信息处理及智能化程度等各个方面与西方发达国家仍有一定差距,因此有很大的发展空间。立体仓库由于具有很高的空间利用率、高效的出入库能力以及由于采用计算机进行控制管理而有利于企业实施现代化管理等特点,已成为企业物流和生产管理不可缺少的仓储技术,越来越受到企业的重视。

近几年来,随着人工智能技术的兴起,智能化搬运的概念开始出现,立体仓库的智能化程度不断提高。智能化搬运开始实施时主要用在纸箱的拣选上,目前智能化搬运已经转向高层仓库的自动存取系统(Automated Storage and Retrieval System,AS/RS)。智能化的优势在于企业将资金用于智能化设备,而不是作为机械化搬运系统的人工费用。除了减少人员数量以外,智能化系统还提高了操作的速度和准确性。智能化系统的缺点是投资大、开发和应用复杂。智能化仓库有整体式仓库和分离式仓库两个基本类型。智能化仓库起始于 12m 以上的高层货架仓库,这种仓库的货架结构不但用于存放货物,同时又是仓库建筑的柱子和侧壁的支撑,即仓库建筑与货架结构成为一个不可分的整体,故称整体式仓库。整体式仓库技术水平高,但是存在投资大和建设周期长等问题,适用于大型企业和流通中心。相反,若货架结构自成体系,与建筑无关,这样的仓库称为分离式仓库。随着科学技术和生产力的发展,大型整体式仓库有仓库技术向系统化、智能化、无人化方向发展,仓库管理向计算机化、网络化发展的趋势,不但追求仓库本身的经济效益,而且有望为进一步提高企业的综合经济效益做出重要贡献。

随着我国制造业和电子商务以及物流业的快速崛起和迅猛发展,仓储业也越来越受到上述行业的重视和广泛关注。21 世纪初,普洛斯公司高调宣布打造中国沿海仓储网络,同时国外仓储业抢滩中国市场,我国的仓储业发展面临巨大的竞争压力,当然这种压力也成了我国仓储业发展的机遇。在过去近 20 年的发展中,我国的仓储业在智能化方面向发达国家看齐和靠拢,将国际上仓储智能化发展的经验不断引入我国,智能化仓储已成为我国仓储业发展的未来趋势。智能化立体仓库发展至今,在设计、制造、智能化控制和计算机管理方面的技术日益成熟。条形码技术、扫描技术、RFID 技术等数据采集技术越来越多地应用于仓库堆垛机、自动导引小车和传送带等运输设备上,移动式机器人也作为柔性物流工具在柔性生产以及仓储和产品发送中日益发挥重要的作用。

1.2.2　仓库管理系统发展现状

在国外,20 世纪 50 年代至 60 年代是仓库管理系统(WMS)发展的初级阶段。最早的仓储管理的概念仅仅体现在工厂设计过程中,还没有完整的仓储管理系统化的思想。20 世纪 70 年代中期,专用的 WMS 在美国面世,标志着 WMS 进入快速发展的阶段。20 世纪 80 年代,在仓储管理系统分析中,开始利用计算机仿真技术进行方案比较和优选,同时对复杂系统开始进行仿真研究,包括从原料接收到仓库、制造、后勤等支持系统的分析和评价等,利用图论、专家系统、模糊集理论进行多目标优化问题的讨论。20 世纪 90 年代以来,国外开始结合现代制造技术(如 FMS、CIMS、RF、ERP、SCM)和现代管理技术(如 JIT)等进行备件搬运和平面布置的研究,对仓储管理系统的研究也扩大到产品订货到销售的整个过程。

与国外相比,我国的 WMS 研究起步比较晚,技术上相对落后。1982 年,美国物流专家 Richard Muther 来华讲授系统布置设计、备件搬运设计、系统化工业设计规划,国内将其 3 本著作翻译出版,产生了极大的影响,这可以称为我国现代 WMS 发展的开端。

目前,我国的 WMS 研究取得了很大的成就。在应用系统方面,主要有昆船智能化物流工程公司的 TIMMS 2.0 软件,该软件提供从智能化立体仓库(AS/RS)到人工仓库多种管理模式,具有规范和统一的物流控制接口,并已经与 Hair 公司的 ERP 软件相结合,实现了按订单收货、转储、成品 B2B 发货等功能;重庆奥林电子技术有限公司研制开发的 AWMS 2.0 软件,支持 IC 卡/条形码读入等多种控制接口,具有配方管理功能;汇驿科技公司开发的 EVIN WAREHOUSE 软件采用了面向第三方物流企业现代仓储管理的设计,能接收来自仓储管理设备(如手持终端、无线射频等)提供的相关信息和数据,并可提供接口,与大型 ERP 系统(如 SAP)进行数据交换。

我国市场上 WMS 的应用呈现二元结构。一个是以跨国公司或国内少数先进企业为代表的高端市场,其应用 WMS 的比例较高,采用的系统也集中于国外基本成熟的主流品牌;另一个是以国内企业为代表的中低端市场,主要应用国内开发的 WMS 产品。WMS 从应用的角度可分为基于典型的配送中心业务的应用系统、以仓储业的经营决策为主的应用系统以及以作业技术的整合为主要目标的系统。

WMS 的上述分类反映了我国制造企业和物流企业不同需求层次的现状,不同水平的 WMS 产品各有其用武之地。我国的仓储管理及基础相对落后,国内目前在市场占主流的仍然是传统的 WMS,人工智能技术在 WMS 中的应用还处于起步阶段。传统的 WMS 在过程设计方面还不能实现企业内部资源统一配置。从软件设计手段来看,我国在仓库管理领域的软件开发方法相对落后,主要原因是先进的软件技术与物流管理手段衔接缓慢。

从中外物流发展的动向来看,有一些值得关注的特点,可能会揭示仓储管理发展变化的趋势。

(1)随着物流资源的整合,在网络建设过程中,人们提出了仓储管理的集中模式与分散模式的关系问题。近年来的研究表明,自然界多数复杂系统是由简单系统采用"分布式"模式结合起来构成的。技术方案的思路也就变成了如何在分布式仓库网络基础上解决那些需要集中管理的问题。IBM 公司推出的 SOA(Service Oriented Architecture,面向服务的体系结构)就是此类研究的一个典型代表。在此基础上,WMS 的基本结构、标准模块和数据交换接口标准等方面的研究正在不断深入。

(2)以 RFID(Radio Frequency Identification,射频识别)为代表的新技术正在深刻地影响着仓储管理和 WMS,甚至孕育着一场物流革命。由于种种原因,RFID 还不可能马上普及应用到所有的商品上,全世界也不会很快就采用统一的物品编码标准。但是在物流环节可以通过车辆、集装箱、托盘、货架等设备应用 RFID 技术,提高物流管理水平。事实上,已经有不少 WMS 案例采用了 RFID 技术。

（3）JIT(Just In Time,准时生产)最早是日本丰田汽车公司采用的一种生产管理方式。它的基本思想是"在需要时提供需要的材料、零件和设备等",从而避免库存带来的闲置浪费,因此它又称为无库存生产方式。近年来,JIT 不仅作为一种生产方式,也作为一种通用管理模式在物流、电子商务等领域得到推行。JIT 方式将成为 WMS 服务的主要市场需求。随着市场逐步成熟,仓储管理在流程中的整合作用越来越明显,传统仓库将向配送中心转化。JIT 方式的普遍化也将导致 JIT 配送需求的增长。WMS 的发展要基于需求的这个变化趋势。与此同时,配送需求的专业化市场细分也在深入,这要求 WMS 进一步支持 JIT 配送的专业化。

（4）商业智能(Business Intelligence,BI)技术在 WMS 中的应用将越来越多。商业智能就是利用数据挖掘技术开发企业积累的数据信息,使之变成可以利用的知识。例如,可以利用库存数据分析市场变化规律,发现市场异常现象,研究仓库作业的优化方案。

在低水平的应用中,往往是系统采集数据,人工进行决策。企业经过一定的积累,应该过渡到系统具有决策的功能,这是仓储系统走向智能化的标志。

1.2.3　智能化立体仓库调度监控系统的发展现状

智能化立体仓库调度监控系统的主要作用是根据具体仓库的巷道式堆垛机和出入库传输系统等设备的实际位置及运动状态等信息,按照一定的调度规则动态生成所有的任务链路,并进行实时跟踪管理和动态调度,以实现储运设备的高利用率并实时避免并发任务的调度冲突,同时实现对整个设备运作系统的监视与控制,实时监控和协调各硬件设备的正常运转,并且及时监测并处理运作过程中可能出现的故障。

软件体系中调度问题的处理实际上是把作业调度从监控系统中抽取出来,作为一个单独的子系统(调度系统)进行研究。调度问题实际上是优化问题。智能化立体仓库系统是在不直接进行人工处理的情况下自动地存储和取出货物的系统,在实际应用中,仓库中出库作业调度、固定货架拣选、输送小车和堆垛机调度都属于调度问题。实现最优的调度有利于提高智能化立体仓库的利用率,最大限度地提高企业的生产率。

国内外许多学者针对智能化立体仓库的调度问题进行了大量的研究,取得了不少研究成果。在国内,山东大学的田国会等提出了影响仓库运行效益的若干优化调度问题,分别采用 Petri 网、时态逻辑、模拟退火、遗传算法、神经网络等方法,并结合计算机仿真技术进行了研究。山东工业大学的常发亮等研究了一类物资配送中心的库存管理与布局优化问题,讨论了库存量的确定方法,提出了货位的布局策略及其优化算法,并对货位的再调整进行了阐述。上海铁道大学的周奇才提出了立体仓库运行控制的优化准则,分析确定了仓库系统控制的优化控制数学模型,并运用有关原理,提出了仓库巷道式堆垛机及出入库系统货箱运行的优化控制程序等。兰州理工大学的剡昌锋等运用遗传算法对智能化立体仓库的调度问题进行了研究,研究结果表明,该方法能够得到可行的调度策略,并使系统达到较好的性能指标。浙江大学的柳赛男等提出了库区分配策略、任务分配策略和货位分配策略3种调度策略来提高智能化立体仓库出入库作业效率,在一般库区分配策略的基础上,提出了基于映射的货品-货位耦合库区分配策略。该策略将货品按出库频率高低排列,形成不同优先级的货品链,货位按照距离出入库台的远近划分为优先级不同的货位链,优先级高的货品链和优先级高的货位链相耦合,从而形成相应的货位分区。大连海事大学的蒋宇基于货位出入库频率预测,采用动态的研究方法,将出入库频率作为货位优化数学模型中的动态变化参数,建立了智能化立体仓库出入库优化模型,并进行了相应的分析研究。湖南大学的李俊等从企业仓储作业中出入库调度策略的需求出发,利用面向对象建模理论和 FlexSim 仿真软件进行入库策略的建模,给出了一个将复杂策略结果映射到仿真模型的方法,并将其应用于仿真实例,最后对改进的最近邻策略与 ABC 库存分类的入库策略在效率上进行了比较,并通过分析得出两种策略的适用范围。

在国外,van den Berg J.P.和 Zijm W.H.M.于 1999 年对仓库进行了分类,分析了仓库中不同活动所产生的费用在总费用中的比例,并对手工仓库、智能化立体仓库的拣选、出入库方式等进行了分析,将仓库分为前向区和保留区,同时将如何分配库存到前向区和保留区转换成 0-1 规划问题。对于仓库中各个功能区的面积以及如何安排产品到各个功能区,Heragu 等于 2005 年建立了一个数学模型并提出了一个启发性算法,他们将仓库分为收货区、前向区、保留区、直接换装区、发货区,同时将仓库的物流分为 4 种类型,然后建立优化模型,并给出了一个启发式算法。Larson TN 等则通过库存分类来设计仓库布局,以便提高空间利用率,降低物流成本。Malmborg C.J.于 1996 年提出了在不同的货位分配原则下分析空间需求和取货效率之间的折中工具。通过发展仓储系统中存货水平的状态分布概率函数,可以计算空间的减少和取货费用的变化。通过比较不同货位分配原则下的平均取货费用,从而可以比较不同货位分配原则。美国学者 Linn R.于 1990 年提出将专家系统的思想应用到立体仓库的控制中,经过十多年的发展,专家系统已成功地应用于智能化立体仓库的控制领域。Kim Byung 等提出了一种基于调度和控制系统的混合智能代理结构并将其应用于 AS/RS 的货位拣选问题,仿真证明这种方法可以优化立体仓库的物料库存。Donald Tepas 引入了一种知识信息系统来辅助决策立体仓库中的调度问题。

国内的研究机构对立体仓库的研究各有侧重点,但主要的研究内容集中在仓库监控系统的研究及堆垛机、输送车和旋转货架的优化调度几方面。虽然人们从不同角度出发对立体仓库的优化调度进行了研究并取得了一定的进展,但仍未寻找到具有普遍意义的高效通用算法,在工程实际应用中更是遇到了极大的困难。其中既有研究方法本身的问题,也有仓库优化调度本身复杂性的影响。由于仓库优化调度数学模型的建立已经忽略了多个动态参数,优化调度的多个方面都是非多项式时间可解的难题(NP 难问题),而 NP 难问题的最优化求解过程又需要耗费大量的计算时间,因此现有的许多方法往往更具有理论意义。如何在尽量减小优化方法本身的复杂性的同时,设计出实用的立体仓库优化调度方法,仍然是智能化立体仓库计算机软件系统需要解决的一个重要课题。

 ## 1.3　本书的主要内容安排

本书对智能化立体仓库系统中的软件开发方法进行论述,讲解软件的组成与结构、开发步骤与方法。将分别对仓库管理系统、调度监控系统、无线手持系统等进行阐述。仓库管理系统以存储服务为核心,采用基于 B/S 多层架构的设计模式,上接企业资产管理信息系统(ERP 或 MIS),将仓库管理信息向下传送给调度监控系统,在整个企业的信息化建设中起着承上启下的作用。调度监控系统作为一个独立的子系统将单独介绍其开发方法,并且以某企业智能化立体仓库系统为主要研究和使用对象,采用网络通信技术、分布/集中控制技术、OPC 技术、智能优化技术、有线/无线通信技术等,以实现现代物流仓储系统的智能优化监控、管理与调度。由于仓库类型的多样化、产品结构的差异化、设备参数更新的快速化,仓库的优化控制和优化调度必须具体问题具体分析。仓库优化调度的效率又与仓库布局与结构、存储原则、拣选策略、输送系统和企业信息流走向等多方面的因素有关,还与立体仓库系统中要控制和调度的设备有关,例如,可能涉及的被控设备有输送机、堆垛机、提升机、RGV/AGV 等,不同的立体仓库可能拥有的设备种类和多少也有所不同,因此,从整个立体仓库系统来看,要实现智能化优化调度及监控是极为复杂的。

本书的具体组织结构如下。

第 1 章是智能化立体仓库概述。主要介绍智能化立体仓库建设的背景及意义,智能化立体仓库结构及特点,以及国内外发展的历程。

第 2 章是智能化立体仓库系统组成及工作原理。主要介绍智能化立体仓库系统的整体组成及工作原理,从硬件和软件两个方面介绍 SARS 系统的组成,并简要介绍各部分的工作原理。

第 3 章是智能化仓库管理系统(WMS)设计。WMS 是智能化立体仓库系统的核心,它上与企业上位系统(ERP 或 MIS)衔接,下与计算机调度监控系统(WCS)相连,是整个智能化立体仓库系统的信息管理核心,所有库存数据、出入库流水数据、各种数据报表都由 WMS 完成。它的软件设计与企业的业务流程密切相关,因此,本章主要介绍 WMS 的结构模式、系统的边界分析以及需求分析的方法,并对与 WMS 的上位系统 ERP 和下位系统 WCS 的接口设计方法进行介绍。

第 4 章是数据库设计。数据库是 WMS 不可缺少的一部分,在开发 WMS 的过程中,数据库平台的选型、库结构的设计等直接关系到 WMS 的运行效率。本章主要对数据库的命名规则和使用原则、结构定义、服务设计、备份策略等进行论述。

第 5 章是 B/S 系统的多层架构设计及实现技术。目前的 WMS 编程实现通常有 C/S 和 B/S 两种结构模式。随着网络技术的发展,B/S 结构模式由于客户端应用程序部署安装简单,共享性强,可以随时随地通过网络进行查询、浏览等特点,是目前 WMS 开发的主要模式。本章主要介绍基于 B/S 结构模式的 WMS 设计与开发方法。

第 6 章是入库货位分配的多目标优化算法。立体仓库的货位分配以及每个托盘上盛放的物品数量直接影响物品入库的效率。本章对入库业务流程进行分析,提出了组盘、组箱策略算法来提高立体仓库的利用效率;对入库时的货位选择与分配策略进行了深入研究,得出如下具体分配原则:货架负重均衡、分巷道存放和就近策略,针对这些原则提出多目标货位分配优化策略的解决方案,以提高效率,降低仓储成本。

第 7 章是出库托盘选择与拣选路径优化算法。立体仓库出口的效率与堆垛机的行走路径有着极大的关系。本章分析出库拣选作业流程,系统地提出了出库托盘选择算法用于优化物料的出库作业生成。在此基础上,针对转弯式巷道立体仓库的特点,对拣选作业流程进行分析,运用改进的最近邻算法生成优化的作业序列来提高出库效率,同时对作业执行和错误处理等调度过程进行了设计。

第 8 章是基于无线手持终端的数据采集系统。对智能化立体仓库系统来说,入库和出库是其重要的组成部分,因为仓库中的所有物品都要通过入库和出库进行动态运转。而入库和出库的数据采集则需要通过无线手持终端进行,因为一个立体仓库的面积是很大的,采用无线手持终端可大大方便库管人员的操作。本章主要介绍数据快速采集的条码标识需求、条码的选择以及 RFS 的架构设计。

第 9 章是 RFS 的实现。本章主要针对 RFS 的实现方法进行讨论,包括无线手持终端系统的编程实现技术以及 PDF417 二维条码的生成和打印技术。

第 10 章是智能调度系统的研究与实现。本章首先从系统功能需求出发,利用框图、用例图和类图对系统进行总体设计,然后确立系统的主要业务及相关物理数据模型,从堆垛机作业调度和 RGV 作业调度两个方面对系统进行详细设计,最后以 Delphi 多线程技术实现智能调度系统。

第 11 章是两辆往复式 RGV/AGV 的联合调度算法。本章主要解决智能化立体仓库系统中运行于单条轨道上的两辆直线往复式 RGV/AGV 的避碰问题,以及在车辆不相撞的前提下如何进行合理的作业调度问题,以提高智能化立体仓库系统中外围设备的运行效率。

第 12 章是箱式输送线的缓存区调度算法。箱式输送线是大型企业生产过程中用于从生产车间到立体仓库输送产品的外围设备。本章主要讨论箱式输送线在产品输送过程中的缓冲区调度算法，以提高整个智能化立体仓库系统的出入库效率。

第 13 章是基于组态软件的监控系统设计。本章主要介绍组态软件的结构特点、监控系统的主要功能以及利用组态软件 RSView32 来组建监控系统的方法。

第 14 章是通信子系统的设计与实现。主要介绍监控层是如何与上位管理层及下位控制层进行通信的，其中重点介绍 OPC 技术在 PC 与 PLC 之间通信的作用。

 ## 1.4 本章小结

本章介绍了研发智能化立体仓库系统的意义和价值，对立体仓库的基本构成情况进行了简要介绍，并对立体仓库的种类、发展历程、采用的技术进行了概述，最后对全书的组成结构及各章的内容作了概括性的描述。

第2章

智能化立体仓库系统组成及工作原理

智能化立体仓库(Intelligent Three-Dimensional Warehouse,ITDW)系统根据不同的需求具有各自的特点。本章从硬件系统和软件系统两个方面来讨论 ITDW 系统的组成及工作原理。

2.1　ITDW 系统整体组成

面向现代物流的智能化立体仓库应是一个高度集成的系统,能够适应信息流、物流和商流集成的分流,适应单机智能化、过程智能化、物流智能化、企业信息化、电子商务等多个层次的需求。因此,立体仓库必须配合现代物流的发展,对其整个流通过程和数据管理方式进行不断更新和优化。

根据货物相对流向的不同和智能化程度的不同,智能化立体仓库系统通常可分为3类:

(1) 目标货位不动,库管操作员到目标货位取放货物。

(2) 库管操作员不动,目标货位的货物到达库管操作员所在位置。

(3) 需要少量库管操作员。

第一类仓库系统要求库管操作员依次遍历各货位点,按要求取放货物,实现人到货位的货物流程,代表类型是以拣选式堆垛机和固定货架为基础的拣选式智能化仓库。第二类仓库系统要求指定货位的货物自动到达库管操作员面前,实现货物到人的货物流程,代表类型是以旋转货架为基础、中小型货物为存储对象的智能化仓库。第三类系统通过采用机器人控制技术和自动输送分拣技术实现仓库系统的全自动管理和控制,该类系统实现了货物流和信息流的全面智能化。

作者为某单位研发的智能化立体仓库系统就是上述 3 类系统的综合应用,该仓库系统采用混合巷道分类存储货物,既有单元式堆垛机,又有拣选式堆垛机,同时还配有输送机和 RGV/AGV 小车。图 2.1 为该智能化立体仓库布局示意图。它是一个比较复杂的立体仓库系统,很具有代表性。

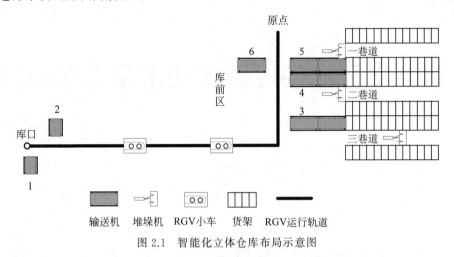

图 2.1 智能化立体仓库布局示意图

该仓库中共有 3 个巷道,每个巷道又分为左右两排货架,每排共 180 列,每列共 9 层。其中一、三巷道为拣选区,二巷道为自动区,在一、二、三巷道中作业的堆垛机分别是 1 号、2 号、3 号堆垛机。该仓库的输送系统由三台堆垛机、六台输送机、两辆 RGV 小车以及一条导引 RGV 小车运行的非环形轨道组成。图 2.1 中的数字 1～6 为输送机的序号。输送机既可作为入库台又可作为出库台,当输送机上放有需要入库的货物时,即作为入库台使用;相反,当输送机上放有待出库或已出库的货物时,则作为出库台使用。

智能化立体仓库系统除了高层货架、巷道式堆垛机、托盘或货箱、输送机、RGV 等硬件外,为了实现货物的智能存储,还需要相应的管理、调度、监控以及控制系统,所以智能化立体仓库系统的组成如图 2.2 所示。

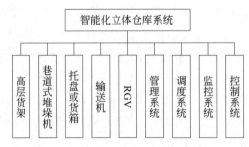

图 2.2 智能化立体仓库系统组成框图

　　高层货架、巷道式堆垛机、托盘或货箱、输送机和 RGV 属于智能化立体仓库系统硬件的基本组成部分,而有些立体仓库还包括 AGV、提升机、箱式输送线、码垛/拆垛机器人。例如,作者为某制药集团生产基地所建立的智能化立体仓库系统就包括 AGV、箱式输送线、码垛/拆垛机器人等。智能化立体仓库系统的软件部分主要由管理系统、调度系统、监控系统和控制系统组成。管理系统的主要功能是高效合理地管理货物的出入库和库存信息,生成相应的出入库作业;调度系统及监控系统下发控制指令给控制系统(执行机构)实现相应的操作并把操作信息反馈给管理系统;而控制系统要控制的对象就是堆垛机、输送机和 RGV 等硬件。上述信息流程如图 2.3 所示。

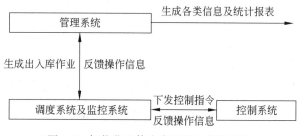

图 2.3　智能化立体仓库系统的信息流程

 ## 2.2　系统硬件工作原理

　　在进行自动化立体仓库监控与调度系统的开发之前,有必要了解堆垛机、RGV/AGV 小车、输送机等硬件设备的工作原理。

2.2.1　堆垛机

1. 结构组成

本章介绍的智能化立体仓库系统中选用的堆垛机是有轨巷道式堆垛起重机,采用双立柱结构,主要由载货台、水平运行机构、起升机构、货叉伸缩机构、行走轨道及上导轨组成,此外还设有安装、维修用的安全梯、栏杆扶手及各附件支架。

2. 控制原理

堆垛机控制器安装在堆垛机上。主要电气元件包括 PLC(Programmable Logic Controller,可编程逻辑控制器)、变频器和触摸屏,用于控制整个堆垛机系统的自动行走、起升和货叉伸缩。行走、起升和货叉电机采用变频调速。

3. 工作原理

堆垛机控制器接到上位机作业指令后,通过水平行走、载货台垂直升降、货叉左右伸缩形成的三维运动可将指定位置的货物取出或将货物送入指定位置。

4. 控制方式

堆垛机有维修、手动、单机自动及联机自动 4 种控制方式。

(1)维修方式。操作人员登机操作,通过堆垛机上的触摸屏控制堆垛机运动。此时堆垛机的运行状态为即停方式(类似点动),用于堆垛机维修、调试。

(2)手动方式。操作人员登机操作,通过堆垛机上的触摸屏控制堆垛机水平行走、载货台垂直升降及货叉左右伸缩。

(3)单机自动方式。当上位机与堆垛机通信出现故障时,操作人员通过堆垛机上的触摸屏输入作业指令,堆垛机自动执行作业指令。

(4)联机自动方式。堆垛机在接到上位监控系统发出的作业指令后,自动完成相应的出入库作业,并向控制计算机反馈作业状态信息及故障信息。联机自动方式和单机自动方式的主要区别在于作业指令的输入方式不同。

2.2.2 RGV/AGV 小车

RGV 是一种轨道托盘搬运小车,可与托盘输送机配合使用,可沿直线或环形输送物品,可采用滑触线供电或拖缆供电。RGV 的控制由其调度控制系统完成。如果物流路径和工作方式变更,只要重新设定控制系统有关参数即可。

RGV 采用变频器驱动方式,运行平稳、快速。RGV 采用相对认址和地址校正措施,定位准确可靠。RGV 通过无线通信方式与堆垛机、地面输送系统和监控计算机通信。

AGV 是无人操纵的自动化输送系统,主要由自动导向车、地面站、导向设施(磁条、激光反射板)、通信系统、停车站、充电站、作业按钮盒和周边设备等组成。其中自动导向车是系统的主要部分之一。

下面对 AGV 进行简要介绍。

1. 组成结构

AGV 由机械部分和电气部分组成。机械部分主要包括 AGV 本体、液压升降系统、运行驱动系统、电池箱和防撞装置,电气部分包括 AGV 控制系统、磁导航或激光导航系统、障碍物检测系统和无线通信系统。

2. 控制原理

AGV 在智能化立体仓库系统中作为一个独立的控制系统存在,采用 PLC 控制方式,通过通信模块与提升机或输送机系统相连。

3. 工作原理

在作者完成的一个开发实例中,由于运行环境因素的限制,AGV 采用磁带导引方式,小车在贴有磁带的路径上运行时通过装在车底部的电磁感应装置进行定位,确定当前的位置以及运行方向。

4. 控制方式

AGV 主要有手动和自动两种控制方式。

(1) 手动方式。操作人员可以通过 AGV 上的触摸屏控制 AGV 的运行。此方式主要用于 AGV 的故障维修以及定位调试。

(2) 自动方式。该方式是 AGV 的正常工作方式,AGV 通过无线网络与地面控制系统和提升机或输送机系统相连接,进行数据交互,AGV 接收调度系统或提升机系统发给地面控制系统的作业信息并进行相应的操作,在操作完成后将完成信息反馈给地面控制系统。

2.2.3　输送机

输送机是将入库托盘输送至堆垛机作业起始位置或将出库托盘输送至出库端口的水平输送设备。

1. 结构组成

输送机的种类有很多,常见的主要有辊筒输送机、链式输送机和皮带输送机等。不同种类的输送机,其结构组成也不同。

辊筒输送机是一种在两侧框架间排列若干辊筒的连续输送设备,主要用来输送具有一定规则形状或平直底部的成件货物,如箱类容器、托盘等。辊筒输送机分为无动力辊筒输送机和有动力辊筒输送机两种。无动力辊筒输送机本身无驱动装置,辊筒转动呈被动状态,货物依靠人力、重力或外部推拉装置移动。有动力辊筒输送机本身具有驱动装置,辊筒转动呈主动状态,可以严格控制货物运行状态,按规定的速度精确、平稳、可靠地输送货物,便于实现输送过程的自动控制。

链式输送机一般由原动机、驱动装置、线体、张紧装置、电控装置 5 部分组成。原动机是链式输送机的动力来源,一般采用交流电动机;驱动装置将链式电动机与输送机头轴连接起来,驱动链式输送机的链条转动;线体是直接实现输送功能的关键部件,它主要由输送链条、附件、链轮、头轴、尾轴、轨道、支架等部分组成;张紧装置用来拉紧尾轴,保持输送链条在一定的张紧状态下运行(即补偿和保持链条的预紧度),消除因链条松弛使链式输送机运行时出现跳动、振动和异常噪声等现象;电控装置是控制驱动装置,使输送链条按要求的规律运行。

皮带输送机由输送带、托辊、驱动辊筒、改向辊筒、张紧装置、制动装置以及装载、卸载、清扫等辅助装置组成。常用的输送带有橡胶输送带和塑料输送带两种,适合在不同工作环境温度下输送不同种类的货物;托辊分单辊筒、双辊筒和多辊筒等;辊筒包括驱动辊筒和改向辊筒,驱动辊筒是传递动力的主要部件,改向辊筒用于改变输送方向;张紧装置的作用是使输送带达到必要的张力,以免输送带在驱动辊筒上打滑,并使输送带在托辊间的挠度保持在规定范围内。

2. 控制原理

输送机控制系统作为一个独立的控制系统,采用 PLC 控制,通过通信模块与其他控制系统连接起来,进行现场数据采集和过程控制,具有电机失压、短路过流和过热保护及正反向互锁等功能。输送机控制面板采用触摸屏。

3. 工作原理

输送机与堆垛机及 RGV 联动,通过远红外方式进行检测,可以接驳来自堆垛机及 RGV 的货物,也可以把托盘移载到堆垛机及 RGV 上。

4. 控制方式

输送机有手动、单机自动及联机自动 3 种控制方式。

(1) 手动方式。在每台输送机的出入库端的一侧设有操作控制台,操作人员通过上面的开关控制输送机上的托盘运行。该方式主要用于输送机调试和维修。

(2) 单机自动方式。输送机控制柜的控制面板采用触摸屏,操作人员可以输入各种操作指令,控制输送机运行。

(3) 联机自动方式。该方式是系统的正常工作方式,系统通过局域网协调输送机的运行,自动完成出入库及拣货作业。同时输送机控制柜的 LED 显示屏会显示当前状态或允许的操作指令。

2.2.4 码垛/拆垛机器人

在某制药集团生产基地的仓储管理控制系统中,码垛/拆垛机器人(以下简称机器人)的主要功能是根据货物的不同尺寸以及相应的码垛规范,将货物码放在一个固定尺寸的空托盘上入库,再根据一定的拆垛规范对托盘上的货物进行拆垛出库。

1. 组成结构

该系统中采用的机器人是 ABB 吸盘机器人,它主要由控制器、机械手、吸盘及主控制柜组成。

2. 控制原理

机器人的控制器外接于主控制柜上。控制器的主要电器元件包括可编程逻辑控制器、变频器及触摸屏,用于控制机器人手臂的动作以及调节动作的快慢。

3. 工作原理

机器人在使用之前通常由工程师根据箱子的尺寸、满托盘的箱子数量及托盘的位置坐标编写程序,以控制机器人将箱子整齐地码放在托盘上。最后应将编写的程序安装在机器人控制器中。

机器人控制系统接到上位机发送的作业指令后,根据指令信息(主要为箱子型号和码垛数量)通过机器人手臂上的吸盘将箱子码放在托盘的固定坐标处或将托盘上固定坐标处的箱子吸起并放到运输线上。

4. 控制方式

机器人主要有联机自动和手动两种控制方式。

(1) 手动方式。在该方式下,操作员通过控制器对机器人进行手动操作,主要用于操作员对机器人进行维修和对程序进行调试。

(2) 联机自动方式。该方式是机器人系统自动接收上位调度系统下发的码垛或拆垛指令并根据指令自动完成相应的操作,随后将完成信息反馈给上位调度系统。

2.2.5　托盘输送线

托盘输送线系统主要的功能是将入库托盘运送到指定的堆垛机巷道的作业位置,或将出库托盘运送给指定的机器人进行拆垛作业。

1. 组成结构

本系统的托盘输送线主要由不锈钢支架、辊筒、电机以及光电开关组成。

2. 控制原理

托盘输送线系统可以作为一个独立的控制系统,采用 PLC 控制并通过通信模块与其他控制系统(例如机器人控制系统、提升机控制系统以及堆垛机控制系统)相连,具有短路过流、过热保护及正方向互锁等保护功能。该系统采用触摸屏方式对托盘输送线进行控制。

3. 工作原理

托盘输送线通过光电开关接收托盘的去向信息,并通过光电开关控制托盘的运输。

4. 控制方式

托盘输送线主要有手动、单机自动和联机自动 3 种控制方式。

（1）手动方式。整个托盘输送线系统由多个输送段组成,每个输送段都有一个操作控制柜,操作人员可以通过操作控制柜的操作按钮来控制相应输送段上的托盘的运行。手动方式主要用于托盘输送线的程序调试和故障维修。

（2）单机自动方式。该方式主要通过操作人员在触摸屏上输入相应输送段的控制指令来控制托盘输送线的运行。

（3）联机自动方式。该方式是托盘输送线系统的正常运行方式,系统与其他控制系统通过局域网相连,共同控制输送线的运行,自动完成托盘的各种操作。

 ## 2.3　系统软件工作原理

智能化立体仓库系统软件的结构在不同企业和行业具有不同的特点。一般情况下,智能化立体仓库系统软件采用3层分布式控制体系,即上位的管理层、中位的监控层和下位的控制层,如图2.4所示。管理层是以较高级的管理计算机(服务器)为主体组成的中心信息管理系统,主要实现对仓库中的货物、货位和账目进行在线管理,优化仓库存储效率,以及通过局域网实现更大范围的信息通信等功能;监控层是运行于几个以工业计算机为主体组成的过程监控设备上的系统,主要用于对位于其下位的现场控制器进行集中控制、监督控制、最佳控制以及设定和修改参数,并对仓库实际运作过程中可能出现的紧急情况作出响应;控制层是由若干个以PLC(包括直接数字控制装置、数据采集装置和多功能控制装置等在内)为主体的现场控制器组成的控制系统,主要功能是通过各种传感器和执行机构等进行现场过程参数的采集及处理,实时完成对相应作业过程的控制,使仓库作

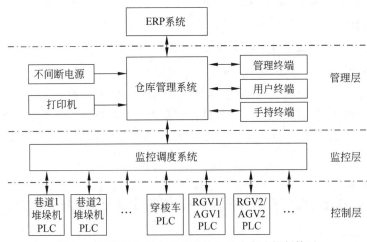

图2.4　智能化立体仓库系统软件的分布式控制体系

业实现高度自动化。

从软件组成上看,智能化立体仓库系统可以划分为 4 个子系统:仓库管理系统、数据采集系统、调度监控系统和控制执行系统。

仓库管理系统主要包括入库管理、库存管理、出库管理、查询统计、系统管理等功能模块,可与 ERP 或 MIS 通过网络相连,成为它的一个子网,与 ERP 或 MIS 实现库存管理的数据共享。

数据采集系统是整个仓储管理过程中产品信息的第一个直接来源,一般包括入库信息采集、出库发货确认、库存盘点 3 部分。它通过射频识别技术和条形码技术高速采集大量数据,最大限度地减少手工录入,确保库存量的准确性。

监控调度系统是实现仓储作业自动化、智能化的核心系统,它负责管理和调度仓库物流信息系统的作业队列,按运行时间最短、作业间合理配合等原则对作业的先后顺序进行优化组合,并把作业队列解析为自动化仓储设备的指令队列,根据设备的运行状况指挥协调设备的运行;同时利用动态仿真人机交互界面监控自动化仓储设备的运行状况,并将这些信息反馈到管理层,为管理层调度决策提供参考。

控制执行系统以 PLC 为中心,接收来自上位机的任务信息,采集各仓储设备传感系统的信息,通过 PLC 控制软件控制 PLC 的输出,以控制仓储设备各机构的运作,实现仓储作业的正确执行。控制执行系统还向上位机发送堆垛机等库内设备的实时状态信息,以实现对仓库中各种设备的实时监控。

2.4　本章小结

本章简要介绍了智能化立体仓库系统的硬件与软件组成,并对各组成部分的工作原理进行了说明,为后续各章的进一步论述奠定了基础。

第3章

智能化仓库管理系统设计

第 2 章已经指出,仓库管理子系统 WMS 是智能化立体仓库软件系统的核心,处于管理层,对于智能化立体仓库系统具有非常重要的作用,本章就来介绍 WMS 系统的设计与实现方法。

 ## 3.1 WMS 的系统结构模式

软件主要有两种系统结构模式:一种是客户端/服务器(Client/Server)模式,即 C/S 模式;另一种是浏览器/服务器(Browser/Server)模式,即 B/S 模式。

3.1.1 C/S 模式

C/S 模式是 20 世纪 80 年代末提出的,是建立在局域网基础上的软件开发模式。采用这种模式的系统把较复杂的计算和管理任务交给网络上的高档计算机——服务器,而把一些频繁与用户打交道的任务交给前端较简单的计算机——客户机。服务器通常采用高性能的 PC、工作站、小型机或专用服务器,并采用大型数据库系统,如 Oracle、Sybase、Informix 或 SQL Server。客户机通常就是用户使用的 PC,需要安装专用的客户端软件。C/S 系统结构虽然采用的是开放模式,但这只是系统开发一级的开放性;在特定的应用中,无论是客户端还是服务器端都还需要特定的软件支持。通过这种方式,将任务合理分配到客户端和服务器端,既充分利用了两端硬件环境的优势,又实现了网络信息资源的共享。由于这种模式比较适合局域网运行环境,因此,逐渐得到了广泛的应用。

在 C/S 模式中,客户端部分通常负责执行前台功能,如管理用户接口、数据处理和报告请求等;而服务器端部分执行后台服务,如管理共享外设、控制对共享数据库的操作等。这种体系结构由多台计算机构成,它们有机地结合在一起,协同实现整个系统的应用,从而使系统中软硬件资源得到最大限度的利用。

在一个应用系统的开发中,无论是简单的单机系统还是复杂的网络系统,一般都由 3 部分组成:显示逻辑部分(表示层)、事务处理逻辑部分(功能层)和数据处理逻辑部分(数据层)。显示逻辑部分的功能是与用户进行交互;事务处理逻辑部分的功能是进行具体的运算和数据的处理;数据处理逻辑部分的功能是对数据库中的数据进行查询、修改和更新等。对于两层的 C/S 模式来说,显示逻辑部分和事务处理逻辑部分均被放在客户端,数据处理逻辑部分和数据库被放在服务器端。这样就使得客户端变得很"胖",成为胖客户端;而服务器端的任务相对较轻,成为瘦服务器。

C/S 模式没有提供用户真正期望的开放环境,C/S 模式的软件需要针对不同的操作系统开发不同版本的软件,这种方式比较适合在小规模、用户数较少(不超过 100)、单一数据库且有安全性和快速性保障的局域网环境下运行,在互联网还没有普及的 20 世纪八九十年代得到了广泛的应用。随着计算机硬件技术的快速发展和互联网的普及应用,应用系统的开发趋于大型化、广域化,一个应用系统的客户端可能要供全世界数万人使用,在客户端安装应用程序的 C/S 模式会导致程序开发量大、系统维护困难、客户端负担过重、成本增加及系统的安全性难以保障等问题。C/S 模式已经很难适应 100 个以上的局域网用户同时使用的情况,越来越满足不了用户需求。

3.1.2　B/S 模式

随着互联网的快速发展,B/S 模式应运而生,成为 Web 兴起后的一种网络结构模式,Web 浏览器是客户端最主要的应用软件。这种模式统一了客户端,将系统功能实现的核心部分集中到服务器上,简化了系统的开发、维护和使用。

客户端只安装浏览器,如 Google Chrome 或 Internet Explorer,浏览器只解析标准的 HTML 文档以显示用户交互界面。服务器端安装 SQL Server、Oracle、MySQL 等数据库,负责处理业务逻辑和数据存取,然后将处理完的结果以 HTML 文档的形式发送给客户端;客户端负责将结果显示给用户,客户端除了负责一些数据的验证和组织之外,基本上不处理任何业务逻辑,只专注于用户交互界面显示。浏览器通过 Web 服务器同数据库进行数据交互。

采用 B/S 模式开发的应用系统,在世界上任何可以接入互联网的地方,只要计算机上装有浏览器,就可以上网访问应用系统,非常方便,因此受到用户的普遍欢迎。

3.1.3　富客户端模式的诞生

基于 C/S 模式开发的 Windows 应用程序前端强大,用户体验好,但客户端程序发布、部署和维护麻烦,升级困难,特别是当节点多而又分散时,在版本更新以后,需要对用户的客户端程序逐个进行下载、安装及配置,这使用户感到很不方便。随着自动更新技术的介入,这个缺点得到很大改善。但 C/S 模式还有一个弊病,就是不能跨平台。

基于 B/S 模式开发的应用程序正好相反,部署方便是它的优势,只要管理好服务器端程序就行了。但 B/S 模式的应用程序前端功能弱,用户体验没有 C/S 模式的应用程序好,前端若要实现 C/S 模式的应用程序那样强大的功能,需要付出的代价大很多,也比较麻烦,浏览器支持的 HTML、CSS、JavaScript 标准也不完全相同,B/S 模式在前端设计上要考虑浏览器兼容性问题,也很耗费精力。另外,由于 HTTP 的无状态特性,即浏览器和服务器总是在不停地执行 Request 和 Response 来营造一种有状态、持续会话的假象,致使人们又开始怀恋具有更强的运算能力、本地存储能力和更稳定的通信能力的客户端程序了。

为了同时获得 C/S 模式和 B/S 模式的优点而诞生的富客户端(Rich Client)模式既具有 B/S 模式方便部署的优点,又具有 C/S 模式前端强大的优点。随着 Ajax 技术的出现,B/S 模式的 Web 应用程序也逐渐向富客户端发展,后起之秀 Flex 的出现更加快了 B/S模式的 Web 应用程序向富客户端发展,克服了传统客户端程序的缺点,能够涉及广大用户,更易安装及维护,也更易开发。然而,多年过去了,富客户端的人气仍然不是很高,在行业内一直没有热起来。

本章以某港务局集团物资供应中心的智能化立体仓库建设为例,介绍基于 B/S 模式的立体仓库管理系统的开发方法。

3.2 WMS 的模块边界分析

在进行 WMS 的设计之前,首先要分析智能化立体仓库系统各模块的组成与边界,以保证各模块间紧密协调,降低它们之间的耦合,确保数据一致性,尽量减少各模块的开发工作量,为 WMS 的实现与维护奠定基础。

3.2.1 系统任务分配设计

某港务局集团物资供应中心的仓储系统由 4 个仓库构成,分别是立体仓库、小件仓库、平面仓库和露天仓库。立体仓库用于存放普通的机械维修配件,小件仓库用于存放灯泡、螺丝等小型配件,平面仓库用于存放立体仓库货架中无法存放的大型配件,而露天仓库用于存放平面仓库也无法存放的超大型配件。根据对系统 4 个仓库整体业务逻辑的分析,要开发的 WMS 的管理和操作范围就是这 4 个仓库。WMS 要进行的操作如下:与集团上位信息管理系统 ERP 的接口交换数据,从 ERP 获取各种出入库指令数据;根据 ERP

的出入库指令由库管员执行出入库操作,并生成立体仓库库存作业指令;由调度监控程序根据库存作业指令的优先级调度立体仓库内部的机械设备执行库存作业。系统操作过程可分为3个阶段,如图3.1所示。

(1) 从ERP获取各种单据、仓库信息等。

(2) 库管员执行出入库操作,并生成作业指令。

(3) 依据库存作业指令调度仓库内部机械设备执行作业指令。

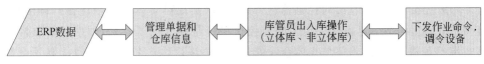

图 3.1 系统操作过程阶段

根据这3个阶段的操作过程及硬件设备的特点,把系统分为如下3个独立部分。

1. 管理单据、仓库信息以及处理 ERP 接口数据部分

此部分称为仓库管理系统(WMS),是一个独立的子系统,其作用范围为立体仓库和非立体仓库,软件部署于台式计算机上。

此部分的主要功能是:针对立体仓库和非立体仓库的入库、出库、退库、退货、移库、移货、库存盘点等业务逻辑进行货位优化选择、作业排序等操作;提供各项操作的计划单、流水信息的查询和报表功能;提供货位、作业、日志及系统等的设置功能。

2. 仓库管理员出入库操作部分

此部分称为无线射频系统(RFS),是一个独立的子系统,其作用范围为立体仓库和非立体仓库,软件部署于无线手持终端上。

此部分的主要功能是:配合 WMS 进行高效的拣选操作,按照从 WMS 下载的计划操作信息,针对立体仓库和非立体仓库的入库、出库、退库、退货、移库、移货、库存盘点等业务逻辑进行高效率的在线操作。

3. 下发作业命令、调度设备部分

此部分称为仓库控制系统(WCS),是一个独立的子系统,其作用范围为立体仓库,软件部署于工控机上。

此部分的主要功能是:从 WMS 与 WCS 的接口表中读取 WMS 和 RFS 写入的作业信息,转发数据给下位堆垛机、输送机设备,使其执行作业命令;对堆垛机运行过程中的异常情况作出自动处理,并把下位机实时信号写到接口表中。

以上3个子系统联系非常紧密,各子系统间通过一定的数据交换实现信息的通信和联系。上面提到的 WCS 可以包括两部分,一部分是调度程序,另一部分是监控程序,因此 WCS 又称调度监控系统。调度程序用于实现各设备的调度算法,监控程序通过执行调度程序的指令实现对设备的控制。这可以通过两种方法实现:一种是在调度程序中通过 OPC 技术直接对控制器进行操作;另一种是通过组态软件编写一个子系统,该子系统可以实时监控设备在立体仓库中的运行情况,同时调度程序又通过该子系统对立体仓库中的设备进行控制。在以前的立体仓库软件系统开发中大都采用第二种方法,即设备的调度程序通过监控系统实现对设备的操作。本章讨论的系统则采用第一种方法,即在调度程序中采用 OPC 技术直接对控制器进行操作,以实现对立体仓库中设备的调度控制。这样做的好处是:基于组态软件实现的监控子系统是独立的子系统,即使部署监控系统的客户端不开机,也不影响整个立体仓库的运行,减少了系统的故障点,也提高了系统出入库效率。如果需要实时监视立体仓库中的设备运行情况,可以开启监控子系统,在该子系统中可以对各种设备进行手动操作。因此,在本章讨论的系统设计中增加了一个监控子系统,该子系统并不对设备进行智能调度。

4. 监控子系统

监控子系统主要对仓库中的各种设备进行监视和控制。通过该子系统可以监视立体仓库中各种设备的运行情况。对设备的控制有两种状态,一种是自动状态,另一种是手动状态。如果将设备的控制置于自动状态,这时整个立体仓库系统的各种设备的控制由 WCS 进行控制和调度;如果将设备的控制置于手动状态,这时整个立体仓库系统的各种设备将不能由 WCS 进行控制和调度,而是在监控子系统中进行人工调度。监控子系统通常用组态软件设计,例如,可以采用西门子公司的 WinCC 组态软件或罗克韦尔公司的 RSView32 组态软件来实现。

3.2.2 子系统间接口设计

子系统间接口的设计主要是为保证数据一致性、系统间紧密协调、降低耦合等目的,有助于划清系统间界限,使各个子系统各尽其责。

为降低系统的复杂程度和系统耦合,主要考虑以下几个方面:

(1) WMS 是整个立体仓库的协调操作平台,负责上接 ERP 系统以及向下管理、操作仓库等工作,是仓库管理的核心部分,所以,要保证 WMS 的独立运行。在与 ERP 的网络连接中断的情况下,WMS 也能独立完成操作任务;待网络恢复后,WMS 通过 ERP 接口进行单据的自动核销。

(2) 由于 RFS 终端界面大小的限制,RFS 只完成 WMS 规定的操作。RFS 不与 ERP 通信,这样可以减少 RFS 的任务量,发挥 RFS 便捷、高效的特点。

(3) 为缩小 WCS 的任务范围,WCS 只实时监控作业表接口,按照作业表完成作业。

完成作业后,填写作业表,把作业状态及相关信息传递给上位系统。

（4）当各子系统对数据库进行操作时,如果是相同的操作,则共用同一存储过程或包,这样可以降低维护成本。

（5）监控子系统主要采用组态软件实现,主要对立体仓库中的各种设备进行实时监控,在系统运行中几乎可以不用和 WMS 或 RFS 打交道,所以在图 3.2 中没有把它画出来。

各子系统间的数据接口如图 3.2 所示。

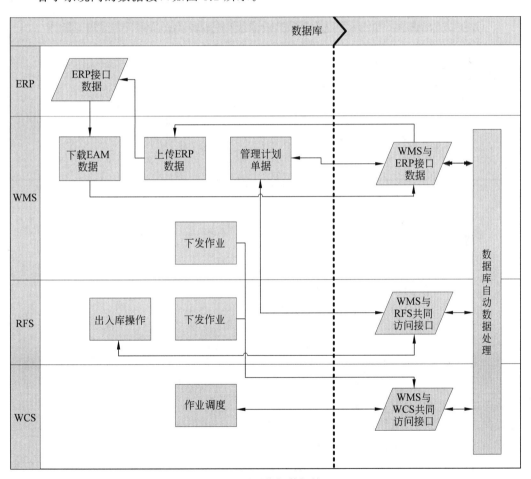

图 3.2　子系统间数据接口

3.2.3　软件系统的组成

智能化立体仓库计算机管理与调度监控系统由数据服务器、数据管理工作站、监控工作站、无线基站 AP、无线手持终端、条码/票据打印机、LED 显示屏以及各客户端与网络服务器的接口等组成,如图 3.3 所示。

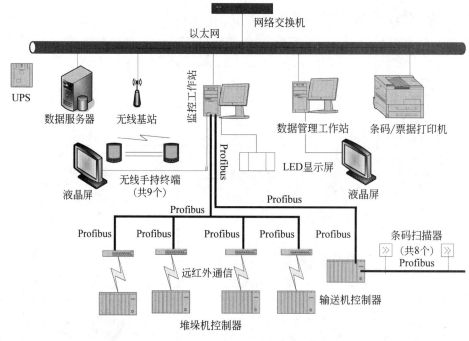

图 3.3　系统结构

某港务局集团物资供应中心立体仓库的软件系统包括仓库管理系统(WMS)、调度监控系统(WCS)、无线射频系统(RFS)3 个子系统,WCS 又包括实时监控子系统。再加上该集团已有的、正在运行的 ERP 系统,将来在立体仓库中运行的实际上有 4 个系统,ERP 可看作 WMS 的上位系统,WMS、RFS 又可看作 WCS 的上位系统,RFS 可看作 WMS 的辅助系统,4 个系统之间的关系如图 3.4 所示。

另外,由于 ERP 是一个已经存在的系统,可以将它看作外部实体,在对 WMS 进行数据流分析时只考虑 WMS 与它的数据接口类型及其实现技术。

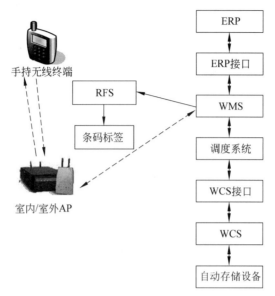

图 3.4　4 个子系统之间的关系

 ## 3.3　WMS 的需求分析

3.3.1　概述

　　智能化立体仓库管理系统由 3 台管理客户机(其中一台为便携式计算机)和 1 台网络服务器组成。服务器在 Windows 2003 Server 操作系统中运行,采用甲骨文公司的 Oracle 9i 数据库管理系统进行数据管理。其中一台管理客户机要具有监控系统的功能。客户机在 Windows XP Professional 操作系统中运行。WMS 的体系结构采用 B/S 模式。

　　WMS 将条形码技术运用到仓库管理中,方便了备件的出入库管理,为企业生产效率的提高提供了强有力的保证,使备件仓库的管理更加正规化,减少库存资金占用,提高备件利用率,降低库存损耗,为提高企业的经济效益奠定良好基础。通过先进的条形码管理方式,为库存备件设置唯一的备件编码,据此编码在计算机中建立产品的信息数据库,对产品的出库、入库、盘点、移位、客户信息等进行管理。

3.3.2　WMS 总体功能需求分析

　　WMS 是用来管理仓库内部的人员、库存、单据和设备的应用管理软件系统。它是基于现代信息技术、人工智能技术、控制技术及计算机通信技术等发展起来的综合应用系统。对整体仓库而言是独立的，对整个制造型企业而言又是一个子系统，需要提供与各个其他相关系统的接口。

在充分调查用户需求的基础上，结合现场的实际情况，基于 B/S 模式的 WMS 应充分考虑以下功能和要求。

1. 出入库管理

出入库管理负责物料出入库相关单据建立和作业下发。仓库存储的物料包括 4 种：原材料、半成品、成品和经销品。由于物料种类的不同和企业生产的要求，立体仓库涉及的出入库业务流程应包括有入库（采购）信息录入、出库（领料）信息录入、退库处理、退货处理 4 种，还要具有与 ERP 进行数据交换、向 WCS 下达作业命令的功能。

同时，为了保证仓库的安全性，要充分考虑货架承载均匀。当一台堆垛机出现故障时，应不影响指定物料出库的完成。在保证仓库存储安全性的基础上，应尽量提高出入库效率。这些都需要在设计出入库管理模块时进行权衡。

2. 移动管理

物料移动管理包括相同逻辑库中的货位移动和不同逻辑库之间的移库操作。不同逻辑库之间的移库操作要按照物料交易流程进行。

3. 数据查询管理

为了对仓库实施可视化管理，WMS 对仓库的库位进行编码，对物料采用条形码技术进行有效的编码管理。WMS 为仓库的所有物料都建立档案，记录所有物料的相关信息，如名称、编号、价格、出入库时间、经手人、库位等，以便随时查看物料的当前状态和历史记录。为了实时了解仓库的状况，WMS 提供了方便的查询功能，包括某一时间段的出入库情况、堆垛机的运行状态以及各种信息的汇总。

数据查询管理模块包括库存查询、货位查询、业务流水查询、作业查询等功能。库存查询包括按物料属性查询、按货位地址查询等功能；货位查询包括空货位查询、空托盘查询等功能，可以按照货位状态、巷道、排、列、层等物理属性条件进行查询，对于仓库当前的货位状态进行统计和汇总；业务流水查询包括入库、出库、退库、退货、移货、盘库等业务流水查询和物料事务查询；作业查询包括作业状态查询、入库作业数据查询和出库作业数据查询。作业运行状态查询主要记录当前待执行和正在执行的作业信息，以及对这些作业"置完成"和"置报废"等操作。

4. 基础数据管理

系统要对一些经常会增加、删除或修改的基础数据进行模块化管理。

（1）物料信息管理。对物料采用当今相当成熟的条码技术进行有效的编码管理。系统为仓库的所有物料都建立档案,记录其相关信息,如编号、名称、重量、单位等。

（2）供应商管理。建立供应商的档案信息,记录供应商编码、名称、地址等属性信息。

（3）逻辑仓库管理。可以从逻辑上将货位归入不同的仓库,根据用户需求增加、修改和删除逻辑仓库。

（4）物料类别管理。针对物料属性和用户的需求,系统建立两级物料类别,即父类和子类,所有的物料基础数据都归入相应的物料类别。用户可以对基础数据进行增加、删除、修改等操作。

（5）用户权限管理。系统将用户分为三种类型,即浏览用户、操作用户和超级用户。浏览用户可通过网络访问相关信息;操作用户不仅可以浏览相关信息,而且可以实现对仓库的各项操作;而超级用户除拥有操作用户的一切权限外,还可以对系统进行参数设置、货位生成等处理。

5. 报表管理

报表管理主要包括如下两类:

（1）报表。包括出入库统计报表、库存统计报表、货架明细统计报表、盘库差异表、收支动态统计报表、库存资金占用表、堆垛机使用频率表等。

（2）单据。包括入库单、出库单、盘点单,是对具体业务操作的记录。

统计报表可按物料编号、时间段、货位、巷道号等分别进行统计,库存明细和货架明细可按指定条件列出或打印。各种报表提供 PDF 和 Excel 两种打印格式,具体打印表项可以根据需要添加和移除,从而实现对报表的动态管理。

6. 库存维护

库存维护包括盘库、盘库差异表生成、盘库改账处理等功能,能够按时间段、存储区域、分类、问题货位查询、备件品种等进行盘库。盘库处理有 4 种状态:盘盈、盘亏、自然损耗和报废。盘盈是指实际物料数量比账面记录的数量多,盘亏是指实际物料数量比账面记录的数量少,自然损耗是指物料在存储过程中由于非人为因素损失的数量,报废则是指由于有效期过期或由于损坏而不能再使用的物料数量。

7. 系统维护

系统维护功能对系统运行的基础数据进行定义和维护,是保证系统能够正常运行的前提。

（1）系统管理。为系统的操作人员建立数据库登录账号,分配使用权限,不同权限的登录界面功能要有区别。

（2）运行参数设置。由巷道状态设置和货位状态设置组成。可将某一巷道或某一货位人工设置为封闭或可用,对某一个货位的货位状态也可以进行强行修改。

（3）数据库的备份和还原。系统要提供定时的数据库备份功能，同时要提供数据库还原功能，以确保系统的数据安全。

要实现这些功能，必备前提是软件系统能够按照用户的要求对数据进行存取。这就要求软件系统必须及时、准确地找到相应的数据，同时还应能够实现数据格式的转换以完成网络传输。因此，系统采用结构化查询语言进行相应的操作。

8. 与 ERP 交换数据

与 ERP 交换数据主要是为了保证 WMS 与 ERP 数据的一致性。同时，WMS 要从 ERP 获取系统基础数据，包括仓库信息、货位信息、供应商代码、计量单位、拒收原因、用户名及密码、备件信息、员工信息等，还要下载采购订单信息、领料单信息、移库申请信息等，同时要向 ERP 上传实际入库数据、实际出库数据、盘库差异表等信息。

9. 与调度监控系统通信

根据入库、出库的操作形成入库或出库作业，并根据调度算法对作业的优先次序进行调度，将调度作业下发调度监控系统，以控制堆垛机或输送机完成作业。

10. 调度功能

整个计算机监控与管理系统的作业调度功能将在管理计算机上实现，当按照一定的调度算法对将要执行的多个作业进行选择之后，下发 WCS 执行。

3.3.3 "单仓库多用户"的相关问题

由于本系统所管理的 4 个仓库属于某港务集团物资供应中心，其主要职责是为该集团下属的几个子公司存储并输送物料。所以，本系统的管理方式具有"单仓库多用户"的特点，这一特点在系统信息设定上具有重要作用，贯穿于对货位、条码、单据等信息的定义。传统的仓储管理根据不同用户物料特点采用固定区域的方式。本节将提出本系统所用到的逻辑仓库的概念及应用，并简要介绍由于"单仓库多用户"所产生的相关问题。这些问题的解决有助于提高系统效率及降低开发难度，在设计初期提出这些问题，有助于后续进一步设计、开发的顺利进行。

1. 多用户的界定问题

对于不同的存储方式，在控制和管理方面必须给出适当的策略。多用户的存储可以采用固定区域的方式，存储位置清晰直观，但空间利用率低。为解决这一问题，本系统将在货位级别标识货位所属用户信息，此信息称为逻辑仓库。

定义 3.1：逻辑仓库（logic warehouse），即对于物料入库后的货位（即有货货位），动态地在数据管理中设定一个标志，用来标识此货位的货位属性，具有相同货位属性的货位属于同一逻辑仓库,即在逻辑上对有货货位进行分类。例如,物资中心存储多个组织单位的物料且业务逻辑要求同一组织单位的物料放在同一货位上,则需要通过物料的组织单位信息来划分货位。

以逻辑仓库的方式管理库存不仅提高了货位的空间利用率,也有效地实现了分巷道存放策略。在6.4节设计基于重量均衡策略的多目标货位优化分配算法时,也要考虑同一逻辑仓库分散存放的问题,即当仓库有多个巷道时,将同一用户的物料分散在不同的巷道进行存放,以防止因某巷道堵塞而影响同种物料出库。

2. 多用户产生的存储包装不标准导致的空间损耗问题

对自动立体仓库而言,由于"单仓库多用户"存在不同的包装尺寸和物料形状,使得量化物料空间占有量成为统一货位有效存储的重要问题。同一托盘中存放多种物料的操作称为组盘。零散的小型物料一般使用周转箱存放,这样的操作称为组箱。统一标准一直是物流简化操作、降低成本的理想途径,但是短期内还很难实现。在没有统一标准的情况下,可通过软件的设计给出相应的解决办法。

3. 非标准物料组盘组箱策略的难点

立体仓库的存储主体有3种:托盘、周转箱、物料,它们构成3层的立体结构。托盘与周转箱是一对多的关系,周转箱与其内部的物料也是一对多的关系。托盘上不存放周转箱时(简称为无箱),直接存放物料;托盘上存放周转箱时(简称为有箱),物料存放在周转箱中。一般对于非标准件的组盘、组箱有两个难点:

(1)托盘和周转箱的已存放量的界定。即如何确定托盘和周装箱是否已满,以及未满的托盘和周转箱的余额是多少。

(2)满与不满状态的转换。即托盘、周转箱均有满和未满两个状态,如何判断它们之间状态的转换。

4. 非标准物料的当量化处理

为了解决上述两个难点,软件可采用标识物料"非标准物料的标准当量"的设计,即结合空间和重量,标识每一种物料占用的空间及重量的变量。当量是指达到相当程度的量。当分析一个对象时,如果按照常理无法找到一个可以明确表达某一层面属性的程度,就会寻找在这一层面上达到与之相当的变量。引入当量的概念后,即可在容量这个层面上找到一个与之相当的变量来描述容量。

定义 3.2:标准当量为与物料所占容量相当的最小标准单元数量。

根据标准当量,托盘和周转箱中可以存放多少物料就可以被量化,托盘和周转箱是否放满也就可以通过计算来判断。基本假设如下:

（1）每一个托盘的标准当量是已固定的。

（2）假设托盘采用单一组盘，即只存放一种物料。

在上述两个前提下，在托盘的二维尺寸和货位高度结合的三维尺寸以及托盘的承载不被超出的情况下，最多可以承载的物料的数量为 n，从而

$$物料的标准当量＝托盘的标准当量/n$$

其中托盘的标准当量可以根据实际情况调整。判断每种物料的标准当量是否略大于多种物料组盘时的标准当量，如果是，则可以将物料的标准当量适当减小。

由于物料类型多种多样，而且每个种类的数量很少，在仓储策略选择同一货位存放多种物料时，组盘组箱策略起到了关键的优化作用。

3.4　WMS 各功能模块业务流程分析

前面对 WMS 各功能模块进行了简要的描述，其中入库、出库、移货、库存数据维护（盘库）等功能的实现是较复杂的。因为这些功能的实现与完成不但涉及 WMS，而且与 WCS、ERP 以及堆垛机、输送机密切相关，所以本节对这些部分作较详细的分析。数据查询、报表管理以及系统维护等功能的实现一般不涉及物料的移动，因此与机械部分联系较少，它们只涉及 WMS 和 ERP 之间的数据交互，因此只要将数据接口设计好，这部分的功能就容易实现。

3.4.1　总体业务流程分析

数据流图是一种高度抽象的分析工具，它的好处是：在对系统进行分析时，已经对系统各模块间流动的数据信息有了比较清楚的认识，对于需求的提出和下一步的设计有重要的意义。

总体业务流程分析分为两个步骤。

（1）分析与系统关联的外部实体，划分系统边界，识别系统的数据来源和去处，确定外部项，得出系统与其他外部实体的关联图。

对于 WMS 来说，与其相关的外部项有 ERP、WCS、供应商（或其他入库人员）、领料员、叉车司机等，其关联图如图 3.5 所示。

（2）根据系统的总体功能需求，明确各功能模块之间的联系，画出顶层数据流图。WMS 的顶层数据流图如图 3.6 所示。

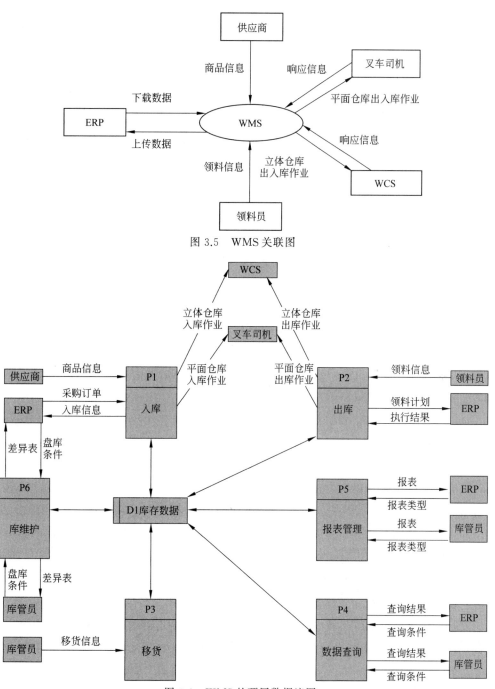

图 3.5　WMS 关联图

图 3.6　WMS 的顶层数据流图

3.4.2 入库业务流程

入库操作是 WMS 的主要功能之一。当供应商送来物料要求入库时，WMS 首先从 ERP 中下载订单信息。如果 ERP 中没有采购订单，则在 WMS 中由库管员直接手动录入订单信息，并标识为"手工录入"；待 ERP 中补充了采购订单后，在 WMS 中核销，并标识为"ERP 下载"。根据物料所要存放的容器选择组盘组箱策略：如果是进入周转箱，则采用一定算法为物料分配周转箱；否则，直接按照一系列组盘规则对物料或周转箱进行组盘和选择托盘，再采用一定的算法为托盘分配货位。将物料名称、物料编号、入库数量、货位信息（所放周转箱条码号＋托盘条码号＋货架号）、采购订单号、供应商、仓库号等信息一起组成入库单信息，存入数据库。入库单定义如下：

入库单＝表头＋表行

表头＝入库单号＋入库单描述＋采购订单号＋供应商＋入库时间
＋逻辑仓库编号＋操作人员

表行＝入库单号＋行号＋物料编码＋应入库数量＋实入库数量＋入库时间
＋价格＋货位信息＋托盘号＋周转箱号＋物料条码＋状态

根据入库单中的数据信息，生成入库作业，进入作业队列，由作业调度算法进行作业调度，发送叉车司机（平面仓库）或 WCS 系统（立体仓库）执行作业命令，由 WCS 在 LED 显示屏显示相应的作业信息。

图 3.7、图 3.8 和图 3.9 分别是入库总体处理流程、作业生成流程和立体仓库入库子流程。

入库业务流程简述如下。

1. 物料到达验收与采购订单下载

当 ERP 中出现新的采购订单后，数据库系统会触发 Trigger 告知 WMS 接口，将该信息存入采购订单表中，WMS 订单管理模块会显示新的采购订单。当供应商将物料送到时，先由采购员组织进行系统外验收。库管员从采购订单表中查找相应的采购订单，将送货清单与采购订单进行核对。假若网络链接出现故障，按无采购订单情况处理。

2. 库管员收货并为物料贴放条码

库管员在 WMS 中做收货记录，同时为所收物料贴相应的条码标签。如果条码标签未事先打印好，则通过条码系统生成并打印物料条码标签。在接收供应商的物料时，存在以下几种情况：有采购订单入库、有采购订单一收一支入库、无采购订单入库、无采购订单一收一支入库和可修复件入库。下面给出一收一支的定义。

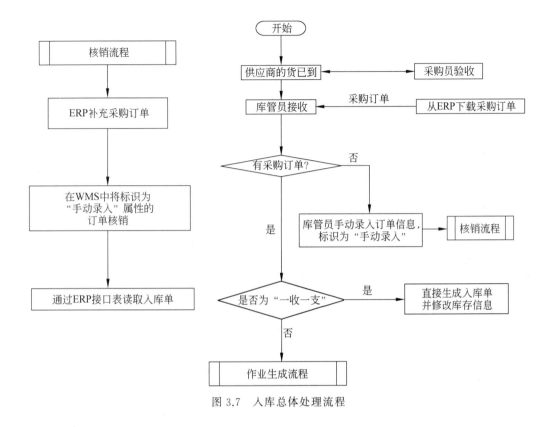

图 3.7　入库总体处理流程

定义 3.3：一收一支是指建立入库单的同时建立出库单，但是不生成相应的作业，使物料在逻辑上有入库和出库的行为。

（1）有采购订单入库。ERP 中有采购订单，库管员配合采购员做系统外验收，根据供应商送货明细入库。在 WMS 中的入库单中录入入库信息。这些信息有的自动从采购订单中继承过来，如采购订单编号、应入库数量、供应商等；有的则需从 WMS 录入，例如实收数量、拒收数量、拒收原因。入库单中要录入的信息详见入库单的定义。入库单中的采购订单号继承自 ERP 的采购订单，实际入库数据等，既可在管理计算机上录入，也可通过手持终端录入。"拒收原因"通过选择按钮来选择，选择操作既可在管理计算机上进行，也可在手持终端上进行；当要添加"拒收原因"时，则应在 ERP 上录入。然后根据物料的类别选择仓库类型，生成入库作业，调用作业调度系统，根据调度结果向 WCS 下发作业命令。

（2）有采购订单一收一支。一收一支的情况比较简单：入库操作与上述过程相同，只是不生成入库作业；同时，生成出库单（出库单可自动生成），也无须生成出库作业。

41

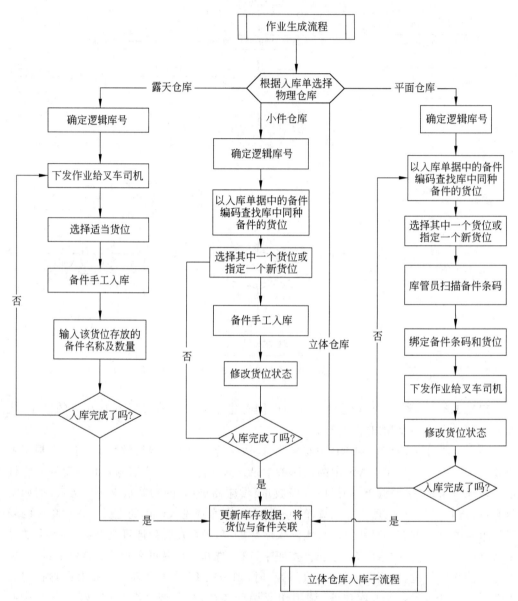

图 3.8　作业生成流程

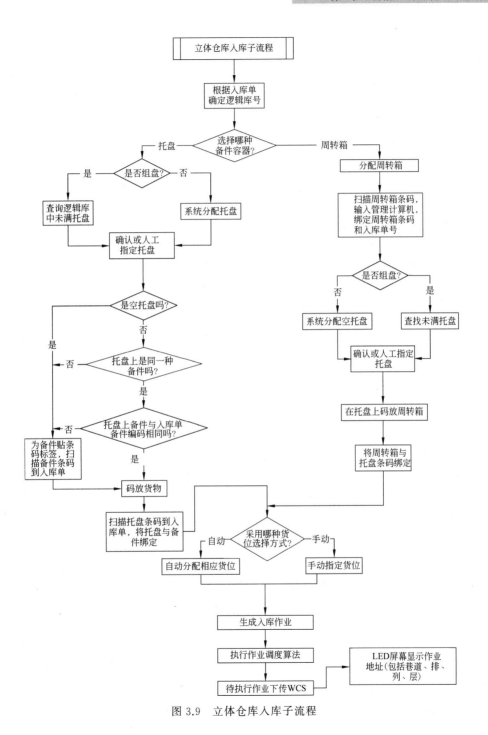

图 3.9　立体仓库入库子流程

（3）无采购订单入库。当供应商所送的物料在 ERP 中无采购订单时,采购订单数据要通过 WMS 管理计算机进行手动录入,并生成入库作业。待采购员在 ERP 中补填采购订单后,在 WMS 中做核销处理。

（4）无采购订单一收一支。这种情况是上述（2）和（3）两种情况的组合,在 WMS 中录入采购订单数据,进行入库操作时无须生成入库作业,在进行出库时也无须生成出库作业。待在 ERP 中补填采购订单和领料单数据后,在 WMS 中对入库单和出库单分别进行核销。

（5）可修复件入库（利旧库）。可修复件入库没有采购订单,无成本（价格为 0）,入库过程和前述类似,只是"仓库编码"选择"可修复件仓库"的编码,将入库单上的数据作为实际入库数据上传 ERP。修复的通用物料入库时,根据修复件的来源单位存入各单位的专用修复件库,作为各单位的储备,出库时优先选择使用。

在进行上述类型的入库操作时,入库单中的属性信息"仓库类型"可有 4 种选择,分别为立体仓库、小件仓库、平面仓库、露天仓库。每一种仓库都对应若干个仓库编号。

3. 生成入库作业

WMS 自动进行仓库分配、托盘分配、自动组盘操作,然后生成入库作业,作业信息中包括仓库类型、仓库编号、货位地址。同时,根据所有实际操作数据生成入库单。

4. 向 ERP 上传实际入库数据

实际入库数据为 WMS 向 ERP 上传的数据,其定义如下:

实际入库数据＝表头＋表行

表头＝订单编号＋供应商＋接收日期＋仓库编号＋接收人员＋入库单号

表行＝物料编码＋货位（待定）＋接收数量＋接收时间＋参考字段

实际入库数据中的大部分信息继承自入库单。

5. 托盘分配与组盘策略

在选择了盛放物料的容器（周转箱或托盘）之后,根据周转箱、托盘以及货位的状态（可放物料数量＝允许最大数量－当前数量）确定周转箱、托盘以及货位的组箱、组盘、分配托盘和货位的策略。在分配周转箱时,一个周转箱内只允许存放同一种物料,因此在把待入库的物料放入周转箱时,首先选择未满的周转箱或空周转箱;在进行托盘分配时,按照一定的策略（如模最小策略、重量接近上限策略）选择未满的托盘或空托盘进行组盘操作或托盘分配,然后为托盘选择货位。在组箱、组盘或分配周转箱和托盘后,对周转箱、托盘的状态（满或不满）进行相应的修改。在为托盘选择了货位之后,形成入库作业。作业执行完成之后,要对货位状态信息（可放物料数量）进行修改。

在入库过程中,如果入库单中实际入库数量与采购订单数量一致,则设置采购订单状态为"已完成"。

6. 最优货位的选择

在操作员选定了仓库的情况下,物料存放地址的确定一般有两种方法:一种是人工直接指定货位地址(排、列、层,巷道号通过排号计算得到),另一种是根据一定的原则由计算机自动确定货位。自动确定货位的策略及算法与出库作业中相应的最优货位定址策略及算法相仿。一般应从以下几个方面考虑:

(1) 同种物料应该放置在不同巷道。

(2) 距离堆垛机最近的货位。

(3) 最长时间空置的货位。

(4) 使用最频繁,但目前空置的货位。

(5) 物料按使用率就近分配。

自动确定货位的策略及算法详细设计请见第 5 章。

7. 托盘上架

平面仓库的货位操作无须通过 WCS 控制,而是由叉车司机人工上架。自动立体仓库货架由 WMS 将入库作业经作业调度算法直接下达 WCS,WCS 通过 PLC 控制堆垛机完成托盘上架工作。

3.4.3　出库业务流程

WMS 中的出库业务流程如图 3.10 所示。图 3.11 和图 3.12 是出库业务流程中有关出库货位选择和出库人工校验模块的细化图。

1. 术语解释

术语如下。

(1) 申领单:领料人员交给库管员的领料依据。

(2) 领料单:ERP 中经过审批的领料出库计划。

(3) 出库单:WMS 中进行出库作业时对数据进行操作所生成的实际信息单据。

2. 出库业务流程简述

出库业务流程如下。

(1) 领料人提交申领单。

(2) 出库单生成。

(3) 库管员从 ERP 下载领料单。如果 ERP 中有领料单,且申领单上的数量与领料单上的计划数量相符,则库管员依据领料单上的数据生成出库单。出库单上的大多数属性

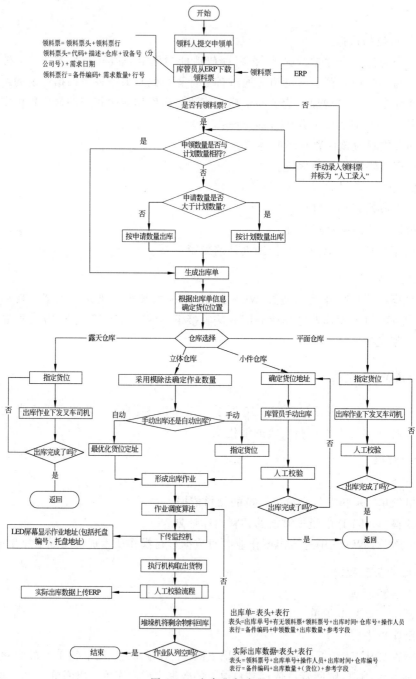

图 3.10　出库业务流程

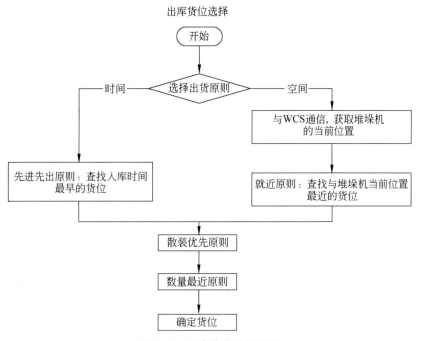

图 3.11　出库货位选择流程

从领料单上继承,无须库管员录入;如果申请数量大于计划数量,则按计划数量出库,生成出库单;如果申请数量小于计划数量,则按申请数量出库,生成出库单。如果 ERP 中没有领料单,由库管员手工录入领料单,标记为"人工录入",按申领单上标示的数量出库,待在 ERP 中补填领料单后,再在 WMS 中对该领料单进行核销。

（4）出库策略选择与作业货位确定。首先考虑是手动出库还是自动出库,从哪一个仓库进行出库作业。如果是手动出库,则根据选定的仓库人工指定作业货位;如果是自动出库,则在所选择的仓库里按一定的出库原则自动确定作业货位(参见图 3.11),形成出库作业。

（5）出库作业的生成。当根据领料单或申领单生成出库单后,要根据出库单上的出库数据生成出库作业。在生成出库作业时,要采用一定的算法来确定作业的数量和作业货位。如果要出库的物料数量不大于一个托盘的最大容量,这时为了减少作业的数量,在数据库中查找与出库数量最接近的托盘的位置,形成出库作业;如果出库单上的出库数量大于一个托盘的最大容量,则采用模除法确定作业数量和作业货位。设出库单上的出库数量为 N,托盘最大容量为 M,I 为整盘作业的数量,R 为不够整盘的物料数量,则

$$N = I \times M + R$$

这样,一个出库单对应的作业数量为 $I+1$ 个。

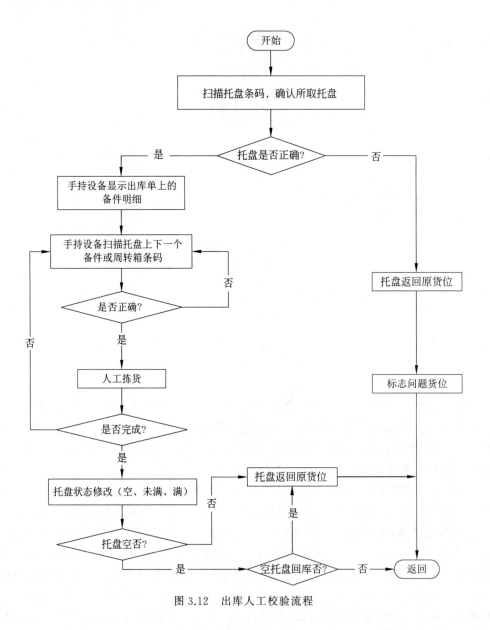

图 3.12　出库人工校验流程

（6）出库作业调度。根据一定的作业调度算法对作业队列中的作业进行调度，调整作业的先后次序。例如，仓库采用转弯式轨道，即一台堆垛机控制两个巷道，由于堆垛机在两个巷道之间走动会浪费较多的时间，所以在某一时刻的作业列表中，堆垛机必须完成当前所在的巷道的作业后，才会执行另一个巷道的作业。

（7）作业执行。将出库作业下传到监控机 WCS，由 LED 屏幕显示出库物料的信息及货位地址信息。

（8）物料出库及校验。由堆垛机、输送机等执行机构取出物料，然后进行出库人工校验（参见图 3.12）。

（9）余货回库。如果物料有剩余，堆垛机将剩余物料回库。

出库货位选择流程解析如下。

（1）根据出库单的信息，若所要的物料在修复件库中，则先从修复件库中选择出库货位。

（2）如果按时间考虑出库原则，则选择先进先出原则，查入库时间，入库时间早的物料先出库。

（3）如果按空间考虑出库原则，则选择就近原则，把堆垛机当前位置与货位地址比较，位置最近的货位的货先出库。

（4）考虑散装优先原则。如果有散装的物料，则散装的物料先出库。

（5）考虑数量最近原则。先取与出库单数量最接近的物料。$M \bmod N = R$，R 最小者先出库。

（6）根据以上原则确定要出库货的货位。

出库人工校验流程解析如下。

（1）利用固定条码扫描器扫描托盘上的条码，通过查询，系统会在 WMS 管理计算机和手持设备上自动显示托盘上的物料的明细，人工通过比对确定所取托盘是否正确。如果托盘不正确，则托盘返回原货位；如果托盘正确，则用手持设备对物料或周转箱条码进行扫描，并将该条码对应的物料名称或周转箱中物料的名称和数量显示在手持设备上。

（2）如果当前扫描的物料或周转箱与出库单上的出库数据不符，则对托盘上的下一个物料或周转箱进行扫描。如果找到了所要的物料或周转箱，则人工拣货，并继续这种操作，直到完成出库单上的要求，或托盘上的物料和周转箱扫描完毕。这时，若托盘上还有物料，则托盘返回原货位。

（3）如果托盘上的物料没有问题，则出库人工校验完成；否则，将有问题的托盘返回原货位后，在系统数据库中将该货位标为问题货位，并进行下一作业。

3.4.4　物料移动业务流程

物料移动业务分为两种操作：移库和移货。二者类似，但有本质的不同。移库是业务层面的操作，发生在不同逻辑仓库之间，并产生资产变化；而移货发生在同一逻辑仓库内部，它操作的目的是进行货物物理位置的调整，为库管员提供便捷的仓库维护工具。

1. 移库业务流程

移库操作是某港务集团内部组织之间进行物料交易的业务模块。其实质是买卖的过程,所以这个过程中会有价格变化。移库操作分 3 步执行:首先建立移库申请;领导审批后,可以进行移库出库操作;移库出库完成后,进行移库入库操作。移库业务流程简述如下(如图 3.13 所示):

(1) 建立移库申请。

① 选择源公司,并限制仓库类型,确定源逻辑仓库。

② 选择目的公司,并限制仓库类型,确定目的逻辑仓库。

③ 从源逻辑仓库库存中选择物料,填写数量。

④ 确认信息,成功建立申请。

(2) 移库出库。

① 过滤状态为已审批但未出库的申请单。

② 根据申请单信息操作,将已选好的货位上的物料出库(此操作与出库操作类似,不再赘述)。

③ 出库后,修改移库申请单的状态为出库完成。

(3) 移库入库。

① 过滤状态为出库完成的申请单。

② 根据申请单信息操作,完成选择货位等相关操作(此操作与入库操作类似,不再赘述)。

③ 出库后,修改移库申请单状态为入库完成。

2. 移货业务流程

移货管理是 WMS 的重要功能之一,它为日常的库存盘点、库管员维护提供了便捷工具,方便了库管员直接调整物料位置的操作。

库管员在以下情况下使用移货功能调整物料存储位置:

(1) 在长期进行出入库操作后,库存存在同种物料半盘和同种物料半箱的情况,库管员需要调整货位。

(2) 配合库存盘点模块进行盈亏调整。

(3) 执行重量分配策略,按重量均匀分配指标调整物料位置,均衡货架负载。

移货流程简述如下(如图 3.14 所示):

(1) 根据查询条件查询要移动的源货位。

(2) 检查源货位状态是否为有货货位,是否有作业正在执行,是否有未完成单据依赖。确认满足可以移动的条件,则确认为源货位。

(3) 填写要移出的物料数量。

(4) 根据查询条件查询要移动的目标货位。

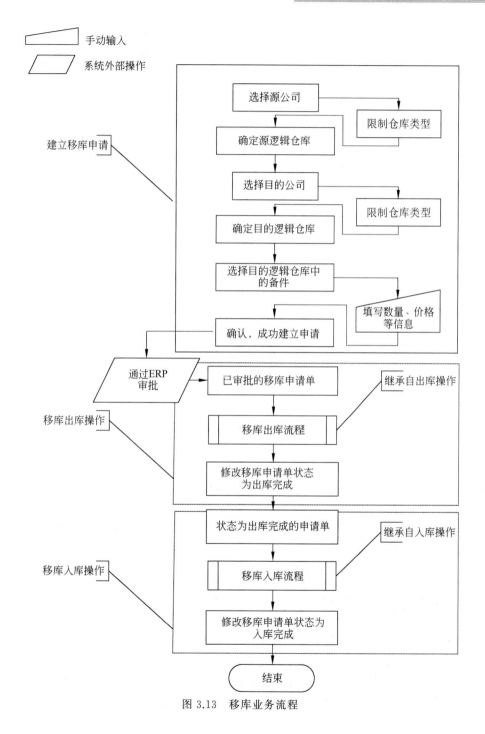

图 3.13 移库业务流程

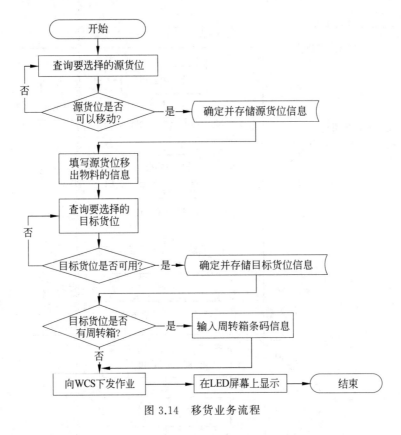

图 3.14　移货业务流程

（5）检查目标货位状态是否为空货位，如果不是空货位，判断是否有足够的空间存储要移出的物料。检查是否有作业正在执行，是否有未完成单据依赖。确认满足可以移动的条件，则确认为目标货位。

（6）如果目标货位有周转箱信息，则输入周转箱条码信息。根据周转箱的情况修改信息。

（7）下发作业，堆垛机执行操作。

3.4.5　库存维护业务流程

库存维护也称盘库，主要是为了保证 WMS 物料库的数据正确性、完整性和一致性。和出库、入库、移货等操作一样，盘库操作也是 WMS 和 WCS 之间的数据通信和交换的过程；和出库、入库、移库操作不同的是，盘库需求是由 WMS 中的管理计算机上发起的，因此，盘库计划是在 WMS 管理计算机上建立的。其业务流程图如图 3.15 所示。

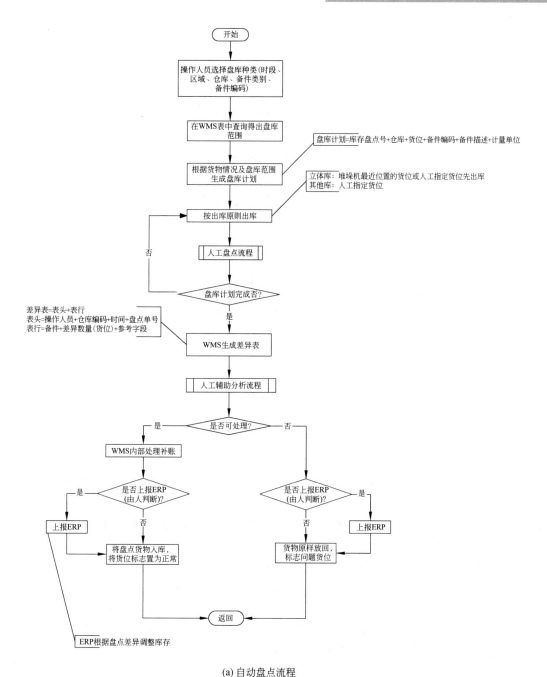

(a) 自动盘点流程

图 3.15 盘库业务流程

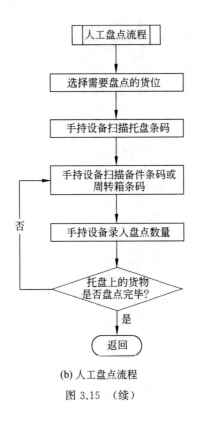

(b) 人工盘点流程

图 3.15 （续）

盘库业务流程简述如下。

（1）操作人员选择盘库种类。盘库种类可分为按时间表、区域、分类、仓库、问题货位、品种盘库。

（2）根据选定的盘库种类,在 WMS 表中查询得出盘库范围并生成盘库计划。

（3）将要盘点的物料按出库原则出库。

（4）对物料进行人工盘点,将盘点结果输入 WMS。

（5）将盘点结果与 WMS 表中的库存数据比较,生成差异表。

（6）进入分析流程,对差异表数据进行分析。库管员判断是否可对差异进行处理。如果可处理,由库管员在 WMS 内部处理,进行补账。然后,由库管员判断是否上报ERP:如果需要上报,则上报 ERP,将盘点物品入库,将货位标志置为正常;如果不需要上报,直接将盘点物品入库,将货位标志置为正常。

3.4.6　退货业务流程

退货业务由 ERP 发起,因此要先从 ERP 下载退货单。其业务流程如图 3.16 所示。

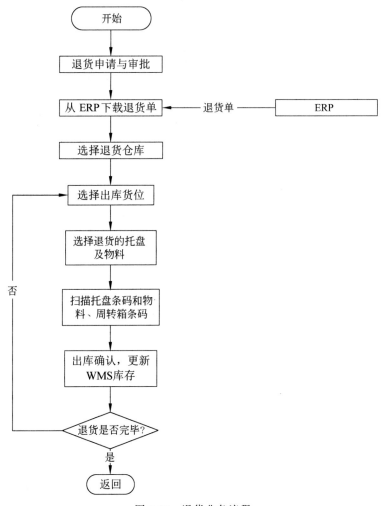

图 3.16　退货业务流程

3.4.7　退库业务流程

在要求传送货位信息时,退库业务由 WMS 发起;在不要求传送货位信息时,退库业务由 ERP 系统发起。这里假设不要求传送货位信息,当有退库申请时,先从 ERP 下载退库单。其业务流程如图 3.17 所示。

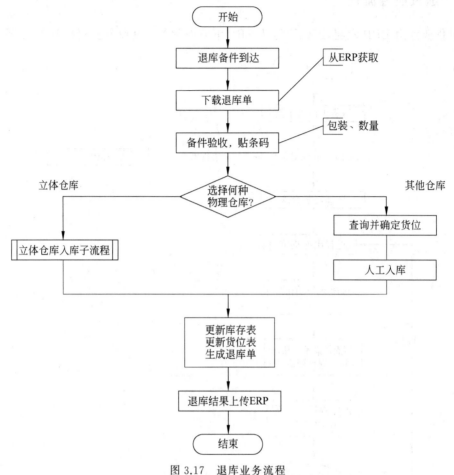

图 3.17　退库业务流程

3.4.8　数据查询

数据查询功能主要包括 4 类查询,即库存查询、货位查询、作业流水查询和作业查询。库存查询包括按物料属性、按逻辑仓库、按货位地址、按供应商等字段的自定义查询,货位查询包括空货位查询、空托盘查询、货位状态查询,作业流水查询包括入库作业流水查询、出库作业流水查询,作业查询包括入库作业数据查询、出库作业数据查询和作业状态查询。在整个数据查询系统中,最主要的功能是库存查询,主要是基层单位通过 Web 进行其所关心的库存相关项目的查询。数据查询业务流程如图 3.18 所示。

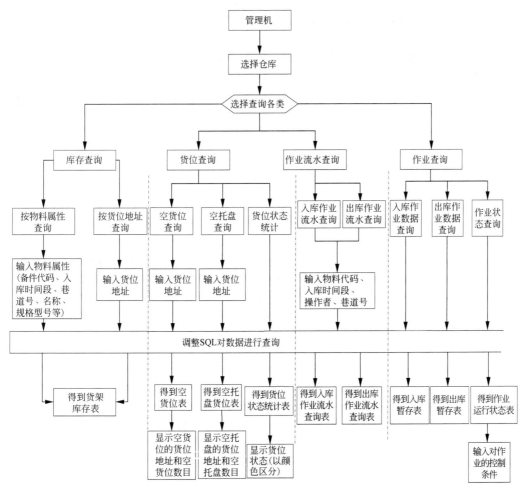

图 3.18　数据查询业务流程

3.4.9　报表管理功能

报表是对仓库的入库、出库及库存情况进行的统计,包括入库统计报表、出库统计报表、库存明细报表以及货架明细报表等 13 种报表。

入库统计报表功能可提供对某一时间段内入库物料的数量统计,还可以加上其他的附属查询条件,例如在某个时间段内某种名称的物料入库数量的统计等。时间段的默认值是查询当天。

出库统计报表功能可提供对某一时间段内出库物料的数量统计,还可以加上其他的附属查询条件,例如在某个时间段内某种名称的物料出库数量的统计等。时间段的默认值是查询当天。

库存明细报表是立体仓库库存物料的分类存储明细报表。该明细报表按物料统计,并列出各个物料的存储位置。

货架明细报表是按货位地址排序形成的货架使用明细报表,它只列出有货货位的情况。货架明细报表按巷道、排、层、列分别指定货位的范围。

报表管理业务流程如图 3.19 所示。

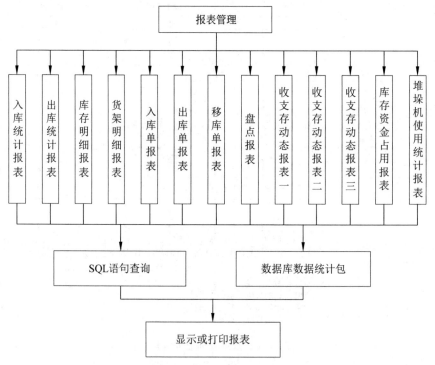

图 3.19　报表管理业务流程

3.4.10　系统数据维护

系统数据维护为用户提供对系统基础参数、运行状态参数、系统用户及其属性的定义与设置,是整个 WMS 的重要组成部分。它包括两部分:一部分是 WMS 内部的系统数据,另一部分是来自 ERP 的系统基础数据。WMS 内部的系统数据维护包括巷道状态设置、货位状态设置、流水账维护、操作员管理、入库类型定义、出库类型定义、托盘类型定义等;来自 ERP 的系统基础数据维护包括物料类型定义、物料定义、仓库/货位/托盘信息定义、供货商信息定义、计量单位定义、拒收原因定义等。

系统数据维护的具体内容如下：

（1）物料类别定义和物料定义维护。物料是某港务集团物料中心立体仓库管理的主要对象。为了方便管理，将物料定义分为两级：物料类别定义和物料定义。物料类别定义可分为多个级别，即一级物料类别定义、二级物料类别定义等，最多可分到五级，这由ERP进行定义。物料定义以物料的属性来表示，一般包括该物料所属的类别、物料代码、物料名称、物料型号、计量单位、备注等，这些属性大多数都应该从ERP系统继承过来。

（2）物料信息维护是指对定义物料的属性信息进行增加、删除或修改，以适应系统的需要。

（3）巷道状态设置。该功能为系统管理员提供将某个巷道关闭或打开的手段，属于WMS的内部定义。

（4）货位状态设置。该功能为系统管理员提供将某个货位停用、封闭或打开的手段，属于WMS的内部定义。

（5）货位生成与管理。该功能为管理员提供针对4个不同类型的物理仓库批量生成货位、管理货位信息等功能，属于WMS的内部定义。

（6）操作员管理。该功能提供对系统用户的增加、删除和对用户操作权限等其他属性进行设置和修改的功能，属于WMS的内部定义。

（7）用户密码及权限管理。该功能向具有系统操作权的用户提供密码和权限的设置与修改功能。通过网络浏览器对数据库进行查询的普通用户不需要密码，但有一定的权限限制，属于WMS的内部定义。

（8）物料编码查询。物料编码作为基础数据来自ERP，在WMS中提供物料名称与编码的互查询功能。查询策略有匹配查询、模糊查询等。

（9）组织机构信息查询。组织结构的编码和名称信息作为基础数据来自ERP，在WMS中提供编码与机构名称的互查询功能。

（10）供应商信息查询。供应商信息包括供应商编码、供应商名称、供应商地址、联系电话、邮政编码等，其作为基础数据来自ERP，在WMS中提供以供应商编码或供应商名称为条件的供应商信息查询，包括供应商在一定时间内的供应额。

3.4.11　WMS 与 ERP 的接口

1. 接口方式与实现技术

WMS是整个企业ERP的下位系统，它的许多数据信息（包括入库数据、出库数据等）来自ERP，最后还要将出入库的结果再上报ERP。因此，WMS采用何种形式与ERP交换数据就显得非常重要。为此，要设计合适的接口方式，并采用适当的技术加以实现。

本系统与ERP的接口方式为接口表＋DBMS_Alert＋DBlink。采用接口表形式，

WMS 和 ERP 各自维护自己的接口表,有利于环境稳定;通过 DBMS_Alert 实现消息传送;通过 DBlink 实现两个 Oracle 数据库的连接。

2. 数据交换过程

本系统能够通过接口程序实现 ERP 和 WMS 之间相关物料的业务操作信息共享,并实现基础信息、库存信息以及相关信息的同步。数据流向总图如图 3.20 所示。其中,加灰底的操作步骤为主操作,未加灰底的操作步骤是通过接口进行的同步操作。

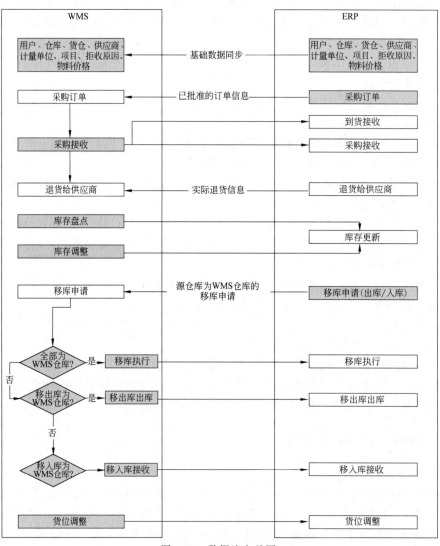

图 3.20 数据流向总图

3.4.12　WMS 与 WCS 的接口通信协议

在 2.3 节已经指出，整个智能化立体仓库软件系统由 3 层构成：WMS 是管理层，WCS 是调度监控层，PLC 是控制层。对 WMS 来说，它的下位层就是 WCS 层，它除了与上位系统 ERP 进行数据交换外，还要和 WCS 进行通信和交换数据，为此需要设计两者的接口通信协议。

1. WMS 给 WCS 发送的数据格式

WMS 给 WCS 发送的数据格式如表 3.1 所示。

表 3.1　WMS 给 WCS 发送的数据格式

内部变量	数据类型	数据内容	KepServer 标签地址	RSView32 标签地址
Command	INT	作业类型	WMSServer|Command! CItem1	
Stacker	INT	堆垛机号	WMSServer|Command! CItem2	
Layer1	INT	起始层	WMSServer|Command! CItem3	
Column1	INT	起始列	WMSServer|Command! CItem4	
Row1	INT	起始排	WMSServer|Command! CItem5	
Lane1	INT	起始巷道	WMSServer|Command! CItem6	
Layer2	INT	目标层	WMSServer|Command! CItem7	
Column2	INT	目标列	WMSServer|Command! CItem8	
Row2	INT	目标排	WMSServer|Command! CItem9	
Lane2	INT	目标巷道	WMSServer|Command! CItem10	
Pallet	INT	托盘号	WMSServer|Command! CItem11	（暂不用）
Sequence	INT	作业顺序号	WMSServer|Command! CItem12	（暂不用）
Quantity	INT	物料数量	WMSServer|Command! CItem13	（暂不用）
Goods	String[40]	物料名称	WMSServer|Command! CItem14	（暂不用）

注意：Command<0 时，表示管理机关闭或通信故障。

2. WCS 返回 WMS 的堆垛机状态的数据格式

WCS 返回 WMS 的堆垛机状态的数据格式如表 3.2 所示。

表 3.2 WCS 返回 WMS 的堆垛机状态的数据格式

内部变量	数据类型	数据内容	KepServer 标签地址	RSView32 标签地址
State1	INT	1 号堆垛机状态	WMSServer|State! SItem1	
State2	INT	2 号堆垛机状态	WMSServer|State! SItem2	
State3	INT	3 号堆垛机状态	WMSServer|State! SItem3	
State4	INT	4 号堆垛机状态	WMSServer|State! SItem4	
State5	INT	(扩展保留)	WMSServer|State! SItem5	(暂不用)
State6	INT	(扩展保留)	WMSServer|State! SItem6	(暂不用)

堆垛机状态值如下：

0：自动。

1：故障。

2：要求入库地址。

3：申请入库修正。

4：存货占位。

5：取货无箱。

6：托盘号错。

7：入库地址分配好。

8：作业数据无效。

9：地面站操作。

10：监控手动。

11：容许发送作业。

12：空闲(完成)。

13：独立运行。

14：无空位。

15：无空盘。

 ## 3.5 本章小结

本章主要讨论了仓库管理系统 WMS 开发的结构模式，对 WMS 与其他系统之间的边界进行了分析，同时，对要管理的企业生产过程中的业务流程进行了分析，并以软件工程的思想对 WMS 开发进行了需求分析，给出各业务模块的实现思路，并对 WMS 与上位 ERP 和下位 WCS 的数据交换接口进行了定义，为系统的实现奠定了基础。

第4章

数据库设计

本章主要介绍与 WMS 相关的数据库表的建立以及表之间的关系,并针对部分有特点的数据库中的业务逻辑包进行设计。

4.1 实体关系建模

在数据库设计中,建立数据模型是一个重要的过程,它主要用于对现实系统的语义进行抽象,描述数据之间的联系,帮助开发人员设计和构建数据库。然而,一旦需要构建的数据库变得复杂,就需要有系统化的方法进行数据库设计,使数据库能够同时满足用户的功能需求和性能需求。

本节采用 UML EER 图作为辅助工具,它是扩充了的 UML E-R 数据模型,它在基本 UML E-R 数据模型的基础上引入了普遍化、特殊化、参与约束以及无连接约束的抽象概念,使得模型的语义信息更加丰富。

根据对需求的分析总结归纳,系统所包含的实体有基础信息实体、单据实体和系统管理实体 3 类。其中的主要设计是针对计划或申请单据、流水单据和作业单据的关系进行的,因为这 3 类数据是日常操作过程中数据访问量最大的部分。计划或申请共享的单据主要信息存储在 Plan 表和 PlanItem 表中,业务类型以 BusinessType 区分。一些与业务相关的特殊信息则另建新表存储,例如,只有入库含有一收一支信息,则一收一支字段 IsDirect 存储在 NormalInPlan 表中。所以 Plan 表与 NormalInPlan 表是 Sub-Catagary 关系。流水单据与作业单据的设计方法与之类似。Work 表信息只用于立体仓库范围内,它是 WMS 与 WCS 的重要接口之一。Work 表中存储相关的业务信息,便于通过作业号反向查找计划单据、流水单据等业务信息。系统主要实体关系如图 4.1 所示。

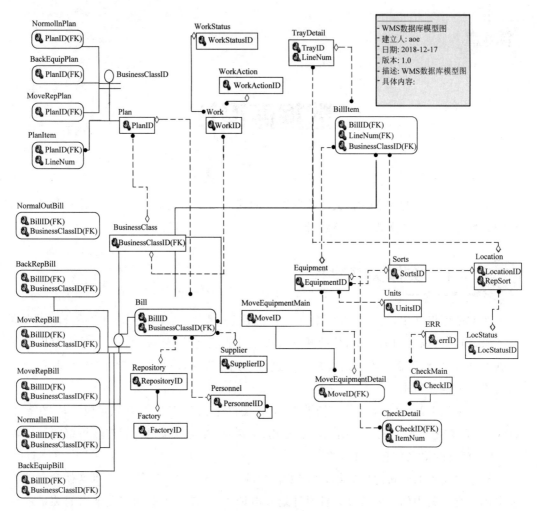

图 4.1　系统主要实体关系

4.2　数据库开发平台

4.2.1　数据库管理系统的选择

　　大型企事业单位依靠强大的数据库系统执行核心业务操作,保护数据库及数据库中存储信息的安全,是数据高级管理人员都必须优先考虑的事情。Oracle 是目前世界上使用最为广泛的数据库管理系统,由于它功能强大、性能卓越,在某港务集团物资供应中心立体仓库系统中采用 Oracle 9i 作为后台数据库管理系统。

4.2.2 编程工具

系统数据库逻辑部分使用 PL/SQL Developer 7.15 作为开发工具。它是一个集成开发环境,专门面向 Oracle 数据库存储程序单元的开发。PL/SQL Developer 侧重于易用性、代码品质和生产力,能够充分发挥 Oracle 应用程序开发过程中的主要优势。PL/SQL Developer 有以下主要特性。

(1)功能强大的 PL/SQL 编辑器。该编辑器具有语法加强、SQL 和 PL/SQL 帮助、对象描述、代码助手、编译器提示、PL/SQL 完善、代码分级、宏库等许多智能特性。

(2)集成调试器。它提供跳入(Step In)、跳过(Step Over)、跳出(Step Out)、异常时停止运行、设置断点、观察和设置变量、观察全部堆栈等特性,基本能够调试任何程序单元,无须作出任何修改。

(3)PL/SQL 完善器。它允许通过用户定义的规则对 SQL 和 PL/SQL 代码进行规范化处理。在编译、保存、打开一个文件时,代码将自动被规范化。该特性能够提高编码的生产力,改善 PL/SQL 代码的可读性,促进大规模工作团队的协作。

(4)SQL 窗口。它允许输入任何 SQL 语句,并以栅格形式对结果进行观察和编辑。它支持按范例查询模式,以便在某个结果集合中查找特定记录。

(5)命令窗口。它能够开发并运行 SQL 脚本。该窗口具有与 SQL Plus 相同的感观。另外,它还增加了一个内置的带语法加强特性的脚本编辑器。

(6)内置的报告功能。PL/SQL Developer 本身提供了大量标准报告,而且可以方便地创建自定义报告。

(7)内置的工程概念。PL/SQL Developer 可以用工程来组织开发工作。如果需要编译所有工程条目或者将工程从某个位置或数据库移动到其他位置,所需工程条目的查找比较简单。

 ## 4.3 数据完整性

在业务逻辑层要很好地实现对数据的操作,就必须确保数据库数据的完整性。数据完整性事实上是衡量数据库中数据质量好坏的一种标准,是确保数据库中数据一致、正确、符合企业规则的一种思想,是使数据条理化、确保正确的数据被存放在正确的位置的一种手段。满足完整性要求的数据具有以下 3 个特点:数据的值准确无误,数据类型必须正确,数据的值必须处于正确的范围内。

从维护数据完整性的意义上看,WMS 的数据完整性可以分为以下 4 方面:

(1) 实体完整性。实体是数据库所要表示的一个实际的物体和事件。实体完整性的基本思想是标识数据库中存放的每个实体,这要求每个实体都保持唯一性,因此每个实体都必须拥有一个主键或者其他的唯一标识列。

(2) 值域完整性。实体完整性考虑究竟应该向表中输入哪些值,而值域完整性则考虑如何限制向表中输入的值的范围,例如,是否允许存放特殊值 Null,是否考虑有默认值,等等。

(3) 引用完整性。引用完整性是在插入或删除数据时维护表间数据一致性的手段。在 Oracle 中,引用完整性一般建立在主键与外键之间的关系或者外键与唯一索引之间的关系的基础上。引用完整性确保在不同表中的关键性数据保持一致,例如不能引用不存在的数据。如果一个关键数据发生了变化,那么在数据库中所有引用这个关键数据的数据都将发生相应变化。

(4) 用户定义的完整性。用户定义的完整性主要体现实际运用的业务规则上。

Oracle 提供的用来实施数据完整性的途径主要是约束、标识列、默认值、规则、触发器、数据类型、索引和存储过程等。在数据库详细设计时,要综合考虑运用这些技术手段来确保数据的完整性。

4.4　数据库性能调整

要设计性能良好的数据库系统,必须考虑对系统的性能进行优化,达到便捷、快速、安全的目的。在本系统中,主要使用存储过程、事务和触发器对系统的性能进行优化。由于存储过程是已经编译好的代码,所以执行时不必再次进行编译,从而提高了程序的运行效率。使用存储过程有很多好处:

(1) 执行速度快。

(2) 减少网络通信量。

(3) 能保证系统的安全性。

事务是在一次操作中完成一组动作。Oracle 能够保证这组动作要么全部完成,要么一点儿都不做。即,只有执行到最后一个提交语句时,才把物理数据写入磁盘。正是大型数据库的这一特性,使得数据的完整性得到了极大的保证。触发器是一种与表紧密相连的存储过程。当用户修改指定表中的数据时,触发器将自动执行。触发器基于一个表创建,但是可以针对多个表进行操作,所以触发器常被用来实现复杂的商业规则和企业的业务规则。触发器中可以容纳非常复杂的 PL/SQL 语句。但是,不管触发器进行的操作有多复杂,触发器都只作为一个独立的单元被执行,被看作一个事务。如果在执行触发器的过程中发生了错误,则整个事务都将自动回滚。

4.5 数据库的命名规则和使用原则

一个好的数据库系统必须给人一目了然的感觉,因此,在命名数据库对象时,除了要满足数据库本身的命名规则以外,还必须对数据库的命名定义一些附加的规则,数据库中所有的对象都要服从这个命名规则。如果必须给数据库中的某一对象一个特殊的名称,但它违反了整个命名规则,就必须在系统设计时给出详细的解释和说明,以免引起不必要的误会。

数据库中的对象的名称由 26 个英文字母(区分大小写)、0～9 这 10 个自然数和下画线_组成,不能出现其他字符(注释除外)。

所有数据库设计均要写成文档。文档以模块化形式表达,基本格式如下:

```
-表名：User_Info'   建立人：aoe
-日期：2018-12-17
-版本：1.0
-描述：保存用户资料
-具体内容：…
```

SQL 关键词全部大写,例如 SELECT、UPDATE、FROM、ORDER BY 等。

用户通过 IE 等浏览器访问 Web 服务器,Web 服务器调用数据库服务器存储的数据,再将数据返回给客户端浏览器。数据库将被服务器端程序的多个进程所调用,这些进程都是数据库的使用者,包括由 ASP.NET 架构的 Web 应用程序,用 C♯语言编写的服务器端物流设备接口通信程序和各种物流设备的状态监控程序。

4.6 数据库结构定义

数据库系统的表按照功能可划分为基础数据表、单据管理表、库存管理表、系统管理表、ERP 接口表和其他表 6 类。限于篇幅,这里只介绍基础数据表、单据管理表、系统管理表和 ERP 接口表。

4.6.1 基础数据表

基础数据表主要是一些经常增加、删除或修改的数据,包括系统用到的一些基本数据信息。本系统设计的基础数据表有 8 个,如表 4.1 所示。

表 4.1　基础数据表

表　　名	描　　述
EQUIPMENT	备件信息
FACTORY	分公司信息
PERSONNEL	员工个人信息
REASONOFREFUSE	拒收原因
REPOSITORY	逻辑仓库信息
SORTS	物料类别信息
SUPPLIER	供应商信息
UNITS	计量单位信息

4.6.2　单据管理表

单据管理表包括出入库、盘库、退库、退货和移库等操作的单据信息,共有 21 个表,如表 4.2 所示。

表 4.2　单据管理表

表　　名	描　　述
PLAN	计划或申请主表
PLANITEM	计划或申请明细表
NORMALINPLAN	订单
BACKEQUIPPLAN	退货申请单
BACKREPPLAN	退库计划单
NORMALOUTPLAN	领料单
MOVEREPPLAN	移库申请单
BUSINESSCLASS	业务类型表
BILL	流水单据主表
BILLITEM	流水明细表

表　　名	描　　述
NORMALINBILL	入库流水表
BACKREPBILL	退库流水表
BACKEQUIPBILL	退货流水表
NORMALOUTBILL	出库流水表
MOVEREPINBILL	移库入库流水表
MOVEREPOUTBILL	移库出库流水表
ERR	盘点差异表
CKERRDETAIL	盘点差异明细表
CKMAIN	盘点主表
MOVEEQUIPMAIN	移货流水主表
MOVEEQUIPDETAIL	移货流水从表

4.6.3　系统管理表

系统管理表包括系统管理、各模块共享信息等,共有 10 个表,如表 4.3 所示。

表 4.3　系统管理表

表　　名	描　　述
LOGINFO	日志信息
VEHICLE	堆垛机信息
LOCATION	货位信息
LOCSTATUS	货位状态信息
TRAYDETAIL	托盘明细表
TRAY_BOX_MODEL_MAPPING	托盘及周转箱规格信息
WORK	作业信息
WORK_ACTION	作业动作信息
WORK_CLASS	作业类型信息
WORK_STATUS	作业状态信息

4.6.4 ERP 接口表

经过接口业务流程分析,接口实现了 ERP 系统中的物资模块和 WMS 系统之间的数据集成,接口直接在 ERP 和 WMS 系统之间进行数据传送。它是实时事务同步的,接口有完整的错误处理,支持可恢复的处理操作。ERP 通知 WMS 利用 DBMS_ALERT 传送信息,数据库连接采用 DBLINK 方式。消息的格式为

交易代码|接口表名|每笔交易编码

ERP 接口表有 21 个,如表 4.4 所示。

表 4.4　ERP 接口表

表　　名	描　　述
U5BININTERFACE	入库单接口
U5COMPANIESINTERFACE	子公司信息接口
U5DOCKINTERFACE	领料单接口
U5DOCKLINESINTERFACE	领料单表行接口
U5ORDERINTERFACE	订单主表接口
U5ORDERLINESINTERFACE	订单表行接口
U5PARTINTERFACE	物料信息接口
U5PERSONINTERFACE	仓库信息接口
U5PRICEINTERFACE	入库价格接口
U5REJREASONINTERFACE	拒收原因接口
U5REQUISITIONSINTERFACE	退库申请接口
U5REQUISLINESINTERFACE	退库申请表行接口
U5RETURNINTERFACE	退货信息接口
U5RETURNLINESINTERFACE	退货信息表行接口
U5STOCKBININTERFACE	货位接口
U5STOREINTERFACE	库存信息接口
U5STTKINTERFACE	供应商接口
U5TRANSINTERFACE	移库接口
U5TRANSLINESINTERFACE	移库表行接口
U5UOMINTERFACE	计量单位接口
U5USERINTERFACE	用户信息接口

4.7　数据库服务设计

部分业务逻辑建立于数据库服务器之上,将在服务器上创建一系列视图、存储过程和触发器,以服务于整个系统,在此基础上辅以相应的措施,以保证数据库的良好性能,保障数据库的安全性。在数据服务层主要考虑数据库的存储结构、数据完整性、数据库的性能以及总体规则。

通过在数据库服务器上建立包来完成系统要求的业务模块。之所以这样设计,是因为这些业务模块具有如下特点:

(1) WCS 和 RFS 也要使用这些功能。

(2) 性能要求较高。

(3) 内聚性高,只需要 Web 服务器提供较少的接口。

(4) 需要对大量数据进行计算。

(5) 功能相对独立,与其他功能模块耦合度小。

在数据库服务器上建立的包如图 4.2 所示。

Object Des	Object Name	Object Id	Object Type	Created	Timestamp
公用方法包	PKG_COMMON	32488	PACKAGE	2008-6-17 11:48	2008-10-07:10:52:44
初始货位创建包	PKG_CREATELOC	32501	PACKAGE	2008-6-17 11:48	2008-09-01:09:31:47
历史数据调整包	PKG_HISTORY	32516	PACKAGE	2008-6-17 11:48	2008-09-01:09:31:47
私有方法包	PKG_PRIVATE	32515	PACKAGE	2008-6-17 11:48	2008-11-17:21:31:53
快速查找包	PKG_QUICKSEARCH	33272	PACKAGE	2008-9-17 16:58	2008-11-24:10:25:15
统计报表计算包	PKG_REPORT_DYNAMICMONEY	32503	PACKAGE	2008-6-17 11:48	2008-11-17:15:17:08
	PKG_REPORT_DYNAMICQUANTITY	32514	PACKAGE	2008-6-17 11:48	2008-11-17:15:17:07
	PKG_REPORT_DYNAMICSHARE	32504	PACKAGE	2008-6-17 11:48	2008-09-01:09:31:51
	PKG_REPORT_MONEYSTATISTIC	32513	PACKAGE	2008-6-17 11:48	2008-11-17:15:17:49
	PKG_REPORT_MONEYSTATISTIC_SORT	32505	PACKAGE	2008-6-17 11:48	2008-09-01:09:31:51
堆垛机使用频率计算包	PKG_STACKERFREQUENCY	32512	PACKAGE	2008-6-17 11:48	2008-09-27:15:29:41
货位优化分配策略包	PKG_WEIGHT_EMPTY	32511	PACKAGE	2008-6-17 11:48	2008-11-24:15:57:29
作业删除事件包	PKG_WORKDEL	32507	PACKAGE	2008-6-17 11:48	2008-11-17:21:32:36
作业完成事件包	PKG_WORKFIN	32510	PACKAGE	2008-6-17 11:48	2008-11-18:09:49:20
调度系统操作包	SCHEDULE	32509	PACKAGE	2008-6-17 11:48	2008-10-06:11:02:11

图 4.2　在数据库服务器上建立的包

主要业务模块的功能及实现方法如下:

(1) PKG_COMMON。这是公用方法包,包含需要调用的通用方法或存储过程,允许 WMS 和其他逻辑包调用。

(2) PKG_CREATELOC。在项目部署初期会批量生成货位或修改货位信息,不会经常使用,所以与其他模块的耦合度小。批量生成货位有时会生成大量数据,所以对该模块性能要求较高。

(3) PKG_HISTORY。将计划单据信息、流水信息、基础数据信息等进行归档,为系

71

统的历史归档提供数据服务。

（4）PKG_PRIVATE。包含各业务模块的私有方法或存储过程，是系统中某一业务模块私有的调用包，允许 WMS 和其他逻辑包调用。

（5）PKG_QUICKSEARCH。针对 10 万条以上数据的快速查询包，能够提高系统数据显示速度，优化系统。

（6）PKG_REPORT。统计报表包。包含所有与报表相关的数据包，动态报表需要每次动态计算，计算结果存储在数据库中，并在客户端显示。每次都会根据访问用户名和查询条件直接显示信息，避免多次计算。为避免生成冗余数据，影响数据库的运行速度，要对时间参数进行验证，只保存当天的动态报表信息。

（7）PKG_STACKERFREQUENCY。堆垛机使用频率包。它通过对 Work 表信息的计算，获取各堆垛机的使用频率信息。

（8）PKG_WEIGHT_EMPTY。包含与级联式重量分配策略相关的所有计算逻辑，WMS 只需向其提供备件代码和逻辑仓库代码两个参数信息，便于以后扩展模块的共享。

（9）PKG_WORKDEL。用于作业删除的相关逻辑操作。

（10）PKG_WORKFIN。在作业完成后对数据进行修改，主要为 WMS 业务逻辑层中"作业完成 Façade 模式"提供数据操作。

（11）PKG_SCHEDULE。是 WCS 调用的数据逻辑包。

4.8　数据库备份策略

数据库备份策略在维护系统数据安全方面起着非同小可的作用，好的备份策略要在充分考虑保证数据安全的基础上更加方便用户的操作。在充分分析用户需求的基础上，本系统设计的数据库备份方法有以下两种：

（1）在服务器的 Windows Server 2012 操作系统上建立计划任务，在每日空闲时间（通常为中午 12：00 和下班前）自动进行数据库定时备份。

（2）在管理系统中提供数据库备份模块，可以根据作业频繁程度和数据重要性，对数据库采取人工方式备份。

同时，管理系统中提供了数据库还原功能，当数据库出现人为操作错误或者其他特殊情况时，可以通过管理系统的该功能将数据库还原到指定点。同样，也可以通过 SQL Server 自带的数据库还原工具进行数据库还原。

4.9　本章小结

　　数据库设计是仓库管理系统实现的重要部分,数据库设计的好坏直接关系到系统的运行效率。本章讨论了数据库设计的 E-R 模型、数据库开发平台的选择、数据库设计的各项原则以及具体数据库的设计方法,并对数据库的备份策略进行了介绍。

第5章

B/S模式的多层架构设计及实现技术

前面已经讲过,随着广域互联网的快速发展,B/S模式应运而生,已经成为应用系统的流行开发模式。本章主要介绍针对不同业务类型的B/S架构选择方法以及WMS的开发环境。在划分多层架构的基础上,详细介绍表示层、业务逻辑层及数据服务层的具体设计与实现。

5.1 WMS业务建模

UML采用图形表示法,即它将模型中的信息用标准图形元素直观地显示。建立模型后,所有重要的信息将一目了然。例如,可以通过模型直观地看到用户与系统之间的交互关系以及系统对象之间的交互关系等。下面介绍使用UML构建WMS的需求模型及对象模型的方法。

5.1.1 用例模型

经过对系统功能与任务的分析,确定活动者和用例。系统用例图如图5.1所示。
- 活动者:包括操作人员、管理员、分公司用户、调度系统。
- 用例:包括入库、出库、退货、退库、移库出库、移库入库、移货、盘库、查询、基础信息管理、系统设置、身份验证。

5.1.2 顺序图

顺序图的目的是表现对象之间随着时间的推移发生的交互情况。顺序图的主要用途是确定对象之间交换的消息。消息在交换时需要一个发送方和一个接收方。接收方必须

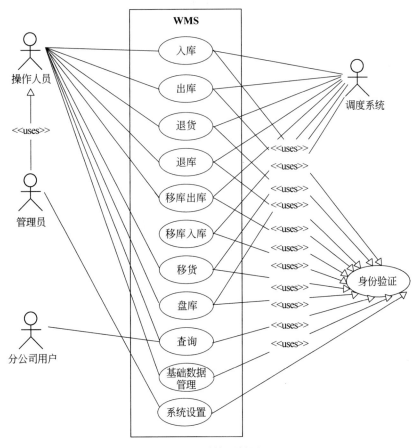

图 5.1　系统用例图

有一个用来接收消息的接口。如果一条消息要从一个对象传送到另一个对象,接收方必须定义一个与该消息对应的接口,接口对应接收对象所属类的一个操作。而顺序图有助于找到并记录类图的操作。

根据入库流程的分析,入库部分顺序图如图 5.2 所示。

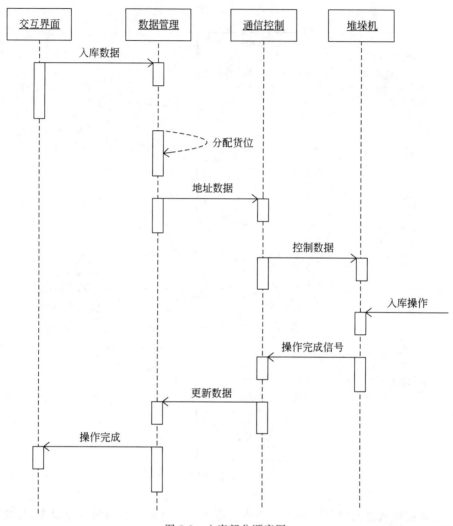

图 5.2　入库部分顺序图

 ## 5.2　B/S 架构介绍

5.2.1　B/S 架构的概念

在前面已经提到,传统的 WMS 是 C/S 的两层架构,显示逻辑在客户端执行,数据库及其处理逻辑在服务器端执行,需要在客户端安装相应的客户端软件。

随着 WMS 管理功能的增强,客户端的任务越来越重,而服务器端的任务相对较轻。同时由于 C/S 模式的每个客户端都必须和数据库保持连接,限制了系统支持的用户数量。随着用户需求的提高、运算复杂程度的增加和数据交换频率的加快,C/S 模式的系统不断升级,软件维护极为不便。C/S 架构在可扩充性、可维护性、可重用性等方面存在诸多缺陷。因此,传统的 C/S 模式不适用于构建现代企业仓储管理系统,新型的 WMS 应当采用 B/S 模式的 3 层乃至多层技术架构。

B/S 架构是随着 Internet 技术的兴起对 C/S 架构的一种改进。在这种架构下,软件应用的业务逻辑完全在应用服务器上实现,用户显示逻辑完全在 Web 服务器上实现,客户端只需要安装浏览器,即可进行业务处理,是一种全新的软件系统构造技术。这种架构成为当今应用软件的首选架构。

5.2.2 B/S 架构的优点

与 C/S 架构相比,B/S 架构具有如下优点。

1. 维护和升级方式简单

企业的业务流程、业务模式不是一成不变的,随着企业不断发展,必然会不断调整。软件供应商提供的软件也不是完美无缺的,所以,对已经部署的软件产品进行维护、升级是正常的。C/S 架构的软件,由于其应用是分布的,需要在每一个应用节点上安装程序,所以,即使非常小的程序缺陷都需要很长的重新部署时间。在重新部署时,为了保证各程序版本的一致性,必须暂停一切业务,进行更新(即休克更新),其服务响应时间基本不可忍受。而 B/S 架构的软件则不同,其应用都集中于服务器上,各应用节点并没有任何程序,一处更新,则全部应用程序均可更新,可以实现快速服务响应。

2. 操作简单

B/S 架构使用户的操作变得简单。对于 C/S 架构,客户应用程序有自己特定的规格,用户需要接受专门培训。而采用 B/S 架构时,客户端只是一个简单易用的浏览器软件,用户无须接受培训就可直接使用。B/S 架构特别适用于网上信息发布,这是 C/S 架构无法实现的。

3. 数据一致性

B/S 架构可以利用 XML 和异地数据共享等新技术。最重要的是 B/S 架构比 C/S 架构更适合采用 XML 技术的 Internet/Intranet 企业信息共享平台,同时可以根据用户的需要方便地实现异地数据共享,共同管理企业资源,这个优点在集散式的物流中心应用中显得尤为重要。

B/S架构的优势是显而易见的,它方便了系统的操作与维护。但是,在B/S架构中,应用服务器运行数据负荷较重,一旦发生服务器崩溃等问题,后果不堪设想。因此,许多单位都备有数据库存储服务器,以防万一。

5.2.3 B/S架构的选择

对智能化立体仓库管理系统来说,B/S架构的WMS将成为必然发展方向。然而,在21世纪初,国内WMS软件的开发正处于从C/S架构向B/S架构转型阶段,虽然B/S架构发展迅速,但在WMS开发方面的应用并不广泛。WMS的开发大多数仍然采用传统的C/S架构。这样的架构已经根深蒂固,从根本上改变开发方式对于软件供应商来说必然增加软件的开发成本。

然而,对于大型仓库,如何有效存储和管理多用户物料是智能化立体仓库管理系统设计的重要问题。各用户所属地域不同,需要将仓储信息有限制地对多用户开放,B/S架构的设计为系统的这一需求提供了重要的技术支持。

5.2.4 B/S开发平台

采用的B/S开发平台为VisualStudio.NET。

Web服务从由简单网页构成的静态服务网站发展到可以交互执行一些复杂操作的动态服务网站,这些服务可能需要一个Web服务调用其他的Web服务,并且像一个传统软件程序那样执行命令。这就需要将多个服务整合,使这些服务能够无缝地协同工作,需要创建与设备无关的应用程序,需要方便地协调网络上各个服务的操作步骤,方便地创建新的用户化服务。

微软公司推出的.NET系统技术可以满足这种需求。.NET将Internet本身作为构建新一代操作系统的基础,并对Internet和操作系统的设计思想进行了延伸,使开发人员能够创建与设备无关的应用程序,轻松实现Internet连接。

.NET系统是一个内容相当广泛的产品家族。.NET构建于XML语言和Internet产业标准之上,为用户提供Web服务的开发、管理和应用环境。.NET开发平台由一组用于建立Web服务应用程序和Windows桌面应用程序的软件组件构成,包括.NET框架(.NET Framework)、.NET开发工具和ASP.NET。.NET框架是微软公司多年来旨在简化应用程序生成、部署和维护过程的研究和开发成果。

5.3　WMS 的总体逻辑结构设计

　　基于 B/S 多层架构的通用 WMS 集仓储物流管理、出入库计划安排、实时工控数据接口等功能于一体,是物流自动化系统的调度核心和信息存储处理中心,同时也为企业以后进一步实施信息化方案提供开放的、可拓展的信息接口平台。WMS 的总体逻辑结构如图 5.3 所示。

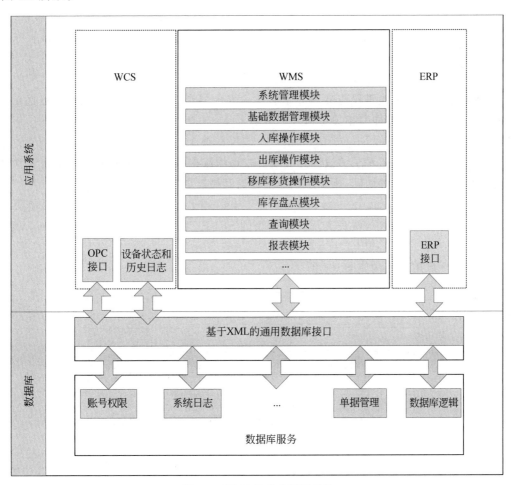

图 5.3　WMS 的总体逻辑结构

WMS 在 B/S 多层架构的基础上设计了具有 ERP 思想的可扩展的仓库业务管理模块。WMS 通过基于 XML 的通用数据库接口,可以与 ERP 交互数据,共享数据资源。同时 WMS 可以通过统一规范的 OPC(OLE for Process Control,用于过程控制的对象连接与嵌入技术)接口实现物流设备在 WMS 平台上的集成管理和控制。

 # 5.4 WMS 的三层逻辑结构设计

WMS 应用框架的多层结构是 B/S 3 层结构的再扩展,还是 3 层逻辑结构:表示层、业务逻辑层和数据访问层。业务逻辑层还可以分为公共服务层、业务规则层和业务实体层。

(1) 表示层(presentation tier)。该层是系统的 UI 部分,负责用户与整个系统的交互。表示层中的逻辑代码仅与界面元素有关。表示层利用 ASP.NET 来设计,因此其代码中包含许多 Web 控件和相关逻辑。

(2) 业务逻辑层(bussiness logic tier)。该层是整个系统的核心,它与整个系统的业务(领域)有关。业务逻辑层的设计均和物流管理的流程有关,例如订单管理、出入库管理等。如果涉及数据库的访问,则该层调用数据访问层。

(3) 数据访问层(data access layer)。该层有时候也称为持久层,其功能主要是负责数据库的访问,简单地说,就是实现对数据表的 SELECT、INSERT、UPDATE、DELETE 等操作。

WMS 3 层逻辑结构如图 5.4 所示。

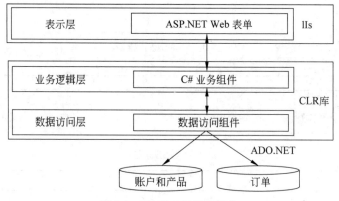

图 5.4 WMS 3 层逻辑结构

5.5 WMS 的功能结构设计

5.5.1 WMS 整体功能结构

根据第 3 章中对 WMS 各功能模块的分析,设计 WMS 的功能结构,如图 5.5 所示。

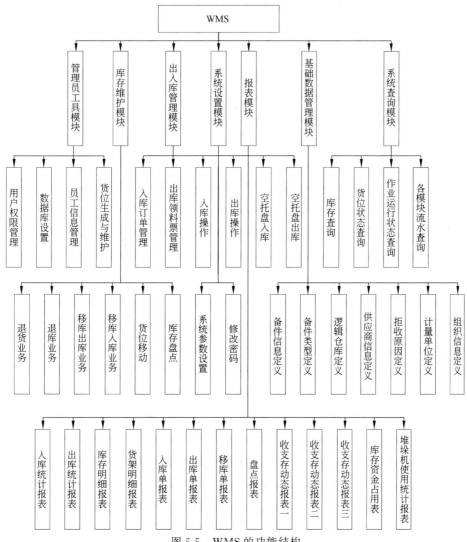

图 5.5 WMS 的功能结构

5.5.2　用户与 3 层逻辑结构的关系

系统各类用户与 3 层逻辑结构的关系如图 5.6 所示。

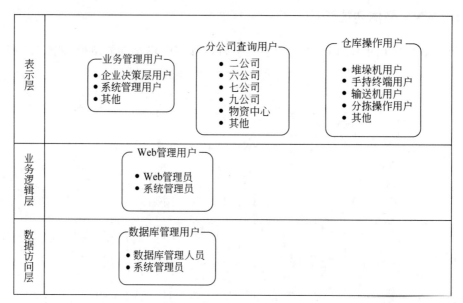

图 5.6　系统各类用户与 3 层逻辑结构的关系

5.5.3　表示层用户设计

可以把表示层的用户分为 3 个类别：业务管理用户、分公司查询用户和仓库操作用户。他们来自企业的不同部门或不同岗位，分别具有不同的业务权限和访问级别。

（1）业务管理用户。他们不仅能操作仓库操作用户的所有模块，而且可以设置或管理用户权限、设置数据库的连接、管理员工信息以及对 4 个仓库的货位进行调整并动态生成货位。对货位的调整会影响到整个仓库的信息存储，需要谨慎操作，所以这类用户具有最高的权限级别。

（2）分公司查询用户。分公司为物料的所有者单位，只能按照系统规定的查询统计权限对本分公司物料进行查询核对。分公司查询用户登录后，系统会根据用户所属分公司的属性进行判断，在同一界面上，用户只能查看其所在分公司的物料信息。

（3）仓库操作用户。负责日常的出入库操作、仓库管理及维护，并能够操作物流设备（堆垛机、输送机、手持终端等）。

5.6 表示层设计

表示层是用户体验的最重要部分之一,它是与用户最直接的接口。表示层设计可以给用户最直接的应用体验,好的设计可增强用户对系统的信心。特别是对于 Web 应用程序,这一点尤为重要。本节主要介绍表示层的设计方法及用到的模式。

5.6.1 MVC 模式

表示层设计中最重要的模式是 MVC(Model-View-Controller,模型-视图-控制器)模式。控制器根据用户请求(request)修改模型的属性,此时事件(event)被触发,所有依赖于模型的表示层对象会自动更新,并基于模型对象产生一个响应(response)信息,返回给控制器。表示层顺序图如图 5.7 所示。

.NET 平台已经提供了实现 MVC 模式的工具。对于视图对象而言,ASP.NET 已经提供了常用的 Web 控件。也可以通过 System.Web.UI.UserControl 自定义用户控件,并利用 ASPX 页面组合 Web 控件来实现视图。ASP.NET 定义了 System.Web.UI.Page 类,它相当于 MVC 模式的控制器对象,可以处理用户的请求。

由于利用了 CodeBehind 技术,使得用户界面的显示与 UI 实现逻辑完全分离,也就是说,视图对象与控制器对象成为相对独立的两部分,从而有利于代码重用。模型对象为业务逻辑层的领域对象,它映射 WMS 数据库实体对象。

5.6.2 Page Controller 的应用

在系统的表示层设计中,充分利用 ASP.NET 的技术特点,通过 Web 页面与用户控件控制和展现视图,并利用 CodeBehind 技术将业务逻辑层的领域对象加入表示层的实现逻辑中,这样就形成了一个典型的 Page Controller 模式。

在.NET 平台上,Page Controller 模式的实现非常简单,下面以 Base/Equipment.aspx 页面为例加以介绍。首先在 ASPX 页面中进行如下设置:

```
< %@ Page Language="C#" AutoEventWireup="true" CodeFile="~/Equipment.aspx.cs"
Inherits="_Default" MasterPageFile="~/MasterPage.master" %>
```

ASPX 页面继承自 System.Web.UI.Page 类。该类对象通过继承 System.Web.UI.Control 类,从而拥有了 Web 控件的特性,同时它还实现了 IHttpHandler 接口。作为 ASP.NET 处理 HTTP Web 请求的接口,IHttpHandler 的定义如下:

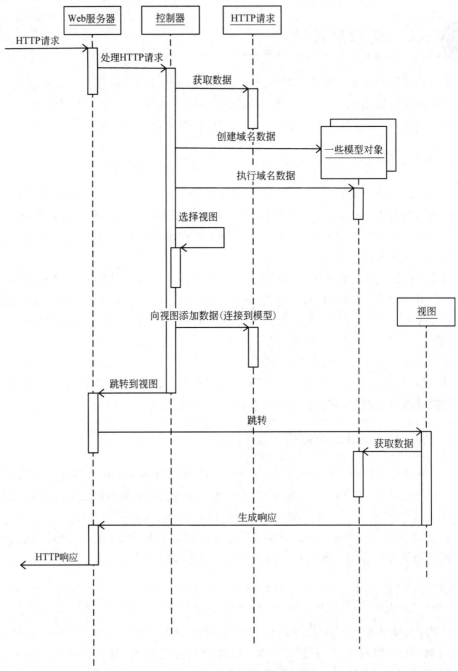

图 5.7 表示层顺序图

```
[AspNetHostingPermission(SecurityAction.InheritanceDemand,
Level=AspNetHostingPermissionLevel.Minimal),
AspNetHostingPermission(SecurityAction.LinkDemand,
Level=AspNetHostingPermissionLevel.Minimal)]
public interface IHttpHandler{
    void ProcessRequest(HttpContext context);
    bool IsReusable{get;}
}
```

Page 类实现了 ProcessRequest() 方法，通过它可以设置 Page 类对象的 Request 和 Response 属性，从而完成对用户请求和相应的控制。然后，Page 类通过从 Control 类继承的 Load 事件，为视图与模型建立关联，如下面的 Equipments.aspx.cs 所示：

```
public partial class Equipments: System.Web.UI.Page {
    protected void Page_Load(object sender, EventArgs e) {
        //get page header and title
        Page.Title=WebUtility.GetKindName(Request.QueryString["categoryId"]);
    }
}
```

5.6.3　表示层控件的设计及其布局

表示层主要通过如下 4 种方式部署控件来实现用户接口：ASP.NET 控件、用户自定义控件、ComponentArt 控件和 Ajax 控件。

1. ASP.NET 控件

ASP.NET 控件是视图对象最重要的组成部分，它充分利用了面向对象的设计思想，通过封装与继承构建一个个控件对象，使得用户在开发 Web 页面时能够重用这些控件，甚至自定义自己的控件。在 ASP.NET 控件中，System.Web.UI.Control 就是这棵控件树的根，它定义了所有 ASP.NET 控件共有的属性、方法和事件，并负责管理和控制控件的整个执行生命周期。ASP.NET 控件类结构如图 5.8 所示。

Control 类并没有包含 UI 的特定功能，如果需要提供与 UI 相关的方法属性，就需要从 System.Web.UI.WebControls.WebControl 类派生。该类实际上也是 Control 类的子类，但它附加了诸如 ForeColor、BackColor、Font 等属性。除此之外，还有一个重要的类是 System.Web.UI.UserControl，即用户控件类，它同样是 Control 类的子类。可以自定义一些用户控件派生自用户自定义控件类，在 Visual Studio 的 Design 环境下，可以通过拖动控件的方式将多种类型的控件组合成一个用户自定义控件，也可以在 CodeBehind 方式下为用户自定义控件类添加新的属性和方法。

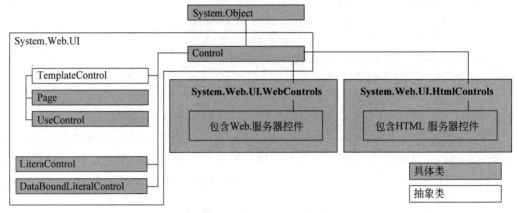

图 5.8　ASP.NET 控件类结构

2. 用户控件

用户控件是用 ASP.NET 代码创建的控件,就像在标准的 ASP.NET Web 页面中创建控件一样。两者的不同之处在于:一旦创建了用户控件,就可以轻松地在多个 ASP.NET 页面中重用它们。

项目中添加的用户控件的扩展名为.ascx 和.ascx.cs,它与 ASPX 文件的使用非常相似,.ascx.cs 是.aspx 文件的后台代码,它为用户控件定义了定制代码,定义的方式与在.aspx.cs 文件中定义窗体的方式一样。.aspx 标识代码如下:

```
< %@ Control Language="c#" AutoEventWireup="true" Codebehind="Default.ascx.
cs" Inherits="PCSUserC1"%>
```

3. ComponentArt 控件

由于 Visual Studio 中的 ASP.NET 控件功能有限,因此还要选用 ComponentArt 控件,它具有平台适应性好、外表美观的特点。在本系统中以 ComponentArt 与 UserControl 组合的方式扩展 ComponentArt 控件的功能。

ComponentArt.Web.UI 2.1 控件是加拿大 ComponentArt 公司开发的基于 Microsoft .NET 开发平台的组件。目前主要提供 ASP.NET 界面组件。

该组件包括 ASP.NET 中最全面的导航控件,同时具有业界领先的菜单和树形控件,其 Web UI 版还包括 TabStrip、MultiPage 和 SiteMap 等控件。

本系统主要用到 3 个控件:Menu、TreeView 和 NavBar。ComponentArt 控件使用两个 XML 文件分别存储控件属性和控件数据,使用一个 CSS 文件控制外观。例如,存储控件属性的 XML 文件如下：

```
<ComponentArt:Menu id="Menu1" runat="server"
  EnableViewState="false"
  ImagesBaseUrl="images/"
  DefaultItemLookID="DefaultItemLook"
  SiteMapXmlFile="menuData.xml"
  DefaultGroupCssClass="MenuGroup"
  Orientation="Horizontal">
  <ItemLooks>
    <componentart:ItemLook
        HoverCssClass="MenuItemHover"
        LabelPaddingTop="2px"
        ActiveCssClass="MenuItemDown"
        LabelPaddingRight="15px"
        LabelPaddingBottom="2px"
        ExpandedCssClass="MenuItemDown"
        LabelPaddingLeft="5px"
        LookId="DefaultItemLook"
        CssClass="MenuItem">
    </componentart:ItemLook>
  </ItemLooks>
</ComponentArt:Menu>
```

存储控件数据的 XML 文件如下：

```
<SiteMap>
  <item Text="File">
    <item Text="New"/>
    <item Text="Open" Look-RightIconUrl="arrow_black.gif" >
    <item Text="File"/>
    <item Text="File From Web"/>
  </item>
  <item Text="Save"/>
  <item Text="Save As..."/>
  </item>
</SiteMap>
```

控制外观的 CSS 文件如下：

```
.MenuGroup
{
  background-color:#3F3F3F;
  border:1px;
  border-bottom-color:black;
  border-top-color:gray;
  border-left-color:gray;
  border-right-color:black;
 border-style:solid;
}
.MenuItem
{
  background-color:#3F3F3F;
  color:white;
  font-family:verdana;
  font-size:12px;
  border:1px;
  border-color:#3F3F3F;
  border-style:solid;
  cursor:hand;
}
```

4. Ajax 控件

传统的 Web 应用允许用户填写表单(form),当提交表单页面时就向 Web 服务器发送一个请求。服务器接收并处理浏览器传来的表单,然后返回一个新的页面。这种做法浪费了许多带宽,因为在前后两个页面中的大部分 HTML 代码往往是相同的。由于每次应用的交互都需要向服务器发送请求,应用的响应时间就依赖于服务器的响应时间,这导致用户界面的响应比本地应用慢得多。

与此不同,Ajax 应用可以仅向服务器发送并取回必需的数据,它使用 SOAP 或其他一些基于 XML 的 Web Service 接口,并在客户端采用 JavaScript 处理来自服务器的响应。因为在服务器和浏览器之间交换的数据大为减少,结果就使响应更快。同时很多的处理工作可以在发出请求的客户端完成,所以 Web 服务器的处理时间也减少了。

使用 Ajax 的最大优点就是能在不更新整个页面的前提下维护数据。这使得 Web 应用程序更为迅捷地回应用户动作,并避免了在网络上发送没有改变的信息。本系统使用 Ajax 控件的目的主要是需要局部页面刷新,如图 5.9 所示。

图 5.9 使用 Ajax 控件进行局部页面刷新

5. Master Page 的使用

Master Page 相当于整个 Web 站点的统一模板。Master Page 文件的扩展名为 .master。它可以包含静态文本、HTML 元素和服务器控件。Master Page 由特殊的 @Master 指令识别,例如:

```
<%@Master Language="C#" CodeFile="MasterPage.master.cs" Inherits="Master
Page"%>
```

使用 Master Page 可以为网站建立一个统一的样式,而且能够利用它方便地创建一组控件和代码,然后将其应用于一组页面。对于样式与功能相似的页面而言,可以将它们集中处理为 Master Page,一旦进行修改,就可以在一个位置上进行更新。本系统中建立了名为 MasterPage.master 的 Master Page,它包含 Header、LeftTree 控件以及用于呈现内容的 HTML 元素。

6. 控件部署

上面提到的控件部署如图 5.10 所示。

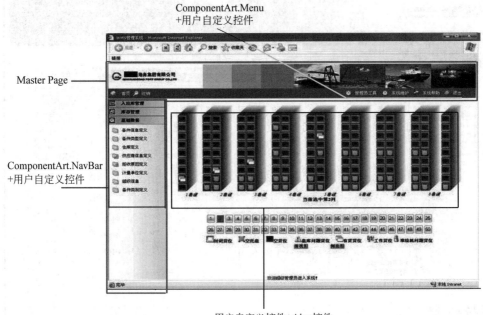

图 5.10　控件部署

在主界面的内容部分使用 Ajax 控件以图片的方式模拟当前的库位信息。单击某一货位时，会弹出窗口，显示货位上的备件信息，如图 5.11 所示。

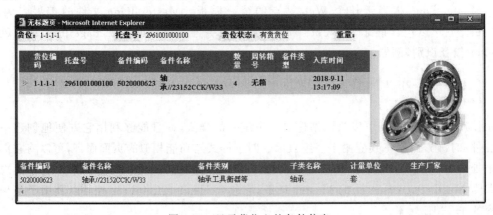

图 5.11　显示货位上的备件信息

7. 公共类 WebHelper

在表示层内部设置公共类 WebHelper，以方便各个界面调用。其主要功能有弹出提示、刷新和获取登录用户 ID 等。该类的部分示例代码如下：

```
/// <summary>
/// WebHelper 的摘要说明
/// 表示层公共类
/// </summary>
public class WebHelper {
    public WebHelper() {
        //
        // TODO：在此处添加构造函数逻辑
        //
    }
    /// <summary>
    /// 弹出页面提示
    /// </summary>
    /// <param name="message"></param>
    public static void Alert(string message) {
        HttpContext.Current.Response.Write("<script>alert('"+message+"');
        </script>");
    }
    /// <summary>
    /// 弹出页面提示,并刷新页面
    /// </summary>
    /// <param name="message"></param>
    public static void AlertAndRefresh(string message) {
        HttpContext.Current.Response.Write("<script>alert('"+message+"');
        location.href=location.href</script>");
    }
    /// <summary>
    /// 弹出页面提示,并重定向到另一个页面
    /// </summary>
    /// <param name="message"></param>
    /// <param name="sUrl"></param>
    public static void AlertAndRedirect(string message, string sUrl) {
        HttpContext.Current.Response.Write("<script>alert('"+message+"');
        location.href='"+sUrl+"'</script>");
```

```
}
/// <summary>
/// 返回登录用户 ID
/// </summary>
/// <returns></returns>
public static string GetCurrentUser() {
    string strUserID=HttpContext.Current.Session["UserID"]==null ? "" :
    HttpContext.Current.Session["UserID"].ToString();
    if (0==strUserID.Length) {
        strUserID=HttpContext.Current.Request.QueryString["UserID"]==
        null? "" : HttpContext.Current.Request["UserID"];
    }
    return strUserID;
}
```

5.7 业务逻辑层设计

业务逻辑层详细可划分为公共服务层、业务规则层和业务实体层。公共服务层负责本系统各种公共数据的逻辑表示,为表示层服务。业务规则层是表示层和数据访问层的纽带,负责逻辑的校验和访问规则的制定。数据实体层解决数据模型表示的问题,这种表示遵循一定的规则,和数据库中相应的表联系起来。

5.7.1 外观模式整合业务逻辑设计

1. 外观模式

处于业务逻辑层的 Web 服务器响应用户的请求,启动相应的进程向数据库服务器发送 SQL 请求,同时动态地生成 HTML 代码,将嵌入的数据库服务器处理结果返回给客户端浏览器。

外观模式(Facade pattern)在使用时都会产生更多较小的类。这使得子系统更具可重用性,也更容易对子系统进行定制,但这也给那些不需要定制子系统的用户带来使用上的困难。外观模式可以提供一个简单的默认视图。

根据设计模式的理论,由于 WMS 的业务模块大部分会产生多个对象之间的通信和操作,所以宜采用外观模式。外观模式要求一个子系统的外部与其内部的通信必须通过一个统一的门面对象进行。外观模式的逻辑结构如图 5.12 所示。

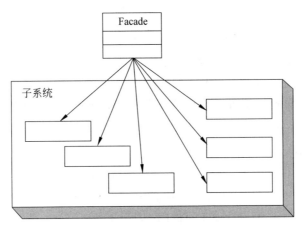

图 5.12　外观模式的逻辑结构

外观模式的主要作用是为子系统中的一组接口提供一个一致的界面。外观模式定义了一个高层接口,这个接口使得这一子系统更加容易使用。

2. 外观模式整合业务逻辑

在为表示层提供接口的同时,要以业务逻辑层为主要部分,整合表示层要访问的接口。外观模式整合的部分包括公共服务对象、业务规则对象、数据实体、数据访问层对象操作等。

表示层为用户界面提供处理、浏览和操作界面。用户界面通过 Facade 类和表示层交互,而不是直接调用公共服务层、业务规则层或者数据访问层。

例如,当接收到 001 号作业完成(WorkStatus＝1)的信息,要进行一系列操作:通过作业号查找当前货位,并修改货位状态,设置此货位为有货货位。查找单据号,并判断单据明细是否全部入库,若全部入库,则设置此单据号状态为已完成(BillStatus＝1)。判断是否所有单据明细都已完成,若全部完成,则设置单据主表状态为已完成。根据业务要求,当作业完成时,系统将自动整合相应对象并协同操作。此时,外观模式只提供获取作业号(WorkID)和作业变化后的状态(WorkStatus)的功能,调用业务逻辑层对象,例如作业实体、计划单实体或流水实体,协作完成作业状态变化后的业务操作。

5.7.2　公共服务层

公共服务层为表示层提供处理各种业务流程的公共数据和方法,是常用业务逻辑的概念抽象和总结,并负责验证各种输入参数的合法性,动态创建数据操作接口,并将输入数据提交给数据访问层。本系统的公共服务层也是一个类库项目。

WMS 公共服务层具体包括以下几个方面的设计。

1. 不同仓库中托盘号的生成

本系统的管理范围是立体仓库、小件仓库、大件仓库和露天仓库。托盘号是手持终端和堆垛机识别托盘的重要依据，在 WMS 和 WCS 之间起着数据传输作用。例如，立体仓库的托盘号用 13 位数字表示，小件仓库的托盘号用字母 x 加 13 位数字表示，大件仓库的托盘号用字母 p 加 13 位数字表示，露天仓库的托盘号用字母 x 加 13 位数字表示。

2. 单据号的生成

单据号是每一个单据的唯一标识，各个模块的单据包括入库单、出库单、移库单、移货单、盘库单等。单据号主要由单据生成时间和操作人员登录名两个信息组成，例如200809180905193-ls，这样的设计便于单据的查找和检索。

需要说明的是，单据号中的单据生成时间使用的是数据库时间。不允许出现重复单据号。可以用两种方式同时保证单据号的唯一性：首先，由于手持系统会出现连击情况，即两次单击时间间隔可能小于 0.5s，所以获取数据库时间时要精确到毫秒级；其次，生成单据号时应确认是否重复，如果重复，则自动生成新的单据号。

3. 字符串加密

为保证用户密码的安全性，采用 MD5 加密的方式存储用户密码。加密可以保护数据不被未授权用户查看和修改，并且可以在不安全的信道上提供安全的通信方式。可以使用加密算法对数据进行加密，在加密状态下传输数据，然后由预定的接收方对数据进行解密。如果第三方截获了加密的数据，解密数据是很困难的。加密可以达到以下目的：

（1）保密性。保护用户的标识或数据不被读取。

（2）数据完整性。保护数据不被更改。

（3）身份验证。确保数据发自特定的一方。

MD5 的典型应用是对一段消息（message）产生消息摘要（message digest），以防止消息被篡改。MD5 加密算法的大致结构如下：

```
MD5 (tanajiya.tar.gz)=0ca175b9c0f726a831d895e269332461
    //字符串加密
    public static string MD5coding(string cleanStr)
    {
        Byte[] clearBytes=new UnicodeEncoding().GetBytes(cleanStr);
        Byte[] hashedBytes=((HashAlgorithm)CryptoConfig.CreateFromName
        ("MD5")).ComputeHash(clearBytes);
        return BitConverter.ToString(hashedBytes);}
```

4. EAN/UCC-13 条码的生成

本系统采用国际标准条码 EAN/UCC-13，但每位具体内容另行规定。EAN/UCC-13 条码的最左一位为校验码。

下面以图 5.13 条码为例，介绍条码的生成方法。

第一步，自右向左顺序编号：

序号：13　12　11　10　9　8　7　6　5　4　3　2　1

代码：　3　9　2　5　9　0　1　1　1　7　8　7　X_1

X_1 为校验码。

第二步，从序号 2 开始求出偶数位数字之和：

$$7+7+1+0+5+9=29$$

第三步，将偶数位数字之和乘以 3：

$$29×3=87$$

第四步，从序号 3 开始求出奇数位数字之和：

$$8+1+1+9+2+3=24$$

第五步，求出第三步和第四步所得两数之和：

$$87+24=111$$

第六步，用大于或等于第五步的结果且为 10 的最小整数倍的数减去第五步的结果，其差即为校验码的值：

$$120-111=9$$

因此，校验码为 9。

GB 12904—2008 中定义第 14～12 位（前缀码）为统一分配给国家（或地区）编码组织的代码。由于本系统的条码不对外应用，为保持本条码系统的独立性，防止与外界条码串用，将第 13、12 位设置为 96，该代码在中国国家标准中暂未分配。

本条码系统应用于未来备件中心仓库的各项管理业务，因此定义本条码系统（未来备件中心）涉及的条码的组织机构号为 0。

表示层中的任何文件都可以调用公共服务层，以实现上述所有功能。公共服务层在 WMS 中是一个类库项目，将为每一个公共服务模块建立一个单独的类文件，这样表示的业务逻辑将非常清楚，源代码也易于维护。特别地，定义公共服务层的服务类为抽象（Abstract）类，这样在使用时就不需要创建新的对象，简化了程序的编写。这是由服务类的性质所决定的，因为对于所有的函数调用，这些类的函数行为完全一致。

5. 字符串验证

字符串验证主要包括对用户输入的字符串格式（如数量、价格数据格式）的正确性、条

图 5.13　条码示例

码格式的正确性的验证及条码重复性验证。

6. 作业相关性验证

作业相关性验证包括以下内容：

- 验证正执行、待执行的作业中是否有指定的托盘号。验证作业中是否有指定的周转箱。
- 验证托盘表中是否有指定的周转箱。
- 验证作业中是否有指定的备件条码。
- 验证托盘表中是否有指定的备件条码。
- 验证立体仓库添加备件、托盘、备件条码信息的正确性。
- 验证立体仓库周转箱添加备件、托盘、备件条码信息的正确性。
- 验证非立体仓库添加备件、货位、备件条码信息的正确性。

5.7.3 业务规则层

本系统的业务规则层也是一个类库项目，分别为每一个复杂的业务逻辑创建一个单独的类文件。

1. 抽象工厂模式

抽象工厂模式提供一个创建一系列相关或相互依赖的对象的接口，而无须指定这些对象具体的类。抽象工厂是一个工厂对象，它能返回一系列相关类中的一个类。由于类的隔离，可以自由改动或交换这些生成类系列。

2. 抽象工厂模式的适用性

抽象工厂模式适用于以下情况：

- 当一个系统要独立于它的产品创建、组合和表示时。
- 当一个系统要由多个产品系列中的一个来配置时。
- 当要强调一系列相关产品对象的设计以便进行联合使用时。
- 当提供一个产品类库，而只想显示它们的接口而不是实现时。

3. 利用抽象工厂模式创建单据对象

抽象工厂模式属于创建型设计模式，适用于对单据对象的创建。

根据需求分析的描述，对于下列模块，其中间过程都会生成相关流水单据，便于与计划单据的核对及库管员的日常查询：

- 入库模块：生成入库单(InRepBill)。
- 出库模块：生成出库单(OutRepBill)。
- 退库模块：生成退库单(BackRepBill)。

- 退货模块：生成退货单(BackEquipBill)。
- 移库入库模块：生成移库入库单(MoveRepInBill)。
- 移库出库模块：生成移库出库单(MoveRepOutBill)。
- 移货模块：生成移货单(MoveEquipBill)。

根据对需求的深入分析,退库相当于"负出库",所以退库单与出库单有很大的共性,但也有信息差异。与之相似的还有入库单与退货单之间的关系。

移库出库单可以与出库单共享数据,但没有出库单与退库单的关系那样紧密。

移库入库单也可以与入库单共享数据,但没有入库单与退货单的关系那样紧密。而且,移库入库单受移库出库单的限制,只有当移库出库完成后,才可以移库入库。

移货单的独立性较强,不同于上面的业务逻辑。

WMS单据类图如图5.14所示。

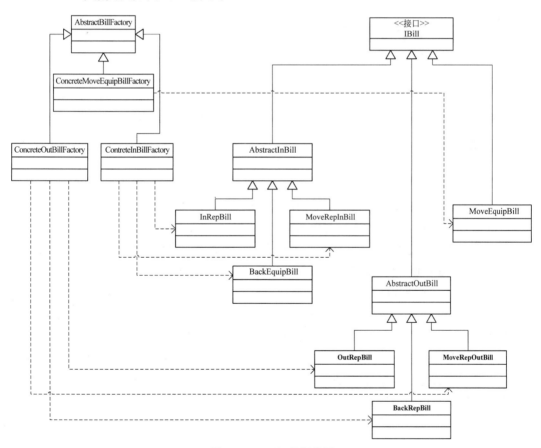

图 5.14　WMS 单据类图

5.7.4　业务实体层设计

本系统为数据实体层创建一个单独的类库项目。数据实体(entity)本质上也是一些类,非常简单的实体甚至可以是结构(struct)或者枚举(enum)类型的实体,它们一般都是某个商业实体或模型的特征概括,例如定义了名称为供应商的实体,就需要在这个实体中把供应商的特征(包括名称、地址、联系人、电话、提供的原材料等)显式地抽取出来。而不同的供应商对应不同的特征内容,这样就把一个供应商和另一个供应商区分开来了。实际上,在数据库中也会定义和实体具有相同数据模型的数据表(table),也就是说,在很多情况下,系统中的数据实体都是和数据库中的表对应的。数据实体层为其他层提供数据原型的服务,因为该层中的数据实体在其他层都可能会被调用。

5.8　数据访问层

5.8.1　概述

数据访问层是真正实现与数据库交互的地方。数据访问层实际上也是一个类库项目,按照不同的业务原型定义各种数据访问接口,从而完成读写数据库的操作,包括插入、查询、修改、删除等。

数据访问层的主要作用是与数据库中的表、存储过程和触发器进行交互,基于 B/S 多层架构的总体框架设计适当的事务功能来处理数据。

存储过程是一组预先编译好的数据库代码。由于存储过程是已经编译好的代码,所以执行时不必再次进行编译,从而提高了程序的运行效率。执行速度快、实现模块化的程序结构、减少网络通信量、保证系统的安全性是存储过程的主要优点。

触发器是一种特殊的存储过程,它与表紧密相连,可以看作表定义的一部分。当用户修改指定表中的数据时,触发器将会自动执行。触发器基于一个表创建,但是可以针对多个表进行操作,所以触发器常被用来实现复杂的商业规则和企业的业务规则。

事务是在一次操作中完成的一组动作。.NET 平台对事务提供了很好的支持,能够保证这组动作要么全部都完成,要么一点都不做,这使得数据的完整性得到了极大的保证。数据访问层的结构如图 5.15 所示。

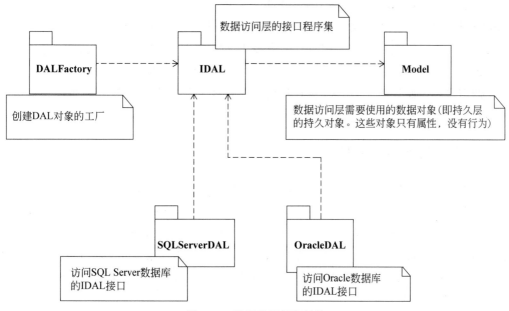

图 5.15 数据访问层的结构

5.8.2 在数据访问层采用工厂模式

为了简化数据库访问类的使用,本系统采用工厂模式加载数据访问对象。

创建一个接口,其中对于数据库访问类要进行的每个数据库操作都要先声明一个基方法。对于每一个要支持的数据库,都创建一个实现数据库特定操作的具体类,以执行接口中的每一项操作。本系统只创建了 Oracle 的数据库具体操作。为了支持运行时确定加载哪一个具体类的功能,需要创建第三个类,也就是工厂类。利用工厂模式创建的解决方案,其最重要的优势是数据访问类可以在业务逻辑类之后编译,只要数据访问类实现了 IDAL 接口。根据工厂模式的一般原理,数据访问层具体由 C♯工程来实现,由 DataAccessLayerFactory、DataAccessLayerInterface 和 DataAccessLayerOracle 组成。

DataAccessLayerFactory 用来确定加载哪一个数据库访问程序集的类,这要求不同版本的数据库必须先有不同的 DAL 的实现。

DataAccessLayerInterface 是每个 DAL 都要实现的一组接口。如果要支持不同的数据库,必须实现不同数据库的数据访问程序集。

DataAccessLayerOracle 是 Oracle 版本的 DAL 实现,使用了 DataAccessLayerInterface 接

口。对于 DAL 访问数据库的操作,基本上所有的调用都可以通过 DAAB(Data Access Application Block,数据访问应用块)模块来实现,简化了程序的数据库调用流程,使接口统一并且提高代码重用度。在 WMS 中,起到 DAAB 作用的是 SqlHelper 类。SqlHelper 类提供了一组静态方法,可以用来向 SQL Server 数据库发出许多不同类型的命令,从而统一调用接口。而且通过 DAAB 模块调用的方式对用户来说是透明的,因为这只是对数据访问层的又一次抽象。

5.8.3　数据访问层的实现

数据访问层的实现有很多种办法,可以使用原始的 ADO.NET,或使用开源的、商业的 O/RMapping 组件等方法。本系统采用的是 Enterprise Library 6.0(对应平台版本为 Framework 4.0) 的 DAAB 模块。一方面 DAAB 使用起来比 ADO.NET 更简单,而且性能更高效;另一方面,DAAB 比其他的 O/Rmapping 组件开发起来更容易上手,而且是微软公司开源的解决方案,开发成本低。本系统使用 DAAB 实现数据访问层,因此本节简单介绍 DAAB 的使用方法。

1. DAAB 简介

Enterprise Library 是微软公司 Pattern&Practices 项目组推出的公共模块解决方案,用来解决企业级开发中遇到的公共问题,如配置管理、数据访问、缓存管理、记录操作日志、异常管理、加密解密、权限管理等。Enterprise Library 体现了微软公司对软件开发技术的最新实践。Enterprise Library 是最佳实践而不是理论,是很多有影响力的软件企业在多年开发实践中积累的技术的整合。

DAAB 是 Enterprise Library 中的数据访问模块,小的项目也可以写一个与 DAAB 类似的模块。DAAB 的使用方法和 ADO.NET 类似,但不是 ADO.NET 的替代品,而是对 ADO.NET 的有效封装和补充。DAAB 可以使用相同的代码去访问不同类型的数据库,其优点主要有以下几个:

(1) 减少编写重复代码,可以执行标准的任务。

(2) 有利于在应用程序内部和跨企业应用之间提供一致的数据访问。

(3) 降低改变物理数据目标的难度。

(4) 降低开发人员学习各种数据库编程方法的难度。

(5) 当移植应用程序到不同数据库类型时,减少重写代码量。

DAAB 抽象类如图 5.16 所示。

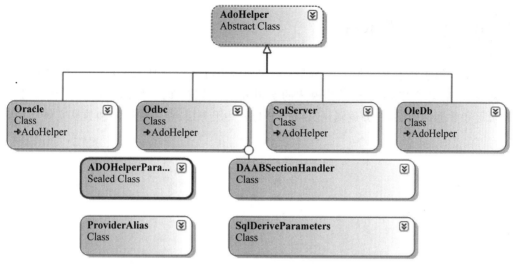

图 5.16　DAAB 抽象类

2. 数据库访问

数据库访问字符串统一放在 web.config 中统一管理。web.config 是一个 XML 文本文件,用来存储 ASP.NET Web 应用程序的配置信息,可以出现在应用程序的每一个目录中。访问字符串统一放在 web.config 中便于数据库的移植。下面是 web.config 的一个示例:

```
<connectionStrings>
    <add name="ConnectionString" connectionString="Data Source=orcl;
        Persist Security Info=True;User ID=test;Password=test;
        Unicode=True" providerName="System.Data.OracleClient"/>
    <add name="HistoryConnectionString" connectionString="Data Source=andy;
        Persist Security Info=True; User ID=history; Password=google;
        Unicode=True" providerName="System.Data.OracleClient"/>
</connectionStrings>
```

程序的访问方式如下:

```
//与 Oracle 数据库的连接
private string connectionString=ConfigurationManager.ConnectionStrings
["ConnectionString"].ConnectionString;
public OracleConnection myConnection=new OracleConnection(connectionString);
```

101

5.9　本章小结

　　本章介绍了基于 B/S 模式的 WMS 多层架构设计及实现技术，设计了 WMS 系统的功能模块，论述了 WMS 3 层结构模式的实现方法。WMS 的 3 层结构包括表示层，业务逻辑层和数据访问层，业务逻辑层又可以分为公共服务层、业务规则层和数据实体层。

第6章

入库货位分配的多目标优化算法

建立入库货位分配模型的目的是保证仓库中货位分布处在较为合理的状态,达到提高拣货效率和降低仓库操作作业成本的目的。入库货位分配应尽量满足货架承载均匀、上轻下重、加快周转、提高可靠性、分巷道存放、提高效率、就近出入库、物料相关性等原则。根据实际工程具体情况和用户的需要,货位分配的具体要求和侧重点也会有所不同。

6.1 入库组盘组箱策略

智能化立体仓库的存储主体有 3 个:货位、托盘、周转箱。它们构成多层的立体结构。存储方式有两种:

(1) 托盘上不存放周转箱时(简称无箱),直接存放物料。

(2) 托盘上存放周转箱时(简称有箱),物料要存放在周转箱中。

立体仓库存储主体间的关系如图 6.1 所示。

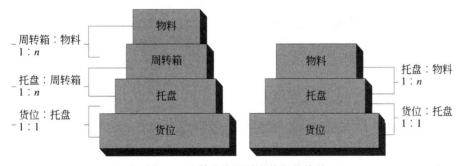

图 6.1 立体仓库存储主体间的关系

在入库时,托盘、周转箱均存在两个状态,即满和未满。在判断托盘是否满时分两种情况:一是无箱时,托盘上不能再存放物料为满;二是有箱时,托盘不能再存放周转箱为满,但与各个周转箱是否已满无关。周转箱是否满和无箱时托盘的判断情况类似,即当周转箱不能再存放物料时为满。

在入库时,如果对库中未满的托盘进行拼盘入库操作,该托盘可能会有状态的转换,即从不满转换成满的状态。当然,如果拼盘入库后该托盘还未满,它仍保持原状态。

当进行拣选出库时,出库的托盘无论原来的状态是满还是未满,操作完成后的状态均有两种,即未满或者空。空托盘一般要放到库前区或码垛在一起,按照空托盘入库流程放到指定货位上。

6.1.1　不规则物料的当量化处理

本系统的智能化立体仓库中存放的物料主要分为四大类:原材料、半成品、成品和经销品。其中,原材料和半成品大部分是不规则物料,即形状、大小、重量等是不统一的。相对而言,货位的规格是统一的。怎么在规格统一的货位上码放不规则的物料以获得更高的空间利用率是本节内容的重点和难点。针对以往智能化立体仓库中经常出现的空间利用率低的问题,依据现场的实际情况,本系统实现了将不同形状的物料存放在同一货位上的方法,也就是组盘组箱策略。其中,组盘就是在同一托盘中存放多种物料;组箱就是在同一托盘中存放多个周转箱,但是规定同一周转箱内只能存放一种物料。

经过分析发现,对于不规则物料的组盘组箱有两个难点:

(1) 托盘上已存放量的界定,即,如何确定托盘和周装箱是否已满以及未满的托盘或周转箱还可以码放多少物料?

(2) 满与未满状态的转换。放有物料的托盘、周转箱均有满和未满两个状态,这两个状态的转换点如何判断?

为了解决以上两个难点,本节引入标准当量的概念,即,当无法按照形状、大小、重量确切计算物料占托盘的容量时,把容量量化、标准化,以描述托盘、周转箱和物料所占的容量。

定义 6.1:标准当量(capacity-equivalent)为物料所占托盘容量的最小标准单元的数量。

根据标准当量,托盘和周转箱中可以存放多少物料就可以量化了,托盘或周转箱是否已满也就可以计算出来了。那么,每种物料的标准当量该如何确定呢? 由于托盘是同一规格的,所以托盘的标准当量也是固定的。基于上述前提,在综合考虑托盘的长度、宽度和货位高度结合的三维尺寸以及托盘的承载重量的情况下,可以确定托盘的标准当量。如果托盘的标准当量最多可以承载某种物料的数量为 n,则

$$物料的标准当量＝托盘的标准当量 /n$$

通过标准当量的概念,就为托盘已存放量和剩余存放量的界定找到了确切的方法。

由于系统中物料存储形式的不同,因此无箱和有箱的情况下关于托盘已存放量的界定也有所不同。下面我们详细介绍这两种情况下托盘已存放量的界定方法。

1. 无箱时托盘已存放量的界定

无周转箱时,托盘上不能再存放物料即为满。假设托盘上已存放 i 种物料,其中,Q_1 个标准当量为 E_1 的物料 1,Q_2 个标准当量为 E_2 的物料 2……Q_i 个标准当量为 E_i 的物料 i……托盘的标准当量为 E_{tray}。

那么托盘上已存放的标准当量为

$$E_{on} = \sum_i Q_i E_i$$

根据上式,托盘还能放的标准当量为

$$E_{put} = E_{tray} - E_{on} = E_{tray} - \sum_i Q_i E_i$$

根据上式,当为某种物料(标准当量为 E_i)组盘时,还可以存放的数量为

$$Q = \frac{E_{put}}{E_i} = \frac{E_{tray} - \sum_i Q_i E_i}{E_i}$$

当托盘无法再存放物料(即 $Q < 1$ 时),托盘状态为满。

2. 有箱时托盘已存放量的界定

有周转箱时,托盘满的状态与无周转箱时不同:托盘不能再存放周转箱时为满,但与各个周转箱是否已满无关。由于托盘的标准当量和每种规格的周转箱的标准当量都是固定的,那么托盘上存放的周转箱的标准当量之和不小于托盘的标准当量时,托盘状态为满。周转箱是否满和无箱的情况类似,即当周转箱不能再存放物料时为满。

假设某个托盘上存放着 j 个周转箱。第 j 个周转箱的标准当量为 E_{box_j},其中存放了 p 个标准当量为 E_j 的物料,该周转箱已存放的当量为

$$E_{onbox\_j} = pE_j$$

根据上式,该周转箱还能存放的标准当量为 E_j 的物料的数量为

$$Q_{box\_j} = \frac{E_{box\_j} - E_{onbox\_j}}{E_j} = \frac{E_{box\_j} - pE_j}{E_j}$$

根据上式,当 $Q_{box\_j} < 1$ 时,周转箱状态为满。

同时,该托盘已存放的周转箱当量为

$$E_{on} = \sum_j E_{onbox\_j}$$

根据上式,该托盘还可以存放的物料数量为

$$Q = \frac{E_{\text{tray}} - E_{\text{on}}}{E_j} = \frac{E_{\text{tray}} - \sum\limits_{j} pE_j}{E_j}$$

6.1.2　组盘策略

在智能化立体仓库物料入库的流程中,一般存在两种情况:

(1) 选用空托盘,将入库物料码放在空托盘上,然后入库,这种情况称为空托盘组盘。

(2) 选用立体仓库中的未满托盘,将该托盘出库,将入库物料与托盘上的原有物料码放在一起,然后回库,这种情况称为拼盘组盘。

组盘的具体策略见算法6.1。

算法6.1　组盘策略算法

Step1:读取订单数据,获取入库物料信息。

Step2:选择入库组盘方式:空托盘组盘或拼盘组盘。选择空托盘组盘转到Step3,选择拼盘组盘转到Step7。

Step3:挑选合适的空托盘,将物料码放在托盘上。

Step4:打印托盘条码和物料条码,并贴在托盘和物料上。扫描托盘条码、物料条码,将物料信息和托盘绑定,判断托盘是否已满,将信息保存到临时表中。

Step5:按照货位分配优化算法的相关原则为空托盘分配货位。

Step6:生成入库单,将临时表中的信息存储到入库单中,向WCS下发入库作业。转到Step12。

Step7:选择拼盘组盘,此时系统根据填入的物料数量和物料编码,计算出该物料的标准当量Q_s。

Step8:查找、选择未满的托盘,此时系统计算出选择的未满托盘可以存放的标准当量Q_{tray},然后将其和物料的标准当量进行比较。如果$Q_s > Q_{\text{tray}}$,则弹出相应的提示"托盘容量不够",重新选择未满托盘;否则转到Step9。

Step9:下发该托盘的出库作业到WCS。

Step10:贴上物料条码,将物料与托盘上原来存放的物料码放在托盘上。

Step11:扫描物料条码,绑定物料信息,保存到临时表中。

Step12:判断托盘是否已满。生成入库单,将临时表中的信息存储到入库单中。

Step13:下发该托盘的回库作业到WCS。

Step14:结束一次组盘。

组盘策略流程如图6.2所示。

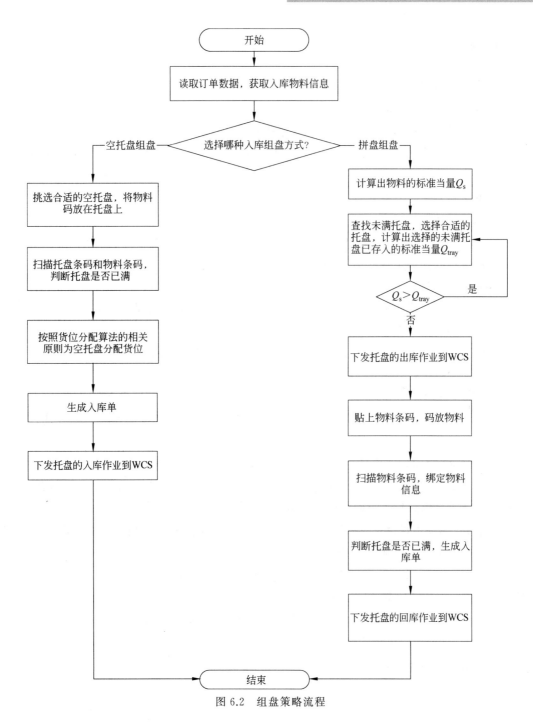

图 6.2　组盘策略流程

6.1.3　组箱策略

组箱的具体策略见算法 6.2。

算法 6.2　组箱策略算法

Step1：从数据库中读取订单，获取入库物料信息。

Step2：选择组箱方式：空托盘组箱或拼盘组箱。选择空托盘组箱转到 Step3，选择拼盘组箱转到 Step7。

Step3：选择空托盘组箱，将周转箱码放在托盘上，放入物料。打印周转箱条码，将该物料信息与周转箱号绑定。

Step4：扫描托盘号，将物料信息、周转箱号和托盘号绑定，通过 6.1.1 节中的判断方法判断周转箱和托盘是否已满，将全部信息存储到临时表中。

Step5：按照货位分配优化算法的相关原则为空托盘分配货位。

Step6：生成入库单，将临时表中的托盘、周转箱和物料信息保存到入库单中，向 WCS 下发入库作业。转到 Step13。

Step7：判断是要增加新箱还是组箱。如果增加新箱，转到 Step8；如果组箱，转到 Step9，系统自动计算出待入库物料的标准当量 Q_s。

Step8：选择一个存放周转箱且状态为未满的托盘，计算该托盘可以存放的当量 Q_{tray}，与 Q_s 进行比较。如果 $Q_s > Q_{tray}$，则弹出相应的提示"托盘容量不够"，重新选择托盘；否则转到 Step10。

Step9：选择组箱，则选择一个存放相同物料并且未满的周转箱，计算该周转箱可以存放的当量 $Q_{container}$，与 Q_s 进行比较。如果 $Q_s > Q_{container}$，则弹出相应的提示"周转箱容量不够"，重新选择周转箱。否则转到 Step10。

Step10：码放物料，打印周转箱条码，扫描条码，将托盘条码、周转箱条码、物料信息等保存到临时表中。否则转到 Step12。

Step11：通过 6.1.1 节中的判断方法判断周转箱和托盘是否已满，将托盘状态和周转箱状态保存到临时表。转到 Step13。

Step12：生成入库单，将临时表中的信息存储到入库单中，向 WCS 下发入库作业。

Step13：结束一次组箱流程。

组箱策略流程如图 6.3 所示。

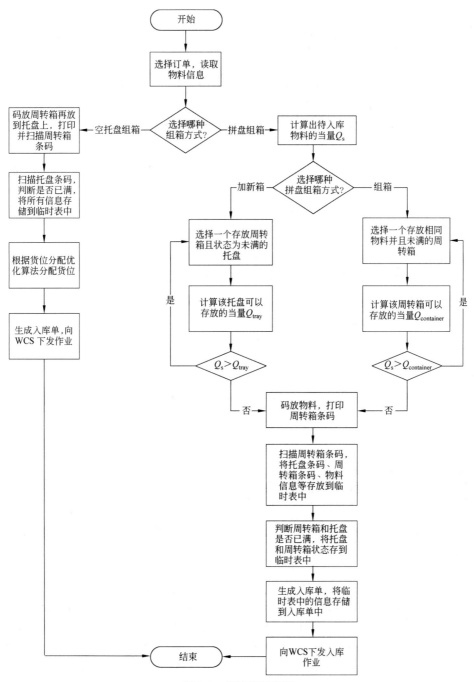

图 6.3　组箱策略流程

6.2　货位分配策略

物料在仓库中的货位是依据货位分配原则来确定的。一般来说,货位分配时的策略主要有以下几点。

1. 货架承载均匀策略

策略主要体现在以下两点:

(1) 上轻下重。重的物料存放在下面的货位,轻的物料存放在上面的货位,使货架的承载稳定。

(2) 分散存放。物料分散存放在仓库的不同位置,避免因集中存放造成货架受力不均匀,致使货架歪斜乃至损毁。

2. 就近策略

为保证快速响应作业请求,提高周转速度,选择离入库口和出库口最近的和高度最低的货位安排物料的入库和出库,这样可使出入库时间最短,提高堆垛机工作效率。

3. 物料分巷道存放策略

同种物料要分散在不同的巷道存放,以防止因为硬件故障或者其他异常导致某条巷道堵塞时影响物料出库。当某条巷道堵塞时,其他巷道依然能够完成该物料的出入库操作。其目的是提高仓库的可靠性,缩短任务等待时间。

根据仓库硬件的实际情况和用户的具体需求的不同,各策略应赋予不同的权重和优先级别,在仓库空间中综合或交替使用多种策略,以提高仓储周转效率,降低管理成本,改善仓储效果。

 ## 6.3　相关业务逻辑的定义

堆垛机轨道采用转弯式轨道,即每条巷道对应两排货架,每台堆垛机的控制范围为两条巷道,即 4 排货架。定义

$$S = \{s_1, s_2, \cdots, S_m\}$$

为堆垛机的有限集合,其中,m>0 为堆垛机数量,则立体仓库共 2m 个巷道,4m 排货架。

定义 6.2:逻辑仓库(logic warehouse)。对于物料入库后的货位(有货货位),动态地在数据库管理系统中设定一个标志,用来标识此货位归属于不同的属性,具有相同货位属性的货位属于同一逻辑仓库,即在逻辑上对有货货位进行分类。例如,分析存储在货位上的物料的特点,可以将其分为 4 种属性:原材料、半成品、成品和经销品,根据这些属性信息动态地划分货位,使各货位分别归属于相应的 4 个逻辑仓库之一。

定义 6.3：物料相关性。指物料属于同一个逻辑仓库，物料类别相同，出库时具有相同的选择优先权。这里以 EquipID(物料编码)作为参数，用 IsExistEquip(EquipID)函数表示此货位范围内是否存在相同属性的物料，如果存在，则该函数返回 True。

6.4　多目标货位分配优化算法及实现

多目标货位分配优化算法的目的是对货位分配算法进行多目标优化，根据项目的具体要求权衡货架承载均匀策略、就近策略、物料分巷道存放策略，寻找最优的结果集。该算法的主要思路是：在货位最初分配时，采用物料分巷道存放策略；在这一前提下，货架承载均匀策略贯穿于巷道、排、列、层的所有筛选过程中；在此基础上，遵循就近策略最终确定货位。

多目标货位分配优化算法见算法 6.3。

算法 6.3　多目标货位分配优化算法

Step1：检索并判断是否有同分组属性的物料。堆垛机的选择遵循物料分巷道存放策略。在分配入库货位时，首先按堆垛机号的顺序依次检索各堆垛机，判断在其可控制的货架范围内是否存在此同组属性(当∃IsExistEquip()表示)的物料。

Step2：如果在某台堆垛机控制范围内无此同分组属性的物料，并且满足∃Restrict_Loc()的限定条件，则可以确定该堆垛机为目标堆垛机。

Step3：如果已经确定了堆垛机，则计算该堆垛机控制的排的承载重量；否则，计算所有货架目前的承载重量，其中每个货位上所放物料的总重量通过函数 Weight_Loc(x_j, y_j)(其中，x_j 表示第 j 排的列号，y_j 表示第 j 排的层号)获得，具体表示如下：

$$\text{Weight\_Loc}(x_j, y_j) = \sum_{i=0}^{k} (p_i \times q_i + b_i)$$

其中，$k \geqslant 0$，为货位上物料种类的数量。

计算第 i 排货架所放物料总重量：

$$\text{Weight\_Row}(i) = \sum_{x_i=1}^{s} \sum_{y_i=1}^{t} \text{Weight\_Loc}(x_i, y_i)$$

其中，s 为总列数，t 为总层数，x_i 表示第 i 排的某一列，y_i 表示第 i 排的某一层。

Step4：选择目标排。

通过 Weight_Row()函数获取重量最轻并满足∃Restrict_Loc()的排为目标排。如果有多个这样的排，则选择排号最小的排为目标排，记为 v_LaneWay_Row，目标函数为

$$\text{f\_GetBestRow} = \text{GetMin}(\text{Weight\_Row}(i) \wedge \exists \text{Restrict\_Loc}())$$

Step5：选择排 v_LaneWay_Row 上的目标区域。

在确定目标排的基础上，为了让每排货架都受力均匀，在选择列之前，把所有列划分成若干个区域，选择重量最轻的区域作为目标区域。如果目标区域有多个，则选择距离库

前区最近的区域作为目标区域。区域的划分有助于整体重量的均匀分布,优于仅从最轻列来确定目标列的方法。

以图 6.4 为例,假设每 5 列分为一个区域,×为有货货位,○为空货位。如果仅按列重量排序,相同重量的列按距库前区最近的策略确定目标列,图 6.4 中第 4～10 列空货位具有相同的重量,按最近策略最终会选择第 4 列空货位为目标货位。如果采用划分区域法,先选择重量最轻的区域,则区域 2 为目标区域,然后依据最近策略最终定第 6 列为目标列。从货架承载均匀策略来看,后者显然优于前者。通过函数

$$\text{Weight\_Area}(i) = \sum_{x=\text{va}[i]}^{\text{va}[i]+\text{apn}} \sum_{y=1}^{t} (\text{Weight\_Loc}(x,y))$$

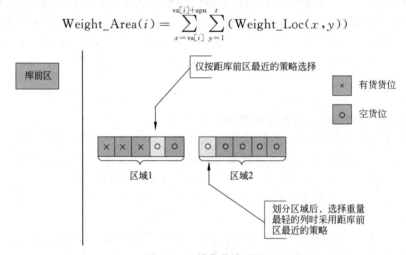

图 6.4　区域优化演示图

计算第 i 个区域的重量,其中 apn 表示一个区域中列的数量。选择重量最轻,且满足条件 $\exists\text{Restrict\_Loc}()$ 的区域作为目标区域,记为 v_BestArea。如果目标区域有多个,则选择距离库前区最近的区域,即最小编号区域作为目标区域。目标函数为

　　　　f_GetBestArea＝GetMin(Weight_Area(i)∧∃Restrict_Loc())

Step6:选择目标列。

在确定目标区域的基础上,通过函数 $\text{Weight\_Vertical}(i) = \sum_{y=1}^{t}(\text{Weight\_Loc}(x_i,y))$,计算第 i 列的重量。选择重量最轻且满足条件 $\exists\text{Restrict\_Loc}()$ 的列作为目标列,记为 v_BestVertical。如果目标列有多个,则选择距库前区最近的列,即区域中最小编号列作为目标列。目标函数为

　　　　f_GetBestVertical＝GetMin(Weight_Vertical(i)∧∃Restrict_Loc())

Step7:选择目标货位。

在确定目标列的基础上,为使货架受力情况良好,保证货架的稳定性,使货架重心在下层,应选择最底层且满足∃Restrict_Loc()的目标层,记为 v_BestLayer。最后得到目标

货位地址,它由 v_LaneWay_Row、v_BestVertical、v_BestLayer 唯一确定。

上述步骤是一个自顶向下缩小范围的过程。如果在限定的范围内不存在满足 ∃Restrict_Loc()条件的货位,将直接返回♯,表示不存在符合条件的货位地址。

多目标货位分配优化算法的流程如图 6.5 所示。

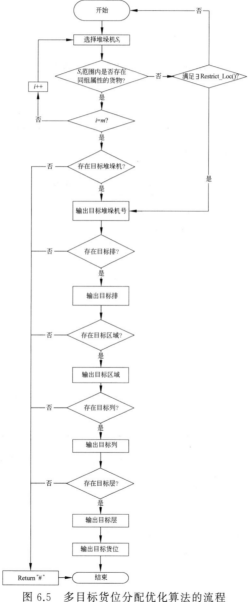

图 6.5 多目标货位分配优化算法的流程

6.5 实际运行效果

本节对某智能化立体仓库经过一个月的业务操作之后的库存数据进行统计分析。

1. 货架承载均匀策略

二号堆垛机第 5～8 排重量如表 6.1 所示。

表 6.1　二号堆垛机第 5～8 排重量

排	5	6	7	8
重量/kg	177.36	224.50	215.97	200.10

第 3 排第 3～10 区域重量如表 6.2 所示。

表 6.2　第 3 排第 3～10 区域重量

物料名称	区域	货位	数量	单位重量/kg	重量/kg
圆钢	3	2-1-11-2	3	7.99	23.97
灰口铸铁	4	2-1-16-4	1	6.53	6.53
		2-1-19-3	2	6.53	13.06
圆钢	5	2-1-22-3	3	7.99	23.97
圆钢	6	2-1-28-8	3	7.55	22.65
生铁	7	2-1-3-6	3	5.90	17.70
铸铁棒	8	2-1-37-9	4	4.70	18.80
生铁	9	2-1-1-9	3	5.90	17.70
圆钢	10	2-1-50-5	3	7.55	22.65

可见,在确定目标排的基础上,把列划分成若干区域,可以更有效地使每排货架承载均匀。区域的划分有助于整体重量的均匀分布,优于仅从最轻列来确定目标列的方法。测试结果体现了货架承载均匀策略在货位分配中的重要性。

2. 物料分巷道存放策略

生铁库存数量分布如表 6.3 所示。

表 6.3　生铁库存数量分布

物料名称	巷道	货位	数量
生铁	1	1-1-1-4	3
生铁	2	2-1-3-6	3
生铁	2	2-1-1-9	4
生铁	3	3-1-2-5	3
生铁	4	4-3-1-5	6

可见,生铁分布在 1～4 号巷道,分别可由 1～4 号堆垛机进行操作,这样就保证了出库的效率。

3. 就近策略

生铁是重要原材料之一,因此出入库比较频繁。生铁库存列分布如表 6.4 所示。

表 6.4　生铁库存列分布

物料名称	货位	列
生铁	1-1-1-4	1
生铁	2-1-3-6	3
生铁	2-1-1-9	1
生铁	3-1-2-5	2
生铁	4-3-1-5	1

可见生铁分布在第 1～3 列的范围内,比较靠近库前区。这样能够有效地提高出入库效率,减少等待时间。

6.6　本章小结

本章通过分析组盘组箱策略,提出了标准当量的概念,以解决不规则物料的组盘问题。以此为基础,结合项目的实际情况,分析了货位分配的具体需求,提出了多目标货位分配优化算法。通过对实际项目库存数据的分析,证明该算法取得了比较好的效果,保证了系统的高效性和稳定性。

第7章

出库托盘选择与拣选路径优化算法

7.1　转弯式巷道立体仓库拣选作业工作原理

转弯式堆垛机是在一般巷道式堆垛机基础上的技术改进。转弯式堆垛机有一个绕垂直轴线旋转的车轮，依靠前后两对水平轮挤压地轨产生的导向力实现转弯功能。转弯式堆垛机可以直接从一条巷道通过弯道进入另一条巷道，从而实现对两条巷道的出入库作业。

转弯式巷道式堆垛机拣选作业过程是：转弯式堆垛机携带周转箱从巷道口出发，依次经过若干个目标货位，从一条巷道目标货位中取出一定数量的物料，通过弯道再进入另一条巷道取货，直到取完所有要取的物料为止。

转弯式巷道立体仓库拣选作业示意图如图7.1所示。

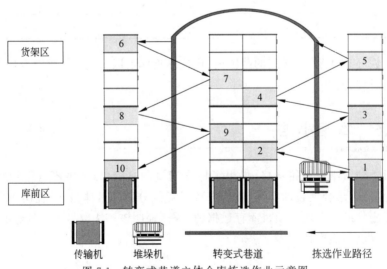

图 7.1　转弯式巷道立体仓库拣选作业示意图

7.2　有关参数定义说明

以下参数定义中,N 如果没有特殊说明均代表堆垛机编号。

7.2.1　堆垛机状态参数

调度需要知道的堆垛机的状态参数如下:

(1) Stacker_AutoStatus_N(开关量):堆垛机是自动还是手动。1 为自动,0 为手动。

(2) Stacker_RunStatus_N(开关量):堆垛机运行是否有故障。1 为运行正常,0 为有故障。

(3) Stacker_Task_No_N(整型量):堆垛机当前的作业号。

(4) Stacker_Task_Busy_N(开关量):堆垛机的工作状态是空闲还是忙。1 为空闲,0 为忙。

(5) Stacker_CurrentLane_N(整型量):堆垛机当前所处的巷道。

(6) Stacker_EnableSendCmd_N(开关量):是否已经向堆垛机下达命令。1 为已下达,0 为未下达。

(7) Stacker_Direction_N(开关量):堆垛机载货台的运行方向。0 为入库方向,1 为出库方向。

7.2.2　堆垛机命令参数

调度系统向堆垛机下达的命令有两个。

1) 作业命令

```
SendStackerCommand(StackerNo, Stacker_Cmd_NO_N, Stacker_Cmd_Mode_N, Stacker_
Cmd_Src_Lane_N, Stacker_Cmd_Src_Row_N, Stacker_Cmd_Src_Col_N, Stacker_Cmd_Src_
Layer_N, Stacker_Cmd_Dst_Lane_N, Stacker_Cmd_Dst_Row_N, Stacker_Cmd_Dst_Col_
N,Stacker_Cmd_Dst_Layer_N)
```

参数如下:

- StackerNo(整型量):堆垛机号。
- Stacker_Cmd_NO_N(整型量):作业号。
- Stacker_Cmd_Mode_N(整型量):作业方式。

- Stacker_Cmd_Src_Lane_N(整型量)：起始巷道。
- Stacker_Cmd_Src_Row_N(整型量)：起始排。
- Stacker_Cmd_Src_Col_N(整型量)：起始列。
- Stacker_Cmd_Src_Layer_N(整型量)：起始层。
- Stacker_Cmd_Dst_Lane_N(整型量)：目标巷道。
- Stacker_Cmd_Dst_Row_N(整型量)：目标排。
- Stacker_Cmd_Dst_Col_N(整型量)：目标列。
- Stacker_Cmd_Dst_Layer_N(整型量)：目标层。

2）启动或停止命令

SetTagValue(tagName,tagValue)

SetTagValue 命令中有两个参数：tagName 和 tagValue。

tagName 参数有两个取值，分别是 Stacker_Start_N 和 Stacker _Stop_N。

tagValue 参数也有两个取值，分别是 1 和 0。

当 tagName＝'Stacker_Start_N'时，tagValue＝1 表示向堆垛机发送启动命令，tagValue＝0 表示不向堆垛机发送启动命令。

当 tagName＝'Stacker _Stop_N'时，tagValue＝1 表示向堆垛机发送停止命令，tagValue＝0 表示不向堆垛机发送停止命令。

7.3 转弯式巷道立体仓库的调度要求

转弯式巷道立体仓库调度控制系统需要实现调度管理、状态采集、错误处理等任务，并且能根据上位机管理系统下达的任务和堆垛机的工作状态，通过通信系统控制其运行。该系统主要完成以下任务：

（1）堆垛机具有在两条相邻巷道行走的随机性（1 号堆垛机可在 1、2 巷道行走，2 号堆垛机可在 3、4 巷道行走）。当前堆垛机所处的巷道不同，拣选的作业序列也会发生相应的变化，因此系统要保存当前堆垛机所在的巷道号。

（2）拣货路径优化以及相应作业序列的生成与分派下发。

（3）堆垛机和输送机运行状态采集和控制。

（4）对于拣选过程中出现的错误的处理。

7.4　出库货位选择算法研究

由于入库采用组盘组箱策略,库存中会出现一个托盘上存放多种物料的情况,在出库的领料单中同样可能会包含多种物料,因此,在选择出库货位时,在一个托盘上应尽量多地包含领料单中的物料,可以有效地减少出库作业次数,提高出库效率,降低管理成本。针对这个问题,本节对出库货位的选择进行了分析研究,具体见算法7.1。

算法7.1　出库货位选择算法

Step1：读取选择的领料单的物料信息。

Step2：选择一同出库的物料,物料种类数为 k。

Step3：检索库存中包含这 k 种物料的所有货位,对检索结果按照包含物料种类的多少进行排序。

Step4：选择要出库的货位,输入需要出库的数量 $Q_i(0 < i \leq k)$,计算出领料单中相应物料的剩余数量 Q_{remain},生成出库单。

Step5：下发出库作业到作业序列,按照拣选作业优化算法排列作业序列并依次执行。

Step6：检索选择的领料单中出库物料的剩余数量 Q_{remain} 是否全部为 0。如果全部为 0,结束一次出库操作;否则计算出剩余物料种类数 j,令 $k = j$,转到 Step3 继续执行。

出库货位选择算法流程如图 7.2 所示。

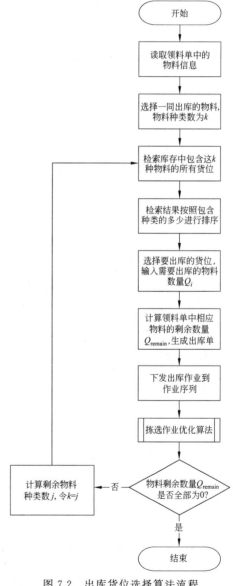

图 7.2　出库货位选择算法流程

119

7.5 拣选作业路径优化算法

智能化立体仓库拣选作业路径优化算法可以描述为：在每次拣选物料总量不超过周转箱装箱能力的前提下，安排物料的拣选顺序，减少堆垛机垂直和水平走过的总路程，减少堆垛机的运行时间，同时减少堆垛机作业次数，提高物料装箱率，提高输送系统效率。

7.5.1 转弯式巷道拣选作业过程分析

对于转弯式巷道的拣选作业可以分为 3 种情况（这时堆垛机运动有两个入库台 O_1 和 O_2，假设此时堆垛机在 O_1 处）：

情况一：拣选作业全部分布在堆垛机所在巷道内。此时，堆垛机从 O_1 出发，在第一条巷道完成拣选作业，从 O_1 出库，如图 7.3 所示。

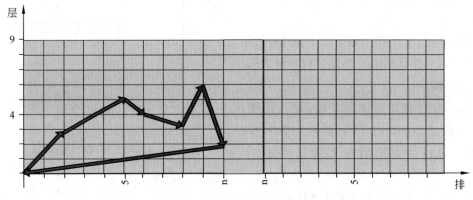

图 7.3 拣选作业全部分布在堆垛机所在巷道内

情况二：拣选作业分布在堆垛机所操控的两个巷道内。此时，堆垛机从 O_1 出发，完成第一条巷道拣选作业，转弯，完成第二条巷道拣选作业，从 O_2 出库，如图 7.4 所示。

情况三：拣选作业分布在堆垛机所操控的另一条巷道内。此时，堆垛机从 O_1 出发，转弯，在第二条巷道完成拣选作业，从 O_2 出库，如图 7.5 所示。

7.5.2 拣选作业路径模型的设计

在拣选过程中，对堆垛机的运行设定如下。

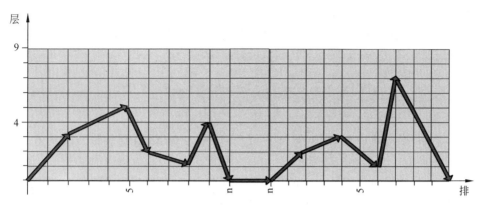

图 7.4 拣选作业分布在堆垛机所操控的两个巷道内

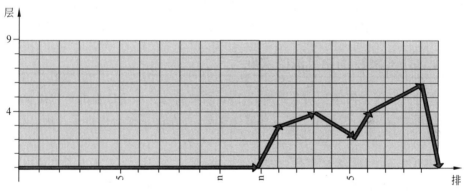

图 7.5 拣选作业分布在堆垛机所操控的另一条巷道内

设定 1：对某一货位的拣选时间是固定的，不会随着该货位在拣选路径中的拣选顺序的不同而发生变化。

设定 2：堆垛机在水平方向和垂直方向上都恒速运行，其启动和制动过程忽略不计。

由于堆垛机可同时在水平、垂直方向上运行，所以堆垛机由货位点 i 运行到货位点 j 所花费的时间如式（7.1）所示：

$$t(i,j) = \max\{|x_j - x_i|/v_x, |y_j - y_i|/v_y\} \tag{7.1}$$

式中，

- v_x：堆垛机水平运行速度。
- v_y：堆垛机垂直运行速度。
- (x_i, y_i)：货位点 i 的坐标。

121

- (x_j, y_j)：货位点 j 的坐标。

对于货位点编号为 $1, 2, \cdots, n$ 的单次拣选作业来说，它所花费的总时间代价如式(7.2)所示：

$$T = \sum_{m=0}^{n-1} t(m, m+1) + t(n, 0) + T_1 + T_z \tag{7.2}$$

式中，

- $t(0,1)$：堆垛机由巷道口(附加货位点，编号为 0)运行到编号为 1 的货位点的时间。
- $t(n,0)$：堆垛机由编号为 n 的货位点返回巷道口(附加货位点编号为 0)的时间。
- T_1：堆垛机经过转弯处到另一条巷道所经历的时间。对于图 7.3 和图 7.4 所示的情况，该值不为 0 且恒定；对于图 7.5 所示的情况，该值为 0。
- T_z：堆垛机从巷道口运行到弯道开始处(即整条巷道)所经历的时间。对于图 7.4 所示的情况，该值不为 0 且恒定；对于图 7.3 和图 7.5 所示的情况，该值为 0。

7.5.3　拣选作业路径优化算法的实现

拣选作业路径优化问题是一个典型的 TSP 求解问题。本项目根据某智能化立体仓库的硬件情况和实际需求，利用了最近邻算法思想，并在此基础上进行了改进，以解决这一问题。

最近邻算法是一种启发式算法。在此算法中，每次选择一个距离当前点最近并且没有被访问过的点，利用这一方法构造一个点序列 $V_1, V_2, \cdots\cdots V_n$，其中初始点 V_1 的选择根据具体情况而定，如图 7.6 所示。

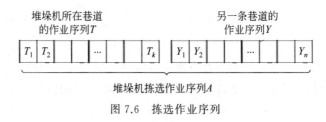

图 7.6　拣选作业序列

对于转弯式巷道立体仓库的拣选作业初始点的选定，堆垛机所在巷道和另一条巷道是不同的。因此，利用改进的最近邻算法设计的拣选作业路径优化算法见算法 7.2。

算法 7.2　拣选作业路径优化算法

Step1：根据巷道的不同将作业分为两类，堆垛机所在巷道的作业序列按照(列，层)

格式放入队列 T 中,另一条巷道的作业序列放入队列 Y 中,组成总的拣选作业序列 A。

Step2:设 $i=0$,$j=0$,仓库货架总列数为 m,按照(列,层)格式,设置巷道口坐标是 $O(0,0)$,巷道转弯开始处的坐标是 $V(m,0)$。

Step3:如果 T 为空,则转到 Step4。否则进行下面的步骤:其初始点为 $O(0,0)$,令 $T_{k+1}=V(m,0)$,从 T 中取出 T_{i+1} 到 T_{k+1} 的所有点,利用式(7.1)分别计算初始点 O 到各点的作业时间,将作业时间最小的点与 T_{i+1} 交换,同时将该点坐标赋予 O,$i=i+1$。

Step4:如果 Y 为空,则转到 Step5。否则进行下面的步骤:初始点坐标为 $V(m,0)$,令 $Y_{n+1}=O(0,0)$,从 Y 中取出 Y_{j+1} 到 Y_{n+1} 的所有点,利用式(7.1)分别计算初始点 V 到各点的作业时间,将作业时间最小的点与 Y_{j+1} 交换,同时将该点坐标赋予 V,$j=j+1$。

Step5:如果 $i=k$ 并且 $j=n$,转到 Step6;否则转到 Step3。

Step6:结束,返回 A 序列。

7.5.4　拣选作业路径优化算法的实验效果

拣选作业路径优化问题的目的是确定使式(7.1)所求 T 最小的拣选作业路径,按照(巷道,排,列,层)的作业货位形式随机产生同一堆垛机的20条货单:

$$(1,2,20,3)_1 \quad (1,1,12,9)_2 \quad (2,1,20,3)_3 \quad (1,1,1,8)_4$$
$$(2,2,1,6)_5 \quad (2,1,22,4)_6 \quad (1,1,23,7)_7 \quad (2,2,1,4)_8$$
$$(2,1,15,9)_9 \quad (1,1,3,5)_{10} \quad (2,1,10,4)_{11} \quad (1,1,16,5)_{12}$$
$$(2,1,1,8)_{13} \quad (1,2,5,1)_{14} \quad (1,1,11,1)_{15} \quad (2,1,13,2)_{16}$$
$$(1,1,6,6)_{17} \quad (1,2,17,3)_{18} \quad (2,1,25,5)_{19} \quad (1,2,2,2)_{20}$$

堆垛机参数设定:$v_x=1\text{m/s}$,$v_y=2\text{m/s}$,转弯所需的时间 $T_1=10\text{s}$,堆垛机停在第 1 巷道的巷道口。

货架的参数设定:货架共有 25 列,9 层。

经过简单的巷道分组得到的作业序列如下:堆垛机所在巷道作业序列为(1,2,4,7,10,12,14,15,17,18,20),所用时间为 133.5s;另一条巷道的作业序列为(3,5,6,8,9,11,13,16,19),所用时间为 135.5s。完成最后作业出巷道口所需时间为 26s。拣选作业所需的时间总和为 133.5s+10s+135.5s+26s=305s。

按照上面介绍的改进的最近邻算法得到的优化序列如下:堆垛机所在巷道的作业序列为(20,10,4,14,17,15,2,12,18,1,7),所用时间为 48.5s;另一条巷道的作业序列为(19,6,3,16,9,11,13,5,8),所用时间为 42s。完成最后作业出巷道口所需时间为 3s。作业路径优化之后,拣选作业所需的时间总和为 $48.5s+10s+42s+3s=103.5s$。

可以看到,对转弯式巷道拣选作业应用路径优化算法,拣选效率有了大幅提高。

7.6 拣选作业调度控制算法和错误处理

7.6.1 拣选作业调度控制算法

拣选作业调度控制算法见算法 7.3。

算法 7.3 拣选作业调度控制算法

Step1:确定堆垛机所在巷道。

```
Int StackerNo=GetTagValue(Stacker_CurrentLane_N);
```

Step2:调用作业路径模型函数对拣选路径进行优化。

```
String[] WorkQueue=GetBestWay(LworkQueue, RworkQueue, StackerNo);
```

随机产生的堆垛机所在巷道拣选作业的初始路径存放在 LworkQueue 数组中,另一条巷道拣选作业的初始路径存放在 RworkQueue 数组中,GetBestWay 函数利用改进的最近邻算法得到最优的作业队列,将其返回到 WorkQueue 数组中。

Step3:将作业序列写入堆垛机。

(1) 调用 GetAndCreateWork 函数的数据库存储过程取出 WorkQueue 数组中的作业队列,生成作业并加到作业列表中,将运行结果写入调度日志。

```
IF GetAndCreateWork(WorkQueue)
THEN
    WriteLogMsg('已经生成'+IntToStr(StackerNo) +'#堆垛机的作业序列')
ELSE
    WriteLogMsg(IntToStr(StackerNo) +'#堆垛机的作业序列生成失败');
```

(2) 如果堆垛机空闲,并且处于自动且没有故障的状态时,则获取作业列表中的作业,写入堆垛机,并且启动堆垛机。其中 iLane、iRow、iCol 和 iLayer 为起始货位地址信息,iSrcLane、iSrcRow、iSrcCol 和 iSrcLayer 为目标货位地址信息。

```
IF (Stacker_Task_Busy_N) ∧ (Stacker_AutoStatus_N) ∧ (Stacker_RunStatus_N)
THEN
    //获取作业列表中的作业
    GetStackerInTask(StackerNo,iTaskNo,iLane,iRow,iCol,iLayer,iSrcLane,
```

```
        iSrcRow,iSrcCol,iSrcLayer);
//将作业信息写入堆垛机
SendStackerCmd(StackerNo,iTaskNo,iAction,iLane,iRow,iCol,iLayer,
        iSrcLane, iSrcRow,iSrcCol,iSrcLayer);
```

（3）根据 Stacker_EnableSendCmd_N 的值确定作业序列是否下发成功,并将结果写入调度日志。

```
IF (Stacker_EnableSendCmd_N)
THEN
    WriteLogMsg(DateTimeToStr(now)+':已经向'+IntToStr(StackerNo)
        +   '#堆垛机下达命令');
ELSE
    WriteLogMsg(DateTimeToStr(now)+': 向'+IntToStr(StackerNo)
        +   '#堆垛机下达命令时出现故障,请重试');
```

7.6.2　拣选作业错误处理

转弯式巷道立体仓库在故障处理方面与直巷道立体仓库相似,应尽量降低故障率。如果出现故障,应能在很短的时间内解决,以保证作业顺畅地完成。

在拣选作业过程中发生故障时,要分清楚作业是拣选出库还是拣选入库。如果是拣选出库作业,其任务状态值为 2;如果是拣选入库作业,其任务状态值为 3。具体处理步骤如下:

（1）如果在拣选出库时出现故障,手动把托盘放到载货台上,删除发给堆垛机的任务表中的出库任务(出库状态值是 1),并修改作业状态值为 2(即把原来的出库状态值由 1改为 2)。拣选结束后,启动堆垛机,即可正常运行。

```
IF (Stacker_Direction_N:=1) ∧ (Stacker_AutoStatus_N)
                            ∧ (~Stacker_RunStatus_N)
THEN
    //调用存储过程,将当前的作业状态值置为 2
    UpdateWorkStatus(workid,2);
    //将堆垛机变为手动,然后再由库管员进行相应的操作
    SetTagValue('Stacker_AutoStatus_N',1);
```

（2）如果在拣选入库时出现故障,手动把托盘放到载货台上,删除发给堆垛机的任务表中的入库任务(入库状态值是 3),修改作业状态值为 2(即把原来的入库状态值由 3 改

为2),然后启动堆垛机,即可正常运行。

```
IF (Stacker_Direction_N:=0) ∧ (Stacker_AutoStatus_N)
                           ∧ (~Stacker_RunStatus_N)
THEN
    //调用存储过程,将当前的作业状态值置为2
    UpdateWorkStatus(workid,2);
    //将堆垛机变为手动,然后再由库管员进行相应的操作
    SetTagValue('Stacker_AutoStatus_N',1);
```

7.7 本章小结

本章结合实际项目的具体需求,提出了出库货位选择算法,提高了物料的出库效率。在此基础上,针对转弯式巷道立体仓库的特点,对拣选作业流程进行分析,运用改进的最近邻算法生成优化的作业序列,同时对作业下发、执行和错误处理等调度过程进行了设计,并在以这种转弯式巷道为硬件特点的某智能化立体仓库实际运行中取得了比较好的效果。

第8章

基于无线手持终端的数据采集系统

在立体仓库的日常运作中,由于数据采集的需要,RFS 是应用最频繁的,几乎所有的出入库操作和作业下发都是由 RFS 完成的,所以 RFS 的设计关系着整个立体仓库的作业效率。

8.1 便携灵活的数据采集与操作需求

一般情况下,立体仓库占地面积都比较大。在库区操作时,很多操作需要人工参与,操作员不可能只坐在计算机前通过 WMS 操作完成数据采集、入库、出库等功能。同时立体仓库业务操作的频率又很高,尤其是入库和出库操作(每小时平均 30～40 次),因此需要操作员能够快速、方便地进行操作,并且实时传输数据,完成对库存信息和堆垛机作业的更新。

无线手持终端可以满足上述用户需求,它具有以下特点:

(1) 不需要网络连接线,移动灵活、方便。

(2) 能在任何时间、任何地点操作和检索数据。

(3) 实时收集和传输数据,从而提高工作效率。

(4) 友好、简单的中文交互式界面,易懂、易学。

因此,根据人员操作的流动性以及数据采集和处理的非延时性(实时性)的要求(采集的数据需要实时提供给其他业务部门),要求系统采用无线网络技术和无线手持终端相结合的方式。这样,在整个立体仓库中,利用无线传输技术,操作员在权限许可的条件下,无论何时何地,只要在无线网络覆盖范围内,都能够使用轻巧便携的无线手持终端对库存信息进行记录、更新和存储,不仅可以完成数据的采集,还可以进行入库、出库、移货位、移库、条码打印等操作。总之,要求系统做到随时、随地、无纸化和实时的无线传输。

8.2　面向数据快速采集的条码标识需求

　　按照用户需求,建成的立体仓库需要存储上万种物料,其中每种物料包括名称、编号、种类、出产日期、供货商等十多种信息,因此需要选择容量大、密度高的物料标识。同时有的立体仓库内部空气潮湿,且立体仓库内放置的一些物料表面会有较多油污。物料标识的材质要充分考虑库内实际情况,具有良好的防污、防刮、防潮、耐高温和低温等性能。在业务操作方面,还要充分考虑减少对网络和数据库的依赖,要在网络通信不畅的情况下尽量满足业务操作的需要。

　　通过上述分析,确定立体仓库中的物料标识采用条码技术。条码标识属于图形标识技术,通过可识别条码的手持终端可以快速输入物料的相关信息。目前,仓储系统中普遍采用条码或 RFID,条码由于成本低,应用更普遍。有两种类型的条码,即一维条码和二维条码,究竟采用哪种类型的条码,需要进行详细的对比和分析后才能确定。

8.2.1　一维条码的局限

　　由于受信息容量的限制,一维条码仅仅是对物料的标识,而不是对物料的描述,所以一维条码的使用不得不依赖数据库。在没有数据库和不便联网的地方,一维条码的使用受到了较大的限制,甚至变得毫无意义。另外,要用一维条码表示汉字十分不方便。随着计算机技术的快速发展,管理所需的信息越来越多,迫切要求用条码在有限的空间内表示更多的信息,从而满足千变万化的信息表示需要。二维条码正是为了解决一维条码的问题而产生的。

8.2.2　二维条码的特点

　　二维条码和一维条码相比具有以下特性。

　　(1) 高密度。二维条码利用垂直方向的尺寸来提高条码的信息密度,通常情况下其信息密度是一维条码的几十倍到几百倍,这样就可以把物料信息全部存储在一个二维条码中。要查看物料信息,只要用识读设备扫描二维条码即可,因此不需要事先建立数据库,真正实现了用条码对物料进行描述。

　　(2) 具有纠错功能。一维条码的应用建立在这样的基础上:读不出要比读错好。因此,一维条码通常与其表示的信息一同印刷出来,当条码受到损坏(如污染、脱墨等)时,可以通过键盘录入代替扫描条码。一维条码没有考虑到条码本身的纠错功能,尽管引入了校验字符的概念,但仅限于防止读错。

而二维条码可以表示以千字节为单位的数据,其表示的信息不可能与二维条码一同印刷出来。如果二维条码的某部分损坏,该条码就变得毫无意义,因此二维条码引入了错误纠正机制。这种纠错机制使得二维条码因穿孔、污损等引起局部损坏时,照样可以被正确识读。二维条码的纠错机制使得它成为一种安全可靠的信息存储和识别的方法,这是一维条码无法相比的。

(3) 可以表示多种语言文字。多数一维条码能表示的字符集不过是 10 个数字、26 个英文字母及一些特殊字符,因此要用一维条码表示其他语言文字(如中文、日文等)是不可能的。而多数二维条码都具有字节表示结构,可以将各种语言文字信息表示出来,从而为多种语言文字的条码表示提供了一条前所未有的途径。

(4) 可表示图像数据。既然二维条码可以表示字节数据,而图像多以字节数据形式存储,就使图像(如照片、指纹等)的条码表示成为可能。

(5) 可引入加密机制。加密机制的引入是二维条码的又一优点。可以先用一定的加密算法将信息加密,然后用二维条码表示。在识别二维条码时,再用解密算法将信息解密,就可以恢复原有信息,这样便可以大大增强信息的安全性。

8.2.3　二维条码与其他自动识别技术的比较

除了一维条码,还有其他的自动识别技术,和它们相比,二维条码同样有着明显的优势。二维条码与磁卡、IC 卡、光卡的比较如表 8.1 所示。

表 8.1　二维条码与磁卡、IC 卡、光卡的比较

特性	二维条码	磁卡	IC 卡	光卡
抗磁力	强	弱	中等	强
抗静电	强	中等	中等	强
抗损性	强	弱	弱	弱
	可折叠	不可折叠	不可折叠	不可折叠
	可穿孔	不可穿孔	不可穿孔	不可穿孔
	可切割	不可切割	不可切割	不可切割
可否影印	可	不可	不可	不可
可否传真	可	不可	不可	不可
容量	1100B	76B	3KB	2MB
成本	1 元	10 元	300 元	500 元

总之,由于磁卡、IC 卡、光卡等自动识别技术在抗磁性、抗损性、性价比等方面存在一些缺点,因此不在本系统的考虑范围内。一维条码的信息容量很小,最多只能表示一些数字,要描述更多的物料信息,只能依赖数据库的支持。而二维条码是一种高密度、高信息含量的便携式数据文件,信息容量大,保密防伪性强,可靠性高,成本低,寿命长。因此,在本章介绍的智能化立体仓库系统中,物料条码标签、周转箱条码标签均选择二维条码;而托盘条码标签、货位条码标签只需要存储十几位数字来标示位置就够了,所以采用一维条码。

8.3 数据采集的条码与设备选型

8.3.1 条码的选择

根据 8.2 节的分析,本系统的托盘条码和货位条码采用一维条码,而物料条码和周转箱条码采用二维条码。目前比较常用的一维条码包括 EAN13、EAN8、Code39、Code25 等二十多种格式,二维条码包括 PDF417、Code49、Code 16K、Data Matrix、Maxi Code 等多种格式。经过认真的分析,本系统选定的一维条码格式为 EAN13,二维条码格式为 PDF417。

EAN13 是国际物品编码协会(International Article Numbering Association)在全球推广应用的商品条码,它由 13 位数字按照模块组合法进行编码,包含一位校验码,校验码根据条码字符的数值按一定的数学算法计算得出。EAN13 具有简单、灵活、可靠性高等优点,非常适用于要求快速读取托盘条码和货位条码的场景。

PDF417 格式的二维条码是由 Symbol 公司推出的公开的系统标准技术,是目前国际上比较流行、开发编程实现相对容易的一种格式。它具有很高的信息密度,可以容纳 1848 个字母字符或 2729 个数字字符,约为 500 个汉字的信息。它还具有多重防伪性、极强的保密性、不超过千万分之一的误码率等优点,很适合作为本系统的物料条码和周转箱条码。

8.3.2 无线手持终端的种类

条码扫描器从用途角度大体上可分为两类:在线式条码扫描器和便携式条码扫描器(手持终端)。在线式条码扫描器又可分为台式和连线式两类,它们大部分直接由交流电源供电,一般是非独立使用的,在扫描器与计算机之间由电缆连接以传输数据,不能脱机使用。这种扫描器向计算机传输数据的方式一般有两种:一种是键盘仿真;另一种是通过通信接口向计算机传输数据。前者无须单独供电,其动力由计算机内部引出;后者则需单独供电。因此,在线式条码扫描器必须安装在固定的位置,并且需把条码符号拿到扫描器前阅读。目前,一些物流企业在出入库管理中已开始使用这种扫描器,各种大型超市也都采用这种扫描器。在线式条码扫描器在使用范围和用途上有一些限制,使其不能应用在需要脱机使用的场合,如库存盘点、大件物品的扫描等。为了弥补在线式条码扫描器的不足之处,便携式条码扫描器应运而生。

便携式条码扫描器又称无线手持终端,是为适应一些现场数据采集和扫描笨重物体的条码而设计的,适用于脱机使用的场合。它由电池供电。它与计算机之间的通信并不和扫描同时进行。它有自己的内部存储器,可以存储一定量的数据,并可在适当时将这些数据传输给计算机。几乎所有的无线手持终端都有自己独立的操作系统,再配上应用程序,便可成为功能很强的专用设备,从而可以满足不同场合的应用需要。越来越多的物流企业将目光投向便携式条码扫描器,国内已经有一些物流企业将便携式条码扫描器用于仓库管理、运输管理以及物品的实时跟踪。

便携式条码扫描器根据扫描方式分为3种类型:接触式光笔、CCD条码扫描器(影像式条码扫描器)、激光条码扫描器。这3种条码扫描器的类型是由它们的扫描引擎来区分的,扫描引擎用来产生光线并扫描条码。接触式光笔的扫描引擎采用的是发光二极管(LED),CCD条码扫描器采用的是电荷耦合器件(CCD),激光条码扫描器的扫描引擎则是可见激光二极管(VLD)。扫描引擎是影响便携式条码扫描器性价比的一个主要因素,并决定了扫描器对各种用途的适用性。

8.3.3　手持终端的选型

手持终端的选择是整个项目研发中极其重要的部分,因为它关系到数据采集的便利性和录入信息的快捷性。在选择手持终端时主要考虑以下因素:工作距离、标签尺寸和条码密度。

1. 工作距离

工作距离是指应用手持终端进行数据采集时扫描器与条码标签之间的距离。对于8.3.2节提到的3种类型的便携式条码扫描器,接触式光笔需要与标签表面相接触,CCD条码扫描器的工作距离限制为0～60cm,激光条码扫描器的工作距离为20～100cm,一些专门用来扫描大型条码的特制激光枪可以达到更远的工作距离。

2. 标签尺寸和条码密度

标签尺寸指被扫描的条码的宽度。条码密度指能满足阅读的最小条或空模块的宽度,以千分之一英寸度量,称为密尔(mil)。对于一维条码,标签的尺寸就是标签的宽度。

高密度条码(7mil 以下)需要在较近距离扫描,低密度条码(15mil 以上)则可以在较远的距离扫描。

基于以上考虑,在本系统的实际设备选型过程中,根据甲方提出的无线手持操作的需求,工作距离为 10～50cm,二维条码标签的尺寸固定且密度很高。为此,本系统选择 CCD 条码扫描器。通过充分的市场调研,最终选择美国 Symbol 公司的 Symbol Technologies MC3030 无线手持终端作为本系统的数据采集设备。该设备的具体参数如下:

彩色显示配置:彩色。

显示分辨率:320 像素×320 像素。

操作系统:Microsoft Windows CE4.2 Professional Version。

应用程序开发:Symbol SDK。

环境:Microsoft Windows CE SDK。

处理器:Intel XScale PXA270@312MHz。

闪存内存/RAM:64MB/64MB。

数据采集:一维条码为激光,二维条码为 CCD 成像仪。

工作电源:直流。2600mAh,3.7V;4400mAh,3.7V。

8.3.4　无线基站的选择、安装及设置

1. 无线基站的选择

根据用户需求,本系统选择了与无线手持终端匹配的 Symbol 公司生产的 AP-5131 无线基站(又称接入点)。

Symbol AP-5131 接入点可以实现以太网有线网络与配备了无线网络的移动单元之间的连接,其中移动单元包括完整的 Symbol 终端、条码扫描器适配器(PC 卡、Compact Flash 卡和 PCI 适配器)以及其他设备系列。AP-5131 可提供最高达到 54Mb/s 的数据传输速率,它可以监控以太网流量,并将相应的以太网信息通过网络转发至移动单元。它还可以监控移动单元无线通信流量,并将移动单元数据包转发至以太网局域网。

AP-5131 的具体参数如下:

(1) 物理参数。

尺寸:135mm×240mm×45mm(长×宽×厚)。

外壳:金属压力外壳(UL2043)。

重量:0.88kg(单无线电型号),0.93kg(双无线电型号)。

工作温度:−20～50℃

储存温度:−40～70℃

海拔：2438m@28℃（工作），4572m@12℃（储存）。

震动：0.02g/Hz，随机，正弦，20Hz～2kHz。

相对湿度：5％～95％（工作），5％～85％（储存）。

静电：放电 15kV（空气），8kV（触点）。

跌落：从 36in（1in = 2.54cm）基准点高度跌落至水泥地面（不包括带有连接器的一面）。

（2）电气参数。

工作电压：48V 直流（正常）。

工作电流：200mA（峰值）@48V 直流，170mA（正常）@48V 直流。

（3）无线电参数。

发射机功率：最大 22dBm（取决于国家或地区、频道和数据速率）。

IEEE 802.11b/g 规定如下：

19dBm ± 1dBm@1Mb/s、2Mb/s、5.5Mb/s、11Mb/s。

19dBm ± 1dBm@6Mb/s 和 9Mb/s。

18dBm ± 1dBm@12Mb/s 和 18Mb/s。

17dBm ± 1dBm@24Mb/s 和 36Mb/s。

16dBm ± 1dBm@48Mb/s 和 54Mb/s。

IEEE 802.11a 规定如下：

17dBm ± 1dBm@6Mb/s 和 9Mb/s。

16dBm ± 1dBm@12Mb/s 和 18Mb/s。

15dBm ± 1dBm@24Mb/s 和 36Mb/s。

14dBm ± 1dBm@48Mb/s 和 54Mb/s。

工作频道：IEEE 802.11a 无线电工作频道 1～35（4920～5825MHz）。

IEEE 802.11b/g 无线电工作频道 1～13（2412～2472MHz）。

IEEE 802.11b/g 无线电工作频道 14（2484MHz，仅限日本）。

实际的工作频率取决于规章和认证机构。

无线电数据速率：IEEE 802.11a 无线电数据速率为 6Mb/s、9Mb/s、12Mb/s、18Mb/s、24Mb/s、36Mb/s、48Mb/s 和 54Mb/s。

IEEE 802.11g 无线电数据速率为 6Mb/s、9Mb/s、12Mb/s、18Mb/s、24Mb/s、36Mb/s、48Mb/s 和 54Mb/s。

IEEE 802.11b 无线电数据速率为 1Mb/s、2Mb/s、5.5Mb/s 和 11Mb/s。

无线媒介：直序扩频（DSSS），正交频分复用技术（OFDM）。

2. 无线基站的安装与设置

由于立体仓库的面积较大,整个系统由 3 个 U 形巷道组成,巷道长度超过 200m,所以整个仓库采用 5 个无线基站。

本系统使用基于 Java 的 Web UI 来配置 AP-5131,用 AP-5131 的 LAN 界面建立系统与 AP-5131 的连接,然后就可以将 AP-5131 配置为 DHCP 客户端。具体的配置步骤如下。

首先,重新设置 AP-5131 的密码。

(1) 将调制解调器串行电缆的一端连接至 AP-5131 的串行连接器,同时将调制解调器串行电缆的另一端连接至运行 HyperTerminal 或类似仿真程序的 PC 的串行端口。

(2) 将 HyperTerminal 程序设置为 19 200Baud、8 个数据位、1 个停止位、无奇偶校验、无流控制以及自动检测终端仿真。

(3) 按 Esc 键或 Enter 键以访问 AP-5131 CLI。在建立串行连接后,用户即可查看串行连接窗口。

(4) 重置 AP-5131。可以通过拔下再重新插入 LAN 电缆或电源电缆的方法重置 AP-5131。在 AP-5131 重新启动时,会出现 Press Esc key to run boot firmware(按 Esc 键以运行启动固件)的信息。

(5) 按 Esc 键。如果在 3s 内按下了 Esc 键,则显示 boot>提示符。

(6) 在 boot>提示符后输入以下内容:

```
passwd default
```

(7) 要重置 AP-5131,则在 boot>提示符后输入以下内容:

```
reset system
```

当 AP-5131 重新启动时,密码将恢复为默认值 symbol。此时即可访问 AP-5131。

然后,进行 AP-5131 的基本配置。

在重新登录后,可以看到如图 8.1 所示的 AP-5131 配置界面。从界面左侧的菜单树中选择 System Configuration(系统配置)→Quick Setup(快速设置),可以设置 AP-5131 的 System Name(系统名称)、Country(国家/地区)等。

单击 LAN 选项卡,选定 Enable LAN Interface(启用 LAN 界面)复选框,在 This Interface(此界面)下拉列表框中指定如何通过 AP-5131 的 LAN 连接定义网络地址信息,如 IP 地址、网络掩码和网关等。

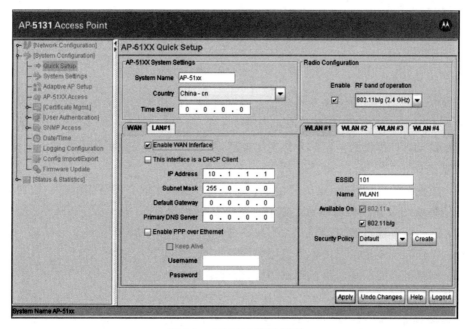

图 8.1　AP-5131 配置界面

 8.4　面向用户需求的 C/S 与 B/S 相结合的体系结构

目前在管理信息系统开发方面主要采用两种体系结构：一种是 C/S 结构，另一种是 B/S 结构。早期基于 Windows 操作系统的仓库管理系统采用的体系结构一般是 C/S 两层结构：数据输入、显示以及简单的处理在客户端进行，而数据处理逻辑和数据库服务则在服务器端进行。

8.4.1　C/S 结构的特点与手持终端的局限性

1. C/S 结构的特点

C/S 结构有早期的两层结构和后来的三层结构，它们的原理分别如图 8.2 和图 8.3 所示。

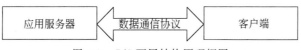

图 8.2　C/S 两层结构原理框图

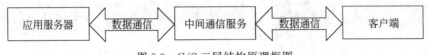

图 8.3　C/S 三层结构原理框图

这两种结构都由客户端负责数据的显示和处理。C/S 三层结构虽然改善了网络传输瓶颈和数据完整性的问题,但是还存在着以下不足:

(1) 如果业务逻辑的主要部分移到服务器端,随着用户数的增加,资源有限的服务器可能不堪重负。

(2) 无论对于应用开发、运行环境维护还是管理这些多服务器环境的工具来说,多服务器应用系统的设计和实现都要比集中式系统复杂得多。

(3) 网络服务器过多,资源分配、查找不易。

(4) 操作系统不足以支持各类应用和服务。

(5) 网络扩充时服务器负载难以均衡,管理难度加重。

2. 手持终端的局限性

手持终端在性能上和台式机相比有一定的限制,主要表现在 CPU 速度受限、内存容量受限、操作系统功能受限几方面,而且 C/S 结构的手持终端系统从功能划分上来说属于嵌入式系统。因此,传统 C/S 结构的手持终端系统出于对产品体积、成本等因素的考虑,往往要求将系统的控制部分安装于设备内部且占用空间尽可能小。

基于上述分析,C/S 结构的手持终端系统存在着以下技术缺陷:

(1) 部署和更新软件需要在手持终端上进行,步骤烦琐。由于基于嵌入式操作系统(例如 Windows CE)的软件开发环境和工具比较少,再加上无线手持终端的操作键盘小、内存容量小、CPU 运行速度慢等限制,直接在手持终端上开发客户端应用程序是不太现实的。通常采用的方法是在台式机上基于 Windows 操作系统的应用程序开发环境开发相应的终端应用程序,再安装到手持终端中运行。如果客户端软件有功能上的更新或修改,只能在台式机上进行修改并在编译、连接完成后再次在手持终端上安装。安装步骤烦琐,耗费时间,对整个项目的开发是很大的负担。

(2) 需要操作系统的支持,设备扩展性能较差。

(3) 采用电池加 SRAM 方式保存数据,容易丢失。如果手持终端电池断电,会直接恢复为出厂设置,造成客户端文件丢失。对于这种情况,只能再次安装手持终端软件,增加了维护成本。

由于 C/S 结构的手持终端系统在开发和应用上存在很多弊端,根据项目的实际需要,本项目中的无线手持终端系统采用 B/S 结构。

8.4.2　C/S 与 B/S 相结合的体系结构

B/S 结构是随着 Internet 技术的兴起而发展起来的,是对 C/S 结构的一种变化和改进。在 B/S 结构下,用户界面采用标准 Web 浏览器实现,客户端可以实现部分显示逻辑,而主要工作的业务逻辑还是在服务器端实现的,这便是三层结构,即系统表示层、业务逻辑层和数据访问层。

B/S 结构利用大量成熟的 Web 浏览器技术和中间件技术,用浏览器实现了需要复杂软件设计才可以实现的客户端功能,节约了开发成本,同时解决了 C/S 结构客户端需要维护的缺点。采用 B/S 结构的手持终端软件有以下优点:

(1) 维护和升级方式简单。C/S 结构的软件需要费时费力的安装;而 B/S 结构的软件不同,其应用都集中于总部服务器上,各应用节点并没有任何程序,一个地方更新则全部应用程序同步更新,可以做到快速服务响应。

(2) 操作简单。B/S 结构使用户的操作变得简单。对于 C/S 结构,客户端应用程序有自己特定的规格,用户需要接受专门培训;而采用 B/S 结构时,客户端只需要一个简单易用的浏览器软件,用户无须培训就可直接使用。B/S 结构特别适用于网上信息发布,这是 C/S 结构无法实现的。

(3) 能保证数据一致性。B/S 结构可以利用 XML 和异地数据共享等新技术。最重要的是 B/S 结构比 C/S 结构更适用于采用 XML 技术的 Internet/Intranet 的企业信息共享平台,同时可以根据用户的需要方便地实现异地数据共享,共同管理企业资源,这个优点在集散式物流中心应用中显得尤为重要。

但是 B/S 结构也存在一些问题。相对于 C/S 结构,B/S 结构客户端程序的执行效率较低,在数据传输时存在一定的安全隐患,并且服务器端软件的开发工作量较大。这些都决定了 C/S 结构与 B/S 结构仍将共存。

对于本章讨论的立体仓库项目而言,由于信息安全性的要求,并且 WMS 与 ERP 的接口采用有线网络的形式连接,因此 WMS 不能采用 B/S 结构。而在 RFS 中,手持终端是通过无线基站进行无线网络服务的,局限在一定范围内,外部网络不可能访问手持终端,不会有数据外泄的可能,所以 RFS 采用 B/S 结构。因此,本系统采用 C/S 和 B/S 相结合的体系结构,即台式机上的仓库管理软件采用 C/S 结构开发,手持终端上的仓库管理软件采用 B/S 结构开发。

8.5 基于 B/S 结构的 RFS 详细构架设计

本节进行智能化立体仓库系统中有关 RFS 的物理架构设计,并通过对 RFS 的功能需求、数据流进行分析,借助 UML 工具划分 RFS 的功能模块,设计各个功能模块的具体业务流程,为系统的开发编程做准备。

8.5.1 RFS 的物理架构

1. RFS 的网络物理架构部署

RFS 应用以集中服务为核心,移动终端的操作区域遍及仓库的各个角落,要求移动终端在仓库内部的任何地点,都能和服务器保持实时通信。因此,在系统网络物理架构中,必须保证安装的接入点能对整个立体仓库进行无线信号的全覆盖。立体仓库的面积较大,在进行无线网络设计时,对立体仓库的无线信号进行 7 个接入点的组合,即通过设置 7 个接入点实现信号的全覆盖,而且相邻接入点之间互为冗余,以提高无线网络的可靠性。RFS 的网络拓扑结构如图 8.4 所示。

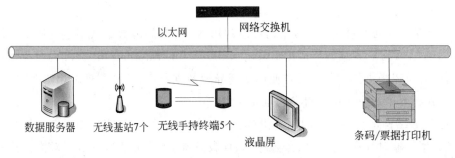

图 8.4 RFS 的网络拓扑结构

2. 无线基站的拓扑结构

根据无线接入点的功用不同,无线局域网可以实现不同的组网方式。常用的组网方式有以下几种模式。

(1)点对点模式。该模式中的每个节点必须能同时"看到"网络中的其他节点,否则就认为网络中断,因此该模式的稳定性不好,且只能用于少量用户的组网环境。

(2)基础架构模式。该模式利用单接入点实现在无线工作站和有线网络之间接收、缓存和转发数据。

（3）无线网桥模式和无线中继器模式。这两种模式适用于连接两个有线或者无线局域网网段。

（4）多接入点模式。该模式由多个接入点以及连接它们的分布式系统组成基础架构模式网络,也称为扩展服务区。扩展服务区内的每个接入点都是一个独立的无线网络基本服务区,所有接入点共享同一个扩展服务区标示符(ESSID)。分布式系统在 IEEE 802.11 标准中并没有给出定义,但是目前大都指以太网。节点在相同 ESSID 的无线网络间漫游,不同 ESSID 的无线网络形成逻辑子网。

针对本项目的智能化立体仓库管理的需求,移动节点之间无须通信,在仓库内部设计的无线网络拓扑结构采用多 AP 模式组网。多 AP 模式的组网拓扑如图 8.5 所示。

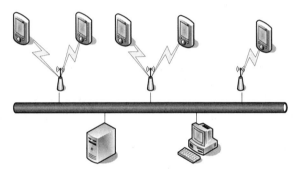

图 8.5 多 AP 模式的组网拓扑结构

8.5.2 RFS 数据流分析

数据流图是一种高度抽象的分析工具,它的好处是使设计者在对系统进行分析时对系统间传输的数据信息有比较清楚的认识,对于需求的提出和下一步的设计有重要的意义。根据本项目的用户需求,对 RFS 做如下分析:

（1）分析与系统关联的外部实体,划分系统边界。识别系统的数据来源和去处,确定外部项,得出系统与其他外部实体的关联图。

对于 RFS 来说,与其相关的外部项有 WMS、WCS、供应商(或其他入库人员)、库管员。其关联图如图 8.6 所示。

（2）根据系统的总体功能需求,画出 RFS 的顶层数据流图,如图 8.7 所示。

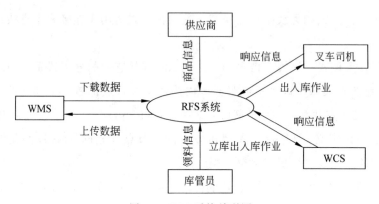

图 8.6　RFS 系统关联图

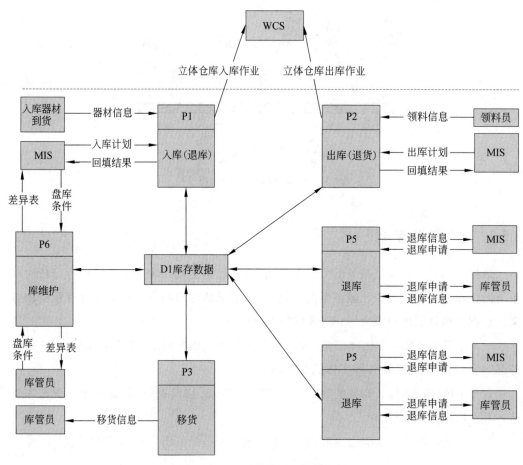

图 8.7　RFS 系统的顶层数据流图

8.5.3　RFS功能模块设计

1. 系统的用例

用例图是显示一组用例、参与者以及它们之间关系的模型图。用例图定义了系统应该具备的功能,它描述了系统应该为用户解决的问题,用来为系统功能建模。用例是对一个参与者使用系统的一项功能时所进行的交互过程的文字描述。参与者是指系统以外需要使用系统或与系统交互的实体,包括人、设备和外部系统等。

经过对本系统功能与任务的分析,确定了活动者和用例。

- 活动者:库管员。
- 用例:包括入库、出库、移货位、退货、盘库、退库。

具体的 RFS 用例图如图 8.8 所示。

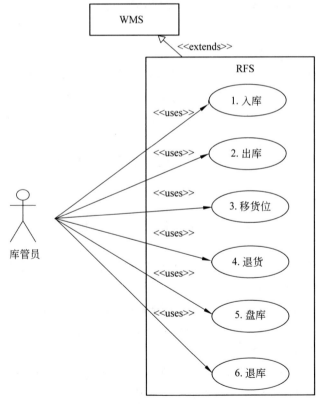

图 8.8　RFS 用例图

从用例图可以看出,RFS 包括一个活动者和 6 个用例,部分信息需要与 WMS 进行交互。通过对用例的分析,有助于功能需求模块及程序包的设计与划分。

2. 功能需求约定

本系统还具有特殊的功能需求约定,在设计和分析过程中要给予充分的考虑。本系统的功能需求约定如下:

(1) 货位和托盘是一对一绑定关系,每个货位只有一个托盘。绑定关系可以修改。

(2) 每个托盘可以放置多个周转箱(最多 15 个)。

(3) 每个托盘有固定的条码,可以放置不同的物料。

(4) 每个周转箱有固定的条码,每个周转箱只能放一种物料。

(5) 托盘上的每类物料都有固定的条码。周转箱内的物料以周转箱条码来区分,周转箱内不再放置条码。

(6) 本系统涉及不同类型的物理仓库,例如立体仓库、小件仓库、露天仓库等,基本设计及业务逻辑相同。

3. 功能模块的详细分析

根据系统的用户需求,对 RFS 进行系统用例分析,并以系统用例图为基础,对 RFS 进行功能模块的划分。本系统的 RFS 划分为 6 个模块,分别为入库管理模块、出库管理模块、退库管理模块、退货管理模块、移货管理模块和盘库管理模块。其中入库管理模块包括空托盘入库子模块、演示入库子模块和入库操作子模块,出库管理模块包括空托盘出库子模块、演示出库子模块和出库操作子模块,盘库管理模块包括库存盘点子模块和差异处理子模块。

RFS 的功能模块结构如图 8.9 所示。

下面根据用户需求,对各模块的业务流程进行详细分析。

1) 入库及退库管理模块

入库管理是 RFS 的主要功能之一。根据用户需求,又将入库管理模块划分为 3 个子模块,各个子模块的功能如下:

(1) 空托盘入库子模块。在立体仓库中设置专门的空托盘存放区,对空托盘采用码垛存放的形式,以节省空间利用率。此模块的功能是将码垛的空托盘入库,存放到空托盘存放区,并将货位状态改为空托盘状态。

(2) 入库操作子模块。根据 ERP 提供的入库计划信息,使用 RFS 查验物料数量、类型是否正确,接收由供应商送来的物料并存入仓库。

(3) 演示入库子模块。演示入库操作是本系统特有的功能,其主要目的是做入库演示。它下发入库作业,但不修改库存信息和货位信息。

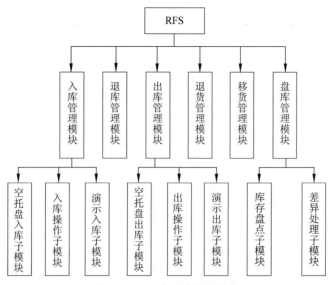

图 8.9 RFS 的功能模块结构

退库操作的接收对象是分公司用户,具体流程类似于入库操作子模块。

下面主要对入库操作子模块的功能进行分析。为此,先引入两个术语:

- 入库计划:ERP 系统中经过审批的准备入库的依据。
- 入库单:进行入库作业时对数据操作的实际单据。

入库操作的业务流程如下:

Step1:入库计划下载。当供应商送来物料要求入库时,RFS 首先从 WMS 中下载入库计划信息,并将入库计划中的相关数据直接填入入库单。如果 ERP 中没有入库计划,则由库管员在 WMS 中直接手动录入入库单,并进入暂借流程,待 ERP 中补充了入库计划后,在 WMS 中核销。

Step2:选择物料容器。决定物料是直接存放在托盘中还是存放在周转箱中。有的物料体积较小,需要存放在周转箱中。

Step3:选择是否组盘组箱,分为两种情况。

- 组盘组箱。根据物料所要存放的容器选择组盘组箱策略。如果存储到周转箱,则采用一定算法为物料分配周转箱;否则,直接按照一系列组盘策略和组箱策略对物料或周转箱进行组盘和组箱(详细信息参见 6.1 节)。
- 不组盘组箱。这种情况下,采用空托盘或空周转箱存放物料。

Step4:将物料和周转箱码放整齐,贴上条码,并与托盘条码绑定。

Step5：生成入库单。将物料名称、物料编号、入库数量、货位信息（周转箱条码号＋托盘条码号＋货架号）、入库计划号、供应商、仓库号等信息填入入库单，存入数据库。入库单定义如下：

　　　　入库单＝表头＋表行

　　　　表头＝入库单号＋有无入库计划＋入库计划号＋供应商＋入库时间

　　　　　　　＋仓库类型＋仓库编号＋接收人员

　　　　表行＝物料编码＋应入库数量＋实入库数量＋拒收数量＋拒收原因

　　　　　　　＋货位信息＋参考字段

Step6：下发入库作业。根据入库单中的信息生成入库作业，进入作业队列，由作业调度算法进行作业调度，发送给叉车司机（平面仓库）或 WCS（立体仓库）执行作业命令，由 WCS 在 LED 屏幕显示相应作业信息。

入库操作业务流程如图 8.10 所示。

2）出库及退货管理模块

出库管理是 RFS 的主要功能之一。根据用户需求，又将出库管理模块划分为 3 个子模块，各个子模块的功能如下：

- 演示出库子模块。演示出库操作也是本系统特有的功能，其主要目的是做出库演示。它下发出库作业，但不修改库存信息和货位信息，一般和演示入库作业匹配完成。
- 空托盘出库子模块。此模块的功能是将码垛的空托盘从库中的空托盘存放区出库，移到库前区，并将货位状态改为空货位状态。
- 出库操作子模块。出库操作是 RFS 的主要功能之一，根据 ERP 提供的出库计划信息完成作业。本立体仓库中分为自动区和拣选区。自动区根据最优货址定位生成出库货位，使用手持终端系统在线拣选物料，查验物料数量、类型，将物料发放给下属部门。拣选区的出库操作是由库管员乘坐堆垛机进入拣选区进行的，RFS 需要通过一定的拣选策略对拣选货位和路径进行优化（详见第 7 章相关部分）。

退货操作具体流程类似于出库操作子模块，唯一区别是退货的发放对象是供应商。

本节主要对出库操作模块的功能进行分析。先引入以下术语：

- 申领单：领料人交给库管员的领料依据。
- 出库计划：ERP 中经过审批的领料出库计划。
- 出库单：进行出库作业时对数据操作的实际单据。

出库操作业务流程如图 8.11 所示。

出库操作的业务流程如下：

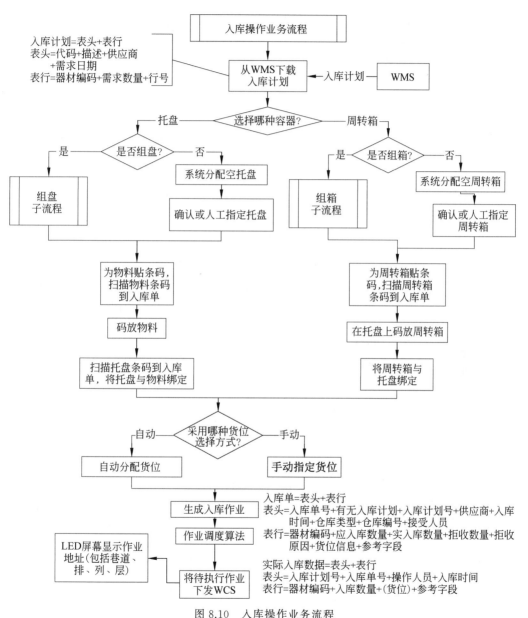

图 8.10　入库操作业务流程

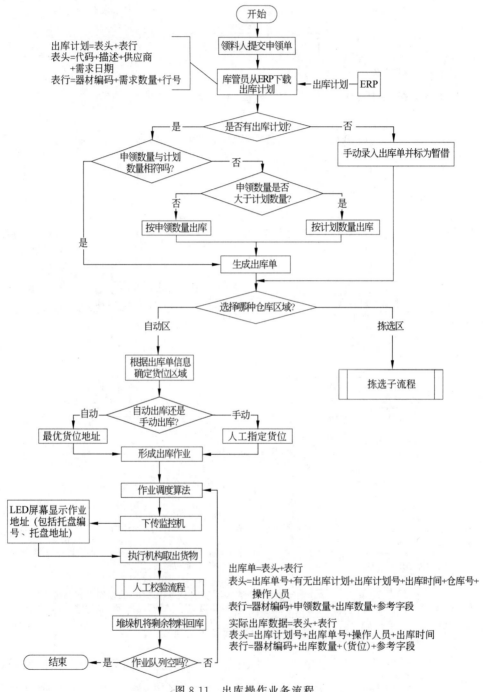

图 8.11　出库操作业务流程

Step1：领料人提交申领单。

Step2：生成出库单。库管员从 ERP 下载出库计划。如果 ERP 中有出库计划，且申领单上的数量与出库计划中的计划数量相符，则库管员依据出库计划中的数据生成出库单。出库单中的大多数属性从出库计划中继承，无须库管员录入。如果申领数量大于计划数量，则按计划数量出库，生成出库单；如果申领数量不大于计划数量，则按申领数量出库，生成出库单。

Step3：选择仓库区域。选择是从自动区出库还是从拣选区出库。如果是从拣选区出库，要根据一定的策略选定拣选货位和拣选路径，具体策略见第 5 章。

Step4：选择自动区出库策略，确定作业货位。

首先考虑是手动出库还是自动出库。如果是手动出库，则根据选定的仓库人工指定作业货位；如果是自动出库，则在所选择的仓库里按一定的出库原则自动确定作业货位，形成出库作业，其流程如图 8.12 所示。

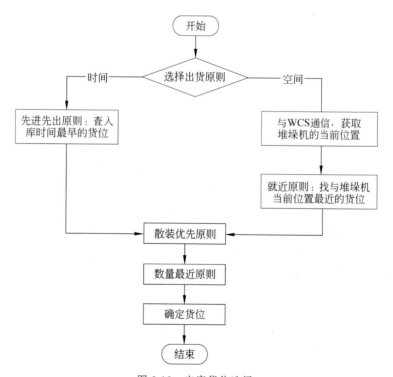

图 8.12　出库货位选择

Step5：生成出库单。根据出库计划或申领单生成出库单。出库单定义如下：

出库单＝表头＋表行

表头＝出库单号＋有无出库计划＋出库计划号＋出库时间＋仓库号＋操作人员

表行＝物料编码＋申领数量＋出库数量＋参考字段

Step6：生成出库作业。当根据出库计划或申领单生成出库单后，要根据出库单上的出库数据生成出库作业。在生成出库作业时，要采用一定的算法确定作业数量和作业货位。如果要出库的物料数量不超过一个托盘的最大容量，为了减少作业数量，在数据库中查找与出库数量最接近的托盘的位置，形成出库作业；如果出库单上的出库数量超过一个托盘的最大容量，则采用模除法确定作业数量和作业货位。设出库单上的出库数量为 N，托盘最大容量为 M，I 为整盘作业的数量，R 为不够整盘的物料数量，则 $N=I\times M+R$，这样，一个出库单对应的作业数量为 $I+1$ 个。具体的出库操作流程如图 8.11 所示。

作业货位确定流程如下。

Step1：如果按时间考虑出库原则，则选择先进先出原则，查入库时间，入库时间早的物料先出库。

Step2：如果按空间考虑出库原则，则选择就近原则，把堆垛机当前位置与货位地址比较，两者距离最小的货位上的物料先出库。

Step3：考虑散装优先原则。如果有散装的物料，则散装的物料先出库。

Step4：根据以上原则确定要出库的货位。

人工出库流程如下。

Step1：利用固定条码扫描器扫描托盘上的条码。通过查询，系统会在手持终端上自动显示托盘上的物料明细，人工通过比对确定所取托盘是否正确。如果托盘不正确，则托盘返回原货位；如果托盘正确，则用手持终端对物料或周转箱条码进行扫描，并将该条码对应的物料名称或周转箱中物料的名称和数量显示在手持终端上。

Step2：如果当前扫描的物料或周转箱与出库单上的出库数据不符，就对托盘上的下一个物料或周转箱条码进行扫描。如果找到了所要的物料或周转箱，则人工拣货，并继续这种操作，直到完成出库单上的要求，或将托盘上的物料和周转箱条码扫描完毕。这时，若托盘上有剩余物料，则托盘返回原位（以上逻辑已经包括了托盘上没有要出库的物料的情况，即取错托盘的情况）。

Step3：如果托盘上的物料没有问题，则出库人工校验完成。否则，将有问题的托盘返回原位后，在系统数据库中将该货位标为问题货位，并进行下一作业。

人工出库流程如图 8.13 所示。

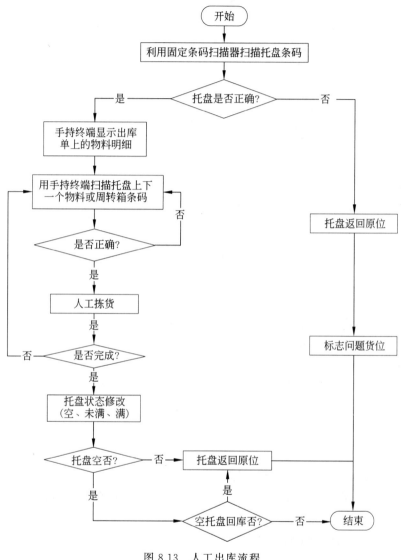

图 8.13 人工出库流程

3）移货管理模块

移货管理是 RFS 的重要功能之一，它为日常的库存盘点、管理员维护提供了便捷工具，方便库管员直接对物料位置进行调整。

移货流程如图 8.14 所示。

149

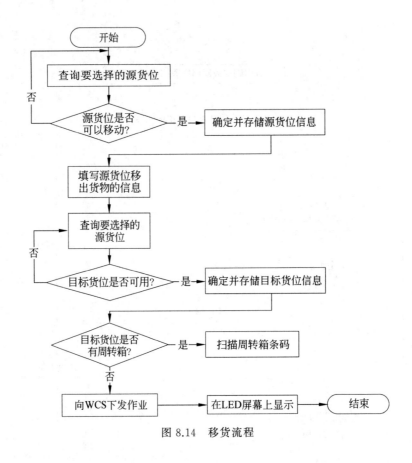

图 8.14　移货流程

移货流程如下：

Step1：根据查询条件查询要移动的源货位。

Step2：检查源货位状态是否为有货货位，是否有作业正在执行，是否有未完成单据依赖。若满足可移动条件，则确认为源货位。

Step3：填写要移出的物料数量。

Step4：根据查询条件查询目标货位。

Step5：检查目标货位状态是否为空货位。如果不是空货位，判断是否有足够的空间存储要移出的物料。检查是否有作业正在执行，是否有未完成单据依赖，确认满足可移动条件，则确认为目标货位。

Step6：如果目标货位有周转箱信息，则扫描周转箱条码，修改周转箱信息。

Step7：下发作业，堆垛机执行操作。

4）盘库管理模块

库存维护主要是通过盘库管理模块保证仓库物料信息的正确性、完整性和一致性。和出库、入库、移库不同的是，盘库需求是由 WMS 中的管理计算机发起的，所以盘库计划是在管理计算机而不是手持终端上建立的，RFS 只完成盘库操作。其流程如图 8.15 所示。

盘库流程如下：

Step1：操作员根据 WMS 下发的盘库计划单选择盘点货位。

Step2：堆垛机把盘点货位的托盘送出，操作员扫描托盘条码。

Step3：操作员扫描托盘上的物料或周转箱条码。

Step4：对货物进行人工盘点，输入盘点结果。

Step5：继续对下一货位盘点，直到盘点操作结束。

RFS 将盘点结果写入数据库表中，与库存相关数据比较，生成差异表。差异的处理由 WMS 继续完成。

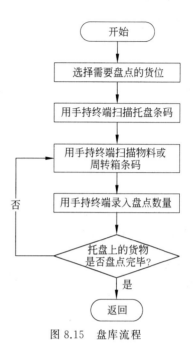

图 8.15 盘库流程

 8.6 本章小结

便携灵活的数据采集与操作是智能化立体仓库系统的基本需求，而为了实现对立体仓库中存储物料数据的快速采集，物料的标识方法也非常关键，为此，本章通过调研，从抗磁力、抗静电、抗损性、影印性、传真性、容量、成本等几个方面对常用标识方法进行比较，最后选定条码作为仓储物料、周转箱、托盘、货位的标识，并确定托盘和货位的条码为 EAN13 格式的一维条码，而物料和周转箱条码为 PDF417 格式的二维条码。同时，确定了无线手持终端采用 Symbol Technologies MC3030，无线基站采用 Symbol AP-5131。在立体仓库的物料标识和数据采集、通信设备型号确定之后，介绍了 RFS 的物理架构和无线基站的拓扑结构，详细分析了 RFS 的功能需求，确定了系统边界和外部实体。借助 UML 工具将 RFS 划分为 6 个功能模块，对各个功能模块的业务流程进行了详细分析，为第 9 章的 RFS 实现打下了基础。

第9章

RFS的实现

本章介绍基于无线手持终端的智能化立体仓库管理系统的开发环境和运行环境,结合 B/S 三层逻辑结构的各层实现中应用的技术,以入库模块和出库模块为重点,详细描述了出入库操作模块、物理模型的实现过程,并介绍二维条码生成与打印子系统的实现。

 ## 9.1 系统开发环境和运行环境

9.1.1 开发环境

RFS 是整个立体仓库管理系统的一部分,其开发环境要与整个管理系统的开发环境相适应。立体仓库管理系统的开发环境包括操作系统、数据库系统、程序开发平台、开发语言等,如表 9.1 所示。

表 9.1 系统开发环境

操作系统	Microsoft Windows 2012 Server
数据库系统	Microsoft SQL Server 2012 企业版
程序开发平台	Microsoft Visual Studio.NET 2012
开发语言	Microsoft C# 5.0

9.1.2 RFS 的运行环境

RFS 是运行于 Symbol Technologies MC3030 无线手持终端上的。由于在该手持终端上开发客户端程序比较复杂,本系统采用 B/S 结构开发 RFS,即系统部署于服务器端,而通过 MC3030 客户端上的浏览器来运行 RFS。系统服务器端和客户端的运行环境如表 9.2 所示。

表 9.2　系统服务器端和客户端运行环境

服务器端	操作系统	Microsoft Windows 2012 Server
	数据库系统	Microsoft SQL Server 2012 企业版
	运行组件	Microsoft .NET Framework 4.5
	Web 服务	IIS 服务
客户端	操作系统	Windows CE 5.0 以上
	运行组件	.NET Compact Framework 4.5 及以上版本

9.2　相关技术

在 RFS 实现过程中,应用了许多编程技术。限于篇幅,本节对 RFS 实际开发中用到的主要技术作简单介绍,主要包括 Microsoft .NET Framework、ADO.NET 数据库连接池技术等,并介绍这些技术在本系统中的应用。

9.2.1　Microsoft .NET 开发框架

Microsoft .NET 给开发人员提供了全新的 .NET Framework。.NET 框架包含在操作系统上进行软件开发的所有层,它使 Microsoft 或其他平台上的显示技术、组件技术和数据技术实现了高度集成。.NET 框架从最下面的内存管理和组件加载层开始,向上到达显示用户和程序接口的多种方式,中间的几层可以提供开发人员需要的任何系统级功能。.NET 框架的基本层次如图 9.1 所示。

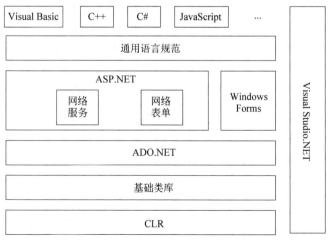

图 9.1　.NET Framework 的基本层次

从图 9.1 可以看出,.NET Framework 主要包括以下几个组成部分:

(1) 整个开发框架的基础,即 CLR(Common Language Runtime,通用语言运行时库)以及它所提供的一组基础类库。

(2) 在开发技术方面,.NET 提供了全新的数据库访问技术 ADO.NET,以及网络应用开发技术 ASP.NET 和 Windows 编程技术 Windows Forms。

(3) 在开发语言方面,.NET 提供了对 Visual Basic、Visual C++、C♯、JavaScript 等多种语言的支持。本系统采用 C♯语言进行开发。

(4) Visual Studio .NET 是全面支持.NET 的开发工具。

9.2.2　ADO.NET 数据库连接池

1. 什么是连接池

连接池是 ADO.NET Data Provider(以下简称 Data Provider)提供的一个机制,该机制将应用程序使用的连接保存在连接池里,以避免每次运行应用程序都要完成建立/关闭连接的完整过程。

要理解连接池,首先要理解程序中 SqlConnection.Open()、SqlConnection.Close()和建立/关闭一个物理连接的关系。它们之间的关系主要由以下几个方面体现:

(1) Data Provider 在收到连接请求时建立连接的完整过程如下:首先在连接池里建立新的连接(即逻辑连接),然后建立该逻辑连接对应的物理连接。建立逻辑连接一定伴随着建立物理连接。

(2) Data Provider 关闭一个连接的完整过程如下:首先关闭逻辑连接对应的物理连接,然后销毁逻辑连接。销毁逻辑连接一定伴随着关闭物理连接。

(3) SqlConnection.Open()用于向 Data Provider 请求建立一个连接。Data Provider 不一定需要完成建立连接的完整过程,而只需要从连接池里取出一个可用的连接即可。

(4) SqlConnection.Close()用于请求关闭一个连接。Data Provider 不一定需要完成关闭连接的完整过程,而只需要把连接释放,将其放回连接池即可。

2. 为什么需要连接池

建立/关闭一个连接的完整过程要消耗大量资源和时间。在一个用 ASP.NET 开发的系统中包含大量访问数据库的代码,有大量用户同时使用系统,如果程序每次建立/关闭一个连接,Data Provider 都完成建立/关闭一个连接的完整过程,这样的系统性能肯定让用户无法接受。

Data Provider 提供了连接池机制,通过连接池实现物理连接的重复使用,避免频繁地建立和关闭物理连接,从而提高应用系统的性能。图 9.2 描述了一个应用系统的不同客户端应用使用连接池访问数据库的情形。Data Provider 负责建立和管理一个或者多个连接池,每一个连接池里有一个或者多个连接,连接池里的连接就是逻辑连接。一个连接池里有 N 个连接,表示该连接池与数据库之间有 N 个物理连接。

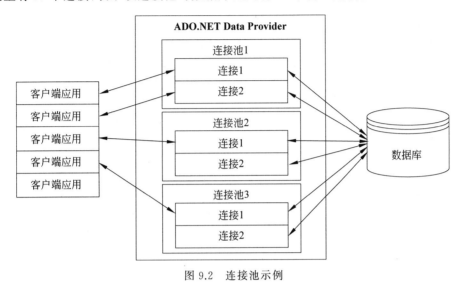

图 9.2　连接池示例

3. 如何使用连接池

1) 何时创建连接池

当第一个连接请求到来时创建连接池。连接池的建立由数据库连接的连接字符串来决定。每一个连接池都与一个连接字符串相关。当一个新的连接请求到来时,如果该请求中的连接字符串和连接池使用的一个连接字符串相同,就从连接池取出一个连接;否则,就新建一个连接池。

2) 何时关闭连接池

当连接池中的所有逻辑连接都已经关闭时,关闭连接池。

3) 当连接池中的连接供不应求时如何处理

当连接池已经达到它的最大连接数目时,若有新的连接请求到来,新的连接请求将被放置到连接队列中。当有连接释放回连接池时,连接池将新释放的连接分配给在连接队列中排队的连接请求。可以调用 close 和 dispose 将连接释放回连接池。

4) 如何构造连接池

连接池内部的连接管理使用的是独立的线程 threadCreate 和 threadCheck。threadCreate 线程负责创建连接,threadCheck 线程负责检查每个连接是否达到自己的寿命。达到连接寿命的条件是被引用的次数超过它最大被引用次数,或者达到最大生存时间。这些参数都由 ConnStruct 类管理,该类是包装连接的类。下面定义的就是连接池使用的属性变量和内部对象:

```
//属性变量
private int _realFormPool;              //连接池中存在的实际连接数(包含失效的连接)
private int _potentRealFormPool;        //连接池中存在的实际连接数(有效的连接)
private int _spareRealFormPool;         //空闲的实际连接数
private int _useRealFormPool;           //已分配的实际连接数
private int _readOnlyFormPool;          //已分配的只读连接数
private int _useFormPool;               //已分配的连接数
private int _spareFormPool;             //目前可以提供的连接数
private int _maxConnection;             //最大连接数
private int _minConnection;             //最小连接数
private int _seepConnection;            //每次可创建的连接数
private int _keepRealConnection;        /* 保留的实际空闲连接,以供可能出现的
                                            ReadOnly 使用。当空闲连接不足时,连接池
                                            将创建 seepConnection 个连接 */
private int _exist=20;                  //每个连接生存时间为 20min
private int _maxRepeatDegree=5;         //可以被重复使用次数
//当一个连接被重复分配了该值所表示的次数时,该连接将不能再被分配出去
//当连接被分配尽时,连接池会重复分配已分配的连接缓解连接池压力
private DateTime _startTime;            //服务启动时间
private string _connString=null;        //连接字符串
private ConnTypeEnum _connType;         //连接池连接类型
private PoolState _ps;                  //连接池状态
//内部对象
private ArrayList al_All=new ArrayList();       //实际连接
private Hashtable hs_UseConn=new Hashtable();   //正在使用的连接
private System.Timers.Timer time;       //计时器
private Thread threadCreate;            //创建线程
private bool isThreadCheckRun=false;
```

当用户调用连接池的 StartService 方法时,该方法会通知 threadCreate 线程创建静态连接,然后将这些静态连接加入连接列表,同时启动 threadCheck 线程。threadCheck 线程负责检测连接列表中的最小空闲连接是否少于连接池配置的最小空闲连接数。当条件为真时,threadCheck 线程会再次唤醒 threadCreate 线程,同时给 threadCreate 线程传递要创

建的连接个数。

threadCreate 线程有两种工作模式：模式 0 为初始化创建模式，该模式会创建连接池配置的最小连接数；模式 1 为每隔一定时间就对连接池进行检测，如果发现连接数小于最小连接数，则创建相应数量的新连接。

用户请求连接时必须指定一个发起者和一个优先级，优先级由 ConnLevel_ * 系列指定。一旦用户从连接池中获得一个连接，就将连接引用和请求者同时加入 HashTable，注册到连接池。

释放连接时，将注册的用户删除。

下面是连接池的构造方法：

```
public void ConnectionPool(string connectionString)
{ InitConnectionPool(connectionString, ConnTypeEnum.Odbc, 200, 30, 10, 5, 5); }
public void ConnectionPool(string connectionString, ConnTypeEnum cte)
{ InitConnectionPool(connectionString, cte, 200, 30, 10, 5, 5); }
public void ConnectionPool (string connectionString, ConnTypeEnum cte, int
maxConnection, int minConnection)
{ InitConnectionPool(connectionString, cte, maxConnection, minConnection, 10,
5, 5); }
public void ConnectionPool (string connectionString, ConnTypeEnum cte, int
maxConnection, int minConnection, int seepConnection, int keepConnection)
{ InitConnectionPool (connectionString, cte, maxConnection, minConnection,
seepConnection, keepConnection, 5); }
public void ConnectionPool (string connectionString, ConnTypeEnum cte, int
maxConnection, int minConnection, int seepConnection, int keepConnection, int
keepRealConnection)
{ InitConnectionPool (connectionString, cte, maxConnection, minConnection,
seepConnection, keepConnection, keepRealConnection); }
/// <summary>
/// 初始化函数
/// </summary>
/// <param name="connectionString"></param>
/// <param name="cte"></param>
/// <param name="maxConnection"></param>
/// <param name="minConnection"></param>
/// <param name="seepConnection"></param>
/// <param name="keepConnection"></param>
/// <param name="keepRealConnection"></param>
```

```
protected void InitConnectionPool(string connectionString, ConnTypeEnum cte,
int maxConnection, int minConnection, int seepConnection, int keepConnection,
int keepRealConnection)
{
    if (cte==ConnTypeEnum.None)
        throw new ConnTypeExecption();          //参数不能是 None
    _ps=PoolState.UnInitialize;
    this._connString=connectionString;
    this._connType=cte;
    this._minConnection=minConnection;
    this._seepConnection=seepConnection;
    this._keepRealConnection=keepRealConnection;
    this._maxConnection=maxConnection;
    this.time=new System.Timers.Timer(500);
    this.time.Stop();
    this.time.Elapsed+=new System.Timers.ElapsedEventHandler(time_Elapsed);
    this.threadCreate=new Thread(new ThreadStart(createThreadProcess));
}
```

数据库连接池的应用大大缓解了多用户频繁使用系统时的连接压力,保证了系统的高效性和稳定性。

9.3 数据访问层的设计与实现

9.3.1 数据访问类

为了统一管理系统对数据库的访问操作,设计了类 LinkDataBase,用来定义创建与数据库的连接、对数据库进行查询、更新等方法。该类的部分代码如下:

```
public class LinkDataBase
{
    public OracleConnection myConnection;
    private DataSet ds=new DataSet();
    public OracleDataAdapter da;
    //静态方法
    public static OracleConnection CreateCon()
    {
        return new OracleConnection(ConfigurationManager.ConnectionStrings
```

```
                    ["ConnectionString"].ConnectionString);
}

    //构造方法
    public LinkDataBase() {     }
    //选择语句返回一个值
    public object SelectDataBase_Value(string tempStrSQL)
    {
        object obj=null;
        using (OracleConnection myConnection=CreateCon())
        {
            try
            {
                OracleCommand cmd=new OracleCommand(tempStrSQL, myConnection);
                if (myConnection.State ! =ConnectionState.Open)
                    myConnection.Open();
                obj=cmd.ExecuteOracleScalar();
            }
            catch(Exception ex) { }
            finally
            {
                myConnection.Close();
            }
        }
        return obj;
    }
    //检索数据库(传递字符串,直接操作数据库)
    public DataTable SelectDataBase(string tempStrSQL)
    {
        …//执行查询操作的代码省略
    }
    //数据库数据更新(传递字符串,直接操作数据库)
    //直接执行 SQL 语句,返回影响行数
    public int UpdateDataBase(string tempStrSQL)
    {
        int intNumber=0;
        using (this.myConnection=CreateCon())
        {
            myConnection.Open();
```

```
OracleTransaction myTransaction=myConnection.BeginTransaction();
try
{
    OracleCommand tempSqlCommand=new OracleCommand
    (tempStrSQL, this.myConnection);
    tempSqlCommand.Transaction=myTransaction;
    //返回数据库中受影响的行数
    intNumber=tempSqlCommand.ExecuteNonQuery();
    myTransaction.Commit();
}
catch (Exception ex)
{
    myTransaction.Rollback();
}
finally
{
    myConnection.Close();
}
    }
    return intNumber;
}
}
```

9.3.2 实体类

在 RFS 中,对于出入库操作模块来说,实体类是对与出入库相关的数据表的对象映射,将每一个涉及的数据表以类的形式进行定义,将这些操作定义为类的成员函数,以方便对数据的访问。其中出入库操作涉及的主要实体类如表 9.3 所示。

表 9.3　入库、出库操作涉及的主要实体类

实 体 类	描 述
Storage	入库单实体类,定义了入库单的属性及其 get()方法
StorageADO	入库单数据访问实体类,定义了增加、删除、更新和查询入库单的方法
StorageDetail	入库单明细实体类,定义了入库单明细的属性及其 get()和 set()方法
StorageDetailADO	入库单明细数据访问实体类,定义了增加、删除、更新和查询入库单明细的方法

续表

实 体 类	描 述
Out	出库单实体类,定义了出库单的属性及其 get()方法
OutADO	出库单数据访问实体类,定义了增加、删除、更新和查询出库单的方法
OutDetail	出库单明细实体类,定义了出库单明细的属性及其 get()和 set()方法
OutDetailADO	出库单明细数据访问实体类,定义了增加、删除、更新和查询出库单明细的方法
InPlan	入库计划单实体类,定义了入库计划单的属性及其 get()方法
InPlanADO	入库计划单数据访问实体类,定义了增加、删除、更新和查询入库计划单的方法
InPlanDetail	入库计划单明细实体类,定义了入库计划单明细的属性及其 get()和 set()方法
InPlanDetailADO	入库计划单明细数据访问实体类,定义了增加、删除、更新和查询入库计划单明细的方法
OutPlan	出库领料单实体类,定义了出库领料单的属性及其 get()方法
OutPlanADO	出库领料单数据访问实体类,定义了增加、删除、更新和查询出库领料单的方法
OutPlanDetail	出库领料单明细实体类,定义了出库领料单明细的属性及其 get()和 set()方法
OutPlanDetailADO	出库领料单明细数据访问实体类,定义了增加、删除、更新和查询出库领料单明细的方法
Location	货位实体类,定义了货位的属性及其 get()和 set()方法
LocationADO	货位数据访问实体类,定义了更新和查询货位的方法
Tray	托盘实体类,定义了托盘的属性及其 get()和 set()方法
TrayADO	托盘数据访问实体类,定义了增加、删除、更新和查询托盘的方法
Equipment	物料实体类,定义了器材的属性及其 get()和 set()方法
EquipmentADO	物料数据访问实体类,定义了增加、删除、更新和查询物料的方法
Work	堆垛机作业实体类,定义了堆垛机作业的属性及其 get()和 set()方法
WorkADO	堆垛机作业数据访问实体类,定义了增加、删除、更新和查询堆垛机作业的方法

实体类的定义基本是类似的,Storage、StorageDetail 和 StorageADO 类的部分代码如下:

```
//入库单实体类
public class Storage
{
    public Storage(string InID, string RepositoryID, string Employee,
```

```
                  string mDateTime, string InPlanID, string SupplierID)
        {
                …//在此处添加构造函数逻辑
        }
        private string InID;
        private string mDateTime;
        private string RepositoryID;
        private string Employee;
        private int IsProcess=0;
        private string SupplierID;
        private string InPlanID;
        //定义 InID 的 get 方法
        public string getInID()
        {
            return InID;
        }
        …//其他属性的 get 方法省略
}
//入库单明细实体类
public class StorageDetail
{
        public StorageDetail (string InID, string EquipmentID)
        {
                …//在此处添加构造函数逻辑
        }
        private string InID;
        private string EquipmentID;
        private float ActualQuantity;
        private double Price;
        private string BoxNo;
        private string LocationID;
        private string TrayID;
        //定义 EquipmentID 的 get() 和 set() 方法
        public string getEquipmentID ()
        {
            return EquipmentID;
        }
        public void setEquipmentID (string EquipmentID)
```

```
    {
        this.EquipmentID=EquipmentID;
    }
    …//其他属性的 get 和 set 方法省略
}
//入库单数据访问实体类,定义增加、更新和查询入库单的方法
//在对 ADO 类定义的代码中会调用 LinkDataBase 类中的有关方法
public class StorageADO
{
    static public bool AddStorage(Storage storage)
    {
        …//将 storage 对象的内容插入数据库中
    }
    static public bool DeleteStorage(Storage storage)
    {
        …//将 storage 对象的内容从数据库中删除
    }
    static public bool UpdateStorage(bool isprocess)
    {
        …//更新入库单状态,即 isprocess 字段值
    }
    static public Storage QureyStorage(string InID)
    {
        …//查询入库单信息,返回 Storage 对象
    }
}
```

9.4 业务逻辑层的设计与实现

本节主要以出入库为例,通过定义相关业务类来实现业务逻辑层的模块化,主要包括业务规则类 BusinessRegular 及业务活动类 BusinessActivity。下面介绍业务规则类中定义的规则。

1. 单据号的不可重复性

单据号是每一个单据的唯一标识,主要包括单据生成时间和用户名两个信息,例如201809180905193-ls,这样的设计便于单据的查找和检索。

值得说明的是,单据生成时间是与服务器数据库时间同步的,每一次生成新的单据时

必须保证这个新生成的单据号是唯一的。在程序设计时采用以下方式来保证单据号的唯一性：

（1）时间信息的高精确度。具体方法是在创建单据号时将获取的数据库时间精确到毫秒(ms)级。

（2）生成时的最后验证。具体方法是在最终生成单据时与已存在的单据号比较，再次确认单据号的唯一性，如果重复，则自动生成新的单据号。

2. EAN13 条码的验证

关于 EAN13 条码的验证方法参见 5.7.2 节。

3. 其他规则

业务规则类中还有其他的业务规则，例如，入库数量不能超出入库计划单中的数量，同一货位不能下发多次作业，等等，在此不再详述。

业务规则类的部分代码如下：

```
public class BusinessRegular
{
    //验证字符串是否为 13 位数字
    static public bool Validate13Num(string strCode)
    {
        bool bBack=true;
        Regex rx=new Regex(@ "^\d{13}$ ");
        if(!rx.IsMatch(strCode))
        { bBack=false; }
        return bBack;
    }
    //根据托盘条码后 12 位计算校验码
    static public string GetEan13ParityBit(string strCode12)
    {
        …//计算过程,在此省略
    }
    //验证字符串是否符合托盘条码标准
    static public bool Validate_TrayCodeFormat(string strTrayCode)
    {
        bool bBack=true;
        if(Validate13Num(strTrayCode))      //验证是否为 13 位数字
        {
            string strCode12=strTrayCode.Substring(1, 12);
            string b13=GetEan13ParityBit(strCode12);
        }
```

```
                else                              //不是 13 位数字
                { bBack=false; }
                return bBack;
        }
        /// <summary>
        /// 验证单据号的唯一性。若唯一则返回真,否则返回假
        /// </summary>
        /// <param name="ID">单据号字符串</param>
        /// <param name="tableName">单据数据表名</param>
        /// <param name="IDName">单据号字段名</param>
        /// <returns></returns>
        static public bool Validate_IDOnly(string ID, string tableName, string
        IDName)
        {
            …//验证过程,在此省略
        }
}
```

出入库业务活动类中的内容主要包括出入库任务生成的方法。生成入库任务时需要更新入库计划单并生成入库单和入库作业,而生成出库任务时需要更新出库领料单并生成出库单和出库作业。业务活动类 BusinessActivity 的主要代码如下:

```
public class BusinesActivity
{
    //入库活动
    static public bool AddStorageWork(Storage storage, StorageDetail
    storagedetail)
    {
        StoragePlanDetail storagePlanDetail=new StoragePlanDetail(storage.
        inPlanID)
        Work work=new Work(String StorageID,string LocationID);
        StorageADO.AddStorage(storage);                         //生成入库单
        StorageDetailADO.AddStorageDetail(storageDetail);       //生成入库单明细
        //更新入库计划单
        StoragePlanDetailADO.UpdateStoragePlanDetail(float ActualQuantity,
        StoragePlanDetail StoragePlanDetail)
        {
            …//此处省略
        }
        WorkADO.AddWork(Work work)                               //生成作业
    }
```

```
//出库活动
static public bool AddOuteWork(Out out, OutDetail outdetail)
{
    OutPlanDetail outPlanDetail=new OutPlanDetail(out.outPlanID)
    Work work=new Work(String OutID,string LocationID);
    OutADO.AddOut(out);                                    //生成出库单
    OutDetailADO.AddOutDetail(outdetail);                  //生成出库单明细
    //更新出库计划单
    OutPlanDetailADO.UpdateOutPlanDetail(float ActualQuantity,OutPlanDetail
    outPlanDetail)
    {
        …//此处省略
    }
    WorkADO.AddWork(Work work)                             //生成作业
}
```

9.5 表示层的设计与实现

由于受手持终端的显示屏尺寸的限制,在设计操作界面时以简洁为原则。表示层所用到的控件大都以.NET 开发平台自带的控件为主,主要有显示列表控件 GridView、下拉列表控件 DropDownList、多视图控件 MultiView 等,这里用到的验证控件有RequiredFieldValidator(必需字段验证)、RangeValidator(范围验证)、CompareValidator(比较验证)、RegularExpresionValidator(正则表达式验证)、ValidationSummary(验证总结)、CustomValidator(自定义验证)控件。入库和出库操作界面分别如图 9.3 和图 9.4所示。

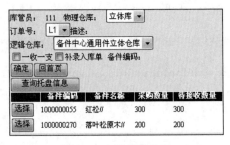

图 9.3　入库操作界面

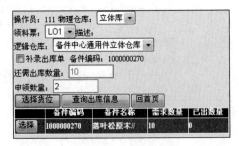

图 9.4　出库操作界面

9.6 二维条码生成与打印子系统的实现

9.6.1 PDF417 的计算机编码生成原理

二维条码的计算机编码过程就是把输入信息转换成二维条码图形的过程。具体编码过程如下：

（1）将输入信息按一定的模式进行数据的压缩编码，得到数据码字。

（2）根据得到的数字码字计算纠错码字。

（3）根据得到的数据码字和纠错码字的数目来确定码字矩阵的排列，同时得到每行的左右层指示符。

（4）在码字表中查询码字符号，得到码字对应的条空排列序列并进行绘图。

PDF417 有 3 种数据压缩模式：文本压缩模式、字节压缩模式和数字压缩模式，各模式可以相互转换。

由于本系统是针对立体仓库管理的应用，所以除了涉及编码时所要求的行列数比、纠错等级和生成的 PDF417 码尺寸外，信息的输入还包括物料名称、编码、类别、供应商、生产日期、备注等。同时，由于本系统应用于国内流通环境，汉字编码足以满足要求，所以在本系统中只使用汉字编码。由于一个汉字在计算机内是以两字节的机内码形式来存储的，所以应用机内码对汉字进行压缩编码。对其他的数字字母也采用字节压缩模式。英文字母及数字符号在计算机内是以一字节的 ASCII 码表示的。为了与汉字的表示形式一致，把它们转换成用两个字节来表示，就可以对输入信息全部进行字节压缩编码。

PDF417 条码可以根据需要选择错误纠正等级，进而得到相应的错误纠正码字。可以采用系统自动生成的纠错等级，也可以由用户自己定义纠错等级，但是选择的纠错等级越高，条码所包含的信息就越少。

得到完整的数据码字后，检索码字表，通过码字的数据和位置确定它所对应的符号，然后就可以生成相应的 PDF417 条码图像。

9.6.2 PDF 格式编码器的使用

本系统使用 Symbol 公司提供的 PDF417 函数库中 PDF 格式编码器函数库（PDF Encoder Library），调用该函数库中的 SetupOutputFilter（）、MakeFilenameObject（）、PDFMakeImage()等函数，实现 PDF417 格式的生成与打印。其主要代码如下：

```
int main(int argc, char * argv[])
```

```
{
    int nStatus;
    PDFObject objIn, objOut;
    UserArgs user;
    nStatus=ProcessArgs(&user, argc, argv);
    if(nStatus !=IDS_ERR_NOERROR)
        GenError(nStatus);
    SetupOutputFilter(&objOut, &user);                    //语句 A
    if(MakeFilenameObject(&objIn, PDFINPUT, user.strFname)) {  //语句 B
        while((nStatus=PDFEncode(&objIn, 0))>0) {          //语句 C
            BeginJob(&user);
            if((nStatus=PDFMakeImage(&objOut, NULL))<0)     //语句 D
                break;
            EndJob(&user);
            if(user.fVerbose)
                DumpStatss(&user, stderr);
        }
        if(status<0)
            fprintf(stderr, "error signaled (%d)\n", status);
    }
    else
        fprintf(stderr, "error could not open file\n");
    return(status<0 ? -status : 0);
}
```

其中,语句 A 的作用是准备输出格式类型,将输出的数据格式定义为一个标准的 PDF 编码器输出对象 objout;语句 B 的作用是新建一个名为 PDFINPUT 的文件,作为编码的输入源;语句 C 的作用是在创建对象发生错误时退出;语句 D 表示,如果没有错误,则调用函数 PDFMakeImage 生成 PDF417 图像。最后输出生成的条码图像。

9.6.3 PDF417 生成与打印子系统的实现

打印器材包装箱标签由人工填写,其界面如图 9.5 所示。操作员在此界面上填写器材的信息,如"器材代码""图号规格""器材名称""单位""器材数量"等。"器材代码"和"厂家代码"是已经录入到数据库中的信息,在这里可以单击"器材代码"文本框后面的浏览按钮进行查询,然后填入代码。

在图 9.5 所示的界面中输入相关信息后,单击"预览"按钮,出现器材包装箱标签的预览效果,如图 9.6 所示。在此界面中单击打印按钮,选择条码打印机,并设置要打印的份数,然后就可以将该标签打印出来了。

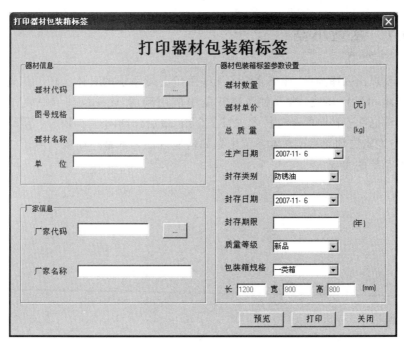

图 9.5　"打印器材包装箱标签"界面图

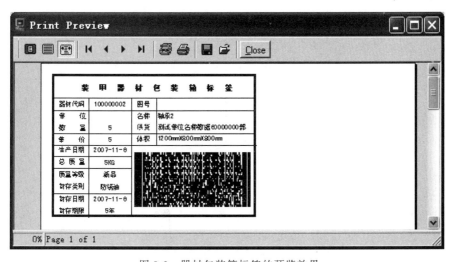

图 9.6　器材包装箱标签的预览效果

该标签中包括 19 项信息，例如器材代码、图号、单位、数量、名称、供货、单价等。

 9.7 本章小结

本章主要以出入库为例，详细介绍了无线手持终端系统的具体实现。首先介绍了系统的开发环境和运行环境，然后对系统开发中所用到的 Microsoft .NET 开发框架和 ADO.NET 数据库连接池的相关技术进行了介绍，最后详细阐述了 B/S 三层结构的数据访问层、业务逻辑层和表示层在本系统中是如何实现的。本章还简要介绍了二维条码生成与打印子系统的实现。

第10章

智能调度系统的研究与实现

智能调度系统是整个智能化立体仓库管理系统的核心部分。它起着承上启下的作用,上连智能化立体仓库管理系统的计算机系统,下连 PLC 控制器,再通过 PLC 监视和控制堆垛机、RGV 和输送机等设备的运行。本章利用 UML 建模技术绘制用例图、类图、状态图和活动图,对智能调度系统进行深入研究,并采用多线程机制实现智能调度系统。

 ## 10.1 系统总体设计

10.1.1 系统业务需求

在智能调度系统中,库管员需要通过堆垛机、RGV 小车和输送机等硬件设备对货物进行入库、出库、移库、入库修正和盘库操作,库管员在搬运货物的过程中可能还需要对堆垛机进行故障确认操作。所有这些硬件设备操作运行的相关信息以及货物库存信息的变更都需要实时反馈到数据库中,以保证数据的一致性。图 10.1 为智能调度系统业务需求用例图。

10.1.2 系统框架

智能化立体仓库的调度问题是一个复杂的问题。智能调度系统的主要对象是堆垛机和出入库系统,堆垛机怎么走、走什么路线以及出入库设备怎么送货、如何选择出入库台是智能调度系统要解决的主要问题。

根据智能调度系统总体需求的分析结果,可以得到图 10.2 所示的智能调度系统框图。

各部分的功能介绍如下。

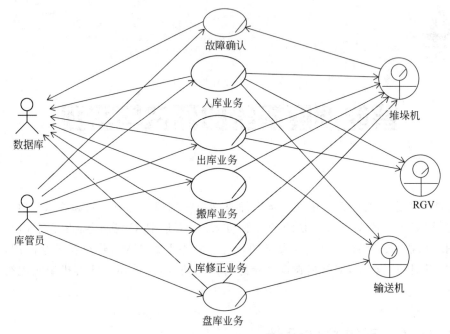

图 10.1　智能调度业务需求用例图

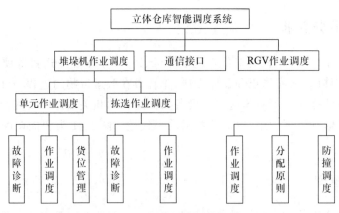

图 10.2　智能调度系统框图

- 通信接口。主要负责智能调度软件与底层 PLC 的数据通信以及智能调度软件与数据库的数据通信,具体细节见第 14 章。
- 故障诊断。用来实时检测立体仓库中各个设备的故障状态,并进行故障处理。
- 单元作业调度。合理调度并协调各设备及时有效地执行计划管理层下发的针对自动巷道的任务,主要包括入库、出库、入库修正和移库。

- 拣选作业调度。合理组织安排拣选区各项任务并分派给相应的堆垛机执行,任务类型主要有入库、出库和到指定点。
- 货位管理。根据立体仓库内各设备的运行情况,实时更新货位状态及库存信息。
- RGV 作业调度。实时响应立体仓库中输送机运输货物的需要,合理调度 RGV 进行出入库作业。
- RGV 分配原则。根据出入库输送机的请求,确立 RGV 分配原则,向 RGV 发送一次命令并存储二次命令到命令缓冲区;合理调配两辆 RGV,做到资源不浪费、两辆 RGV 不碰撞。
- RGV 防撞调度。实时检测仓库中 RGV 的运行情况,在 RGV 作业时运行防撞算法及避让算法。

10.1.3　系统用例设计

通过对智能调度系统的业务需求和框架的分析,得出图 10.3 所示的智能调度系统用例图,其中主要包含三大用例:通信接口、堆垛机作业调度和 RGV 作业调度。

下面对这三大用例进行详细描述。

1. 通信接口用例

调度员启动智能调度系统时,系统首先需要成功建立并初始化与计划管理层数据库及控制层 PLC 的通信连接,以确保系统正常运转。通信接口用例的实现会在第 14 章详细介绍。

2. 堆垛机作业调度用例

堆垛机作业调度用例的主要功能是将计划管理层的任务下发给堆垛机执行,并且把执行任务的情况反馈给计划管理层。该用例可细分为单元作业调度和拣选作业调度两个子用例。堆垛机在执行任务的过程中可能会出现故障,因此又扩展出故障诊断用例。对于单元作业而言,在作业执行完毕以后,需要对相应的库存信息进行更新,因此需要对单元作业调度用例进行扩展,得出货位管理用例。堆垛机作业调度用例的主要参与者(Actor)有单元式堆垛机、拣选式堆垛机、数据库和调度员。

3. RGV 作业调度用例

RGV 作业调度用例的主要功能是调度两辆直线往复式 RGV 在不相撞、不追尾的前提下高效地完成货物的运输工作。

在三大用例中,后两种用例都依赖于通信接口用例,只有在确保调度系统与上下位系统通信畅通的前提下,堆垛机作业调度和 RGV 作业调度才能成功执行。RGV 作业调度

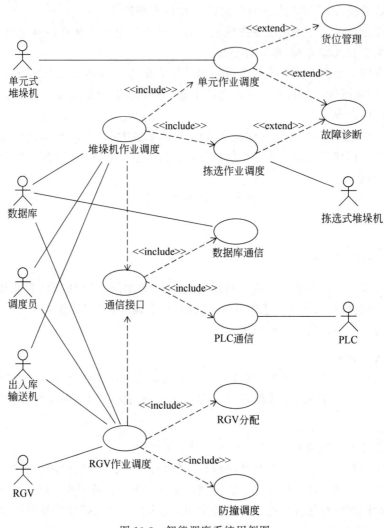

图 10.3　智能调度系统用例图

用例包括 RGV 分配和防撞调度两个子用例。RGV 分配用例主要完成合理分配两辆 RGV 资源的功能,而防撞调度用例则是保证 RGV 顺利完成任务的前提,同时也是保证 RGV 分配合理性的必要条件。

10.1.4　系统类设计

对象模型在 UML 中可以用类图表示,以对象、属性、关系和操作性来描述系统结构。

174

自动化立体仓库智能调度系统中的对象所属的类按功能可分为调度线程类（SchedulerThread）、RGV 调度类（ScheduleRGV）、拣选作业调度类（ScheduleStacker13）、单元作业调度类（ScheduleStacker2）、堆垛机报警处理类（ErrorProcess）、堆垛机任务管理类（StackerTask）、RGV 任务管理类（RGVTask）、日志类（LogInfo）、数据库模块类（DBModule）、设备类（Equipment）、通信类（Communication）和 OPC 服务器类（OPCServerData）（通信类和 OPC 服务器类的具体细节详见第 14 章）。智能调度系统的类图如图 10.4 所示。对于各个类具体实现的功能会在 10.2 节的活动图中以泳道的形式体现。

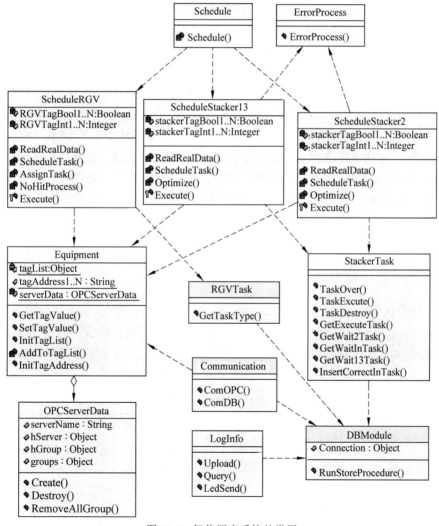

图 10.4 智能调度系统的类图

10.2 系统主要业务描述

在本自动化立体仓库中,由于仓库区域分为自动区和拣选区,就要求堆垛机的作业方式有所不同。在自动区和拣选区中作业的堆垛机分别称为单元式堆垛机和拣选式堆垛机。单元式堆垛机装有条码扫描器,适合大容量货物出入库,一般不设驾驶室,实现了无人驾驶。其具体作业方式是:出库时,堆垛机从目标货位取出盛放货物的托盘,然后托盘通过输送系统被送至出库台;入库时,货物被装到托盘上,然后通过输送系统被送至入库台,堆垛机叉取托盘,并将其送至指定货位。拣选式堆垛机没有条码扫描器,适合拣选作业。其具体作业方式是:堆垛机携带库管员和周转箱依次到达各固定货架的指定货位,库管员在每个货位取/放指定数量的货物,周转箱内的货物取完(入库作业)或放满(出库作业)后,堆垛机将操作员和周转箱送到巷道口,更换周转箱后进入下一个拣选过程。

要实现对立体仓库中所有硬件设备的调度,就必须了解这些设备在具体的实施过程中是如何运作的,即作业流程。作业流程反映出立体仓库的实时运行状态。根据巷道式堆垛机的种类,立体仓库的作业类型可分为单元作业和拣选作业,不管是单元作业还是拣选作业,在执行时都可以在不同巷道同时进行,以提高运行效率。下面从立体仓库中硬件设备的执行步骤出发,着重介绍各类作业的具体执行流程,用 UML 活动图来描述各类作业的具体执行过程,并且用泳道来确定各类作业中各个执行步骤具体是由哪种设备来完成的。

10.2.1 堆垛机作业方式

堆垛机在执行作业时,需要确定完成该作业的步骤。为此,引入堆垛机作业方式(Stacker_Task_Mode)的概念。作业方式不等同于计划管理层的实际业务类型,它的值由后者确定,而且它的值仅影响堆垛机的具体操作步骤,与立体仓库中其他设备的运行无关。堆垛机作业方式如表 10.1 所示。

表 10.1 堆垛机作业方式

堆垛机	代码	作业方式	操作步骤描述
单元式	SM1	单元入库	从巷道口输送机上取货,运送到目标货位并放货
	SM2	单元出库	从目标货位取货并放于巷道口输送机上
	SM3	入库修正	运行至目标货位放货(前提是堆垛机载货台有货)
	SM4	移库	从源货位取货,放到目标货位

续表

堆垛机	代码	作业方式	操作步骤描述
	SM5	到指定点	运行至目标货位
拣选式	SM6	拣选入库	从巷道口输送机上取货,运送到目标货位
	SM7	拣选出库	运行至巷道口并放于巷道口输送机上

由于自动巷道的货位上放的是托盘,而拣选巷道的货位上直接放的是货箱而不是托盘,所以导致单元式堆垛机和拣选式堆垛机的出入库方式有所区别。

10.2.2　单元作业流程

在智能化立体仓库系统中,单元作业最突出地体现了系统的自动化、智能化及高效率。单元式堆垛机执行的作业称为单元作业,具体作业类型又可分为入库、出库、入库修正和移库。其中,入库作业和出库作业涉及的搬运设备有堆垛机、RGV 和输送机;而入库修正作业和移库作业的执行是在巷道内部进行的,因此用到的搬运设备只有堆垛机。

入库时,叉车将码垛好货物的托盘放到入库台上,由 RGV 将其运送到巷道口的入库输送机上。入库输送机上的托盘到位后,向堆垛机发送入库信号。堆垛机接收到入库信号后运行至巷道口叉取托盘。堆垛机检测到托盘到位后扫描托盘号,同时向监控层发送请求目标货位信号。监控层根据堆垛机扫描到的托盘号查找相应的目标货位并且发送给堆垛机。堆垛机根据接收到的命令运行到指定货位,并将托盘放入目标货位。至此,本次入库任务便执行完毕,堆垛机闲置,继续等待接收新的入库请求。如此循环,从而实现货物的自动存储。单元作业入库活动图如图 10.5 所示。

出库时,首先堆垛机接收到出库指令,然后根据指令中的目标货位运行至相应的货位。堆垛机叉取托盘并扫描托盘条码,将扫描到的托盘号和指令中的托盘号进行比对,如果相等则返回巷道口。堆垛机将托盘移至巷道口输送机上后,堆垛机闲置,继续等待执行新的出库任务。巷道口输送机上的托盘到位后,RGV 将位于巷道口输送机上的托盘运送到相应的出库台上,进行人工拣选或者由叉车将其取下。单元作业出库活动图如图 10.6 所示。

当堆垛机放货时,如果检测到目标货位有货,则无法将货物送到目标货位,这时就需要执行入库修正作业。单元作业入库修正活动图如图 10.7 所示。

在实际的仓库运作中,经常由于业务需求或者库位优化等原因,需要在巷道内部进行货位调整,这个时候就需要进行移库作业。单元作业移库活动图如图 10.8 所示。

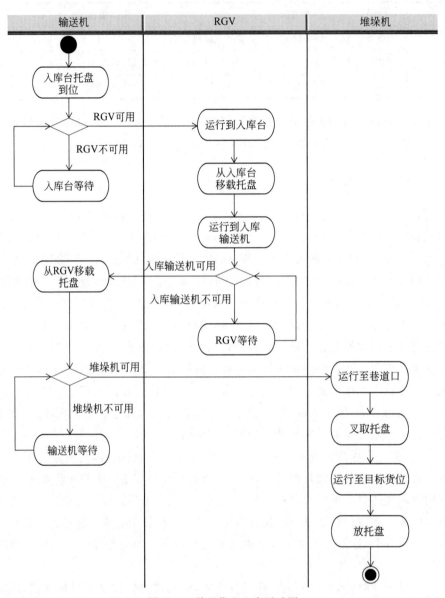

图 10.5　单元作业入库活动图

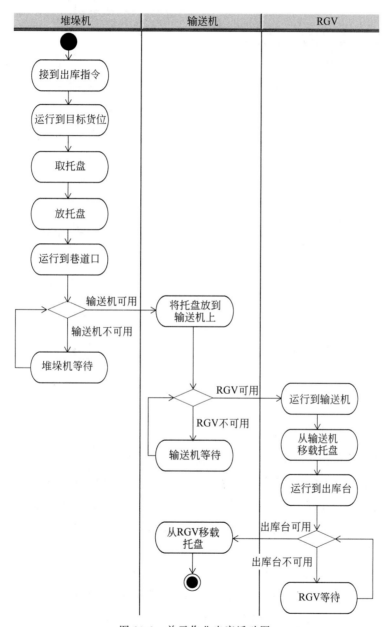

图 10.6 单元作业出库活动图

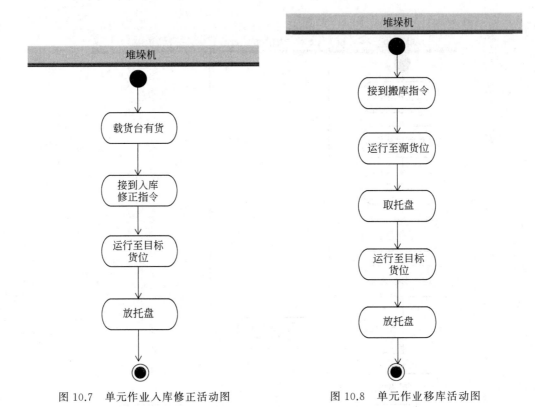

图 10.7　单元作业入库修正活动图　　　　图 10.8　单元作业移库活动图

10.2.3　拣选作业流程

　　通常的拣选作业流程是：仓库管理系统任务执行模块把拣选队列按优化策略排好序，生成作业列表。库管员根据作业列表中的拣选任务，驾驶堆垛机依次从一个已完成拣选的位置运行到下一个将要进行拣选的位置。当作业列表中的所有任务全部完成或者拣选取货用的货箱已放满时，就将堆垛机开回出入库口处，并将货卸下。在这种传统的拣选操作模式下，库管员每完成一个货位的拣选任务，就需要驾驶堆垛机运行到作业列表中的下一个拣选位置，操作过程比较烦琐，费时又费力。一种改进的方案是：对那些具有单机自动功能并且能批量输入任务指令的堆垛机来说，库管员在开始执行拣选操作之前，将作业列表中所有任务的目标货位通过控制面板输入堆垛机的控制系统，然后每当一个拣选任务操作完成后，就按一下控制面板上的指定控制按钮，堆垛机便自动运行到下一个拣选位置，进行新的拣选操作，直到所有的任务完成后，堆垛机返回出入库口处。

以上两种拣选操作方式都存在一个问题：当作业列表中的拣选任务正在执行期间，如果再有新的拣选任务插入到作业列表中，那么即使该新拣选任务与当前作业列表中某个还未执行的拣选任务处于同一个货位，也必须等到下一趟批量拣选时才能进行。在出入库操作比较频繁的仓库中，这种情形经常会发生。

随着控制技术和计算机通信技术的发展，有人提出一种基于网络技术的联机可视化动态拣选操作方案。如同对待单元式巷道式堆垛机一样，先将拣选堆垛机与管理监控系统联网，并在拣选堆垛机上安装复位功能按钮。拣选任务不是打印出来交给库管员，而是由管理监控系统通过计算机网络将拣选任务直接发送给堆垛机，并且在拣选时利用手持终端的条码识别功能和可视化界面来帮助库管员清点拣选货物的数量。库管员每完成一个货位的拣选操作，就按复位按钮，进行下一个任务，并由管理监控系统自动控制堆垛机运行到新的拣选任务的货位。当计划管理层已没有新的拣选任务或货箱已满时，就可控制堆垛机返回巷道口。当堆垛机正在进行拣选操作而此时作业列表中又插入了新的拣选任务时，管理监控系统会把重新优化后的作业列表传给执行机构，这样就实现了拣选作业列表的动态实时更新。

本系统就采用了这样的联机可视化动态拣选机制，其中拣选任务由计划管理层通过监控层下发给堆垛机。具体操作流程是：首先叉车将空托盘放到入库台上。入库台上的空托盘到位以后，RGV将其运送到巷道口输送机上，同时堆垛机接到入库请求并运行至巷道口叉取托盘。堆垛机根据接收到的入库指令带载运行到第一个拣选货位进行拣选。拣选完毕后，库管员按堆垛机控制面板上的复位功能按钮，堆垛机便会接收新的作业指令。如果收到的是到指定点指令，则堆垛机会自动运行至下一货位继续执行新的拣选操作；如果收到的是出库指令，则表明所有的拣选任务都已完成，堆垛机自动返回巷道口，将托盘送到巷道口输送机上后，堆垛机闲置，继续等待新的作业指令。RGV将巷道口输送机上的托盘运送到出库台上，并由叉车将托盘取下。堆垛机执行拣选任务时，托盘的作用只是作为货物的容器，使得库管员不必搬取整个货箱，从而减少库管员的劳动量。拣选作业活动图如图10.9所示。

这种拣选方案的主要优点如下：

（1）由堆垛机自动寻址到下一个拣选位置，减少了人工参与的中间环节，提高了操作的可靠性。

（2）拣选操作人员只需专注于货物的选取操作，从而提高了工作效率。

（3）具有新拣选任务的动态插入功能，能从整体上减少堆垛机的运行时间，提高整个拣选系统的吞吐率。

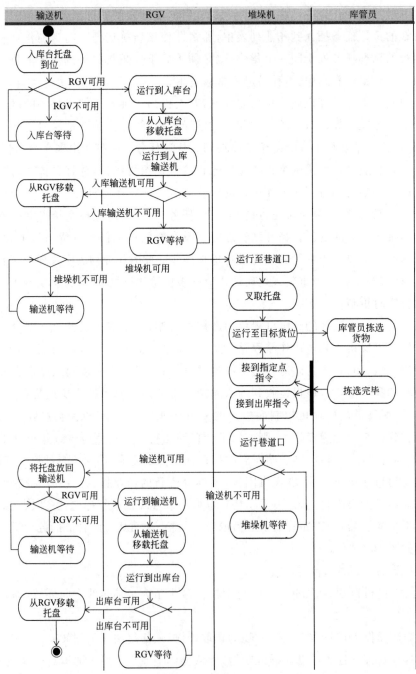

图 10.9　拣选作业活动图

10.3　相关物理数据模型

在开发智能调度系统之前,需要确立相关物理数据模型,包括设备状态、堆垛机任务模型、RGV 任务模型及货位状态。

10.3.1　设备状态

调度系统在向仓库中的设备分派任务前,必须了解各设备当前所处的作业状态,才能合理地协调各设备高效有序地运作,正确无误地将相关数据反映到计划管理层的数据库表中。智能调度系统涉及的设备状态主要有堆垛机状态(Stacker_Status)、RGV 状态(RGV_Status)和输送机运输请求状态(Transport_CallRGV)。各设备具体状态类型见表 10.2～表 10.4。智能调度系统可通过访问控制层获取相关设备状态。

表 10.2　堆垛机状态类型

代码	状　　态	状　态　描　述
SS1	运行	堆垛机接收指令后,开始根据指令在轨道上运行
SS2	无货待机(空闲)	堆垛机载货台上没有货,处于待机状态,此时可接收监控层发送的指令
SS3	有货待机	堆垛机载货台上有货且处于待机状态,此时可接收监控层发送的指令。有 3 种情况:①入库时堆垛机扫描的托盘条码不合法,即入库盲码;②出库时堆垛机扫描的托盘条码和监控层下发的托盘条码不符,即托盘号错误;③除①、②以外的情况
SS4	无货待机且源无货	堆垛机取货时,取货输送机上或取货货位上无货
SS5	有货待机且目标有货	堆垛机放货时,放货输送机上或放货货位上有货
SS6	托盘条码不合法	堆垛机取货后,扫描的托盘条码不合法(只针对单元式堆垛机)
SS7	报警	堆垛机处于变频器故障、认址器故障、货叉过热保护等报警状态

表 10.3　RGV 状态类型

代码	状　　态	状　态　描　述
RS1	运行	RGV 在轨道上运行(水平位移)
RS2	无货待机(空闲)	RGV 上没有货,处于待机状态,此时可接收监控层发送的指令
RS3	有货待机	RGV 上有货且处于待机状态,此时可接收监控层发送的指令

续表

代码	状 态	状 态 描 述
RS4	取货时输送机待机	RGV 取货时,输送机上无货
RS5	放货时输送机占位	RGV 放货时,输送机上有货(入库时堆垛机还没有将货运走,或出库时叉车没将货取走)
RS6	报警	RGV 处于变频器故障、认址器故障等报警状态

表 10.4 输送机运输请求状态类型

代码	状 态	状 态 描 述
TS	输送机有货信号	为真表示请求 RGV 取货,为假表示对 RGV 无请求

10.3.2 堆垛机任务模型

在进行作业调度时,智能调度系统将计划管理层下发的作业解析为堆垛机可执行的任务队列,并根据堆垛机的不同状态发送相应指令。计划管理层下发的作业包含的信息有任务号、作业方式、任务状态、堆垛机号、托盘号、起始排、起始列、起始层、目标排、目标列、目标层、下发时间、完成时间和优先级。具体实施方法是:在计划管理层的数据库中建立堆垛机任务接口信息表(Stacker_Task),其结构如表 10.5 所示。计划管理层在下发作业时将相应的信息写入接口信息表中。智能调度系统实时从接口信息表中抽取相关任务信息并下发给控制层。智能调度系统向堆垛机控制器发送的指令中包含任务号、作业方式、起始排、起始列、起始层、目标排、目标列、目标层和托盘号(只针对单元式堆垛机)。

表 10.5 堆垛机任务接口信息表结构

序号	字 段 名 称	字段类型	字段长度/B	键值	空值	默认值	描 述
1	Task_No	int	4	Y	N		任务号
2	Stacker_Task_Mode	int	4	N	N		作业方式
3	Task_Status	nvarchar	1	N	N		任务状态
4	Stacker_No	int	4	N	N		堆垛机号
5	Tray_No	nvarchar	8	N	N		托盘号
6	Start_Row	int	4	N	N	0	起始排
7	Start_Rank	int	4	N	N	0	起始列
8	Start_Layer	int	4	N	N	0	起始层

续表

序号	字 段 名 称	字段类型	字段长度/B	键值	空值	默认值	描 述
9	End_Row	int	4	N	N	0	目标排
10	End_Rank	int	4	N	N	0	目标列
11	End_Layer	int	4	N	N	0	目标层
12	Start_Time	datetime	8	N	Y		下发时间
13	End_Time	datetime	8	N	Y		完成时间
14	Priority	int	4	N	N	0	优先级(数字越小优先级越高,0为最高)

  堆垛机任务接口信息表中的作业地址依照堆垛机作业方式确立,两者的对应关系如表 10.6 所示。在表 10.6 中,地址信息为空表示堆垛机执行方式不参照其信息。

  堆垛机任务接口信息表中任务状态的初始值是待执行。当智能调度系统将任务指令下发给堆垛机以后,任务状态转换为正在执行。在执行的过程中如果有异常出现,任务状态被置为已废除。正常完成的任务转换为已完成状态。任务状态(Task_Status)及转换关系如图 10.10 所示。图 10.10 中所示的任务状态转换过程是在联机自动处理的情况下发生的。所谓联机自动处理是指调度系统在运行过程中实时检测堆垛机的作业情况,自动对任务状态进行相关处理。而人为处理则是由库管员在计划管理层对货位信息进行人为设定。

表 10.6　堆垛机作业方式与作业地址的对应关系

作业方式	起始排	起始列	起始层	目标排	目标列	目标层
单元入库 拣选入库	入库输送机所在排	0	1	目标货位所在排	目标货位所在列	目标货位所在层
单元出库	取货货位所在排	取货货位所在列	取货货位所在层	出库输送机所在排	0	1
入库修正				目标货位所在排	目标货位所在列	目标货位所在层
移库	取货货位所在排	取货货位所在列	取货货位所在层	放货货位所在排	放货货位所在列	放货货位所在层
到指定点				目标货位所在排	目标货位所在列	目标货位所在层
拣选出库				出库输送机所在排	0	1

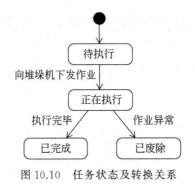

图 10.10　任务状态及转换关系

10.3.3　RGV 任务模型

　　RGV 在自动化立体仓库系统中的主要作用是负责输送机之间的货物运送。当输送机有货物需要运送时,就会呼叫 RGV,RGV 根据发出呼叫信号的输送机的位置来确定取货地址。但是取完货以后 RGV 却无法得知应该将货物送往哪个输送机。有一种解决方案是:在输送机上安装条码扫描仪,输送机在托盘到位后就能扫描托盘条码,从而得知这个任务的任务号;当 RGV 取货时,再将任务号传递给 RGV,RGV 根据任务号便可以得知放货地址。还有一种解决方案是:在 RGV 上安装条码扫描仪,RGV 通过扫描得到的托盘号在设备任务列表中便可以直接查找到相应的放货地址。

　　以上两种解决方案理论上都是可行的,但是本系统在硬件设计时并没有在 RGV 或输送机上安装条码扫描仪,因此对于本系统来说这两种解决方案实际上都是不可行的。为了解决这个问题,引入了全局系统状态的概念,所谓全局系统状态实际上就是 RGV 任务类型(RGV_Task_Mode),它指定了当前正在执行任务的 RGV 的放货地址。RGV 任务类型如表 10.7 所示。

表 10.7　RGV 任务类型

代码	任务类型	RGV 放货位置
RM0	无作业	无任务
RM1	入库到第一巷道	输送机 5
RM2	入库到第二巷道	输送机 4
RM3	入库到第三巷道	输送机 3

代码	任务类型	RGV 放货位置
RM4	入库到库前区	输送机 6
RM5	出库到库口	RGV1 放到输送机 1 或输送机 2,RGV2 放到输送机 2
RM6	出库到库前区	输送机 6

　　RGV 任务类型由计划管理层下发作业时指定,也可根据现场作业实际运行状态进行调整,其值只影响 RGV 的放货地址,不会对 RGV 的取货地址及其他硬件设备的运行产生影响。具体实施方法是:在计划管理层的数据库中建立 RGV 任务(RGV_Task)接口信息表,其结构如表 10.8 所示。计划管理层在下发作业时将相应的信息写入接口信息表中,调度系统根据 RGV 当前的状态实时从数据库中读取 RGV 任务类型的值,从而给 RGV 下发正确的放货地址。

表 10.8　RGV 任务接口信息表结构

序号	字段名称	字段类型	字段长度/B	键值	空值	默认值	描述
1	RGV_Task_Mode	int	4	Y	N		RGV 任务类型

　　RGV 任务类型虽然解决了确定 RGV 放货地址的问题,但是它有一定的局限性。RGV 任务类型的当前值是唯一的,如果 RGV 在运送货物的过程中其任务类型值被更改,那么就会造成 RGV 将货物送错位置的后果。

10.3.4　货位状态

　　为了使库存数据和实际库存始终保持一致,当实际库存有所变动时,需要及时更新库存数据。对于自动区,堆垛机的操作会直接影响到货位上货物的变动,因此智能调度系统需要根据堆垛机执行任务的情况实时更新库存数据。具体方法是:由计划管理层提供存储过程 UpdateInventory,输入参数是任务号 Task_No,智能调度系统根据各设备执行任务的情况,通过任务号调用存储过程 UpdateInventory 来实时更新库存数据及货位状态。而对于拣选区,库存信息的变化是由库管员的拣选操作引起的,库存数据的更新也应由计划管理层来完成。图 10.11 和图 10.12 分别为自动区和拣选区货位状态图,在这两个图中只针对智能调度系统对货位状态所做的更改进行货位状态转换。而拣选式堆垛机的作业只会将货位状态变成拣选货位,并不影响计划管理层数据库中的货位状态信息,因此拣选区货位只有空货位和有货货位两种状态。

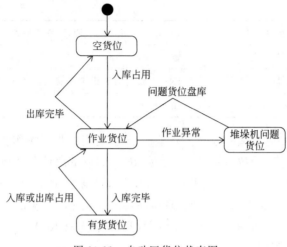

图 10.11　自动区货位状态图

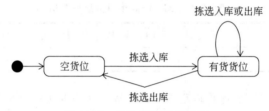

图 10.12　拣选区货位状态图

10.4　系统详细设计

本节用 UML 活动图的形式来描述智能调度系统的详细设计。活动图中的每个活动都通过活动名定义了各自要完成的具体工作。当属于一个活动的工作很多,不足以用活动名来完全表述出其执行的具体流程时,本节都采用子活动图来进一步描述。在各个活动图中,如果活动名前有 A,则表明该活动有相应的子活动图。除了用子活动图来描述更具体的系统设计以外,本节还利用泳道来界定各个活动都由哪个类(Class)或参与者(Actor)来完成,这样使得编程实现时更简单、规范,而且更易于维护。

10.4.1　系统总流程设计

根据智能调度系统的总体设计以及对系统主要业务及相关物理数据模型的分析,建立如图 10.13 所示的智能调度系统活动图。首先调度员启动并登录系统,进行登录验证。

验证成功后,系统初始化与 OPC 服务器和数据库的连接,并将 PLC 的标签地址加载到 OPC 客户端的数据项中。初始化完成后,启动调度线程,系统进入运行阶段。

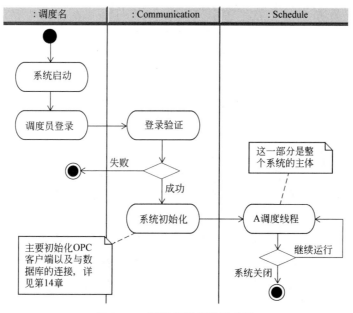

图 10.13　智能调度系统活动图

　　其中 A 调度线程是整个智能调度系统的主体活动,所有调度业务都在该活动中完成。其子活动图如图 10.14 所示,该活动又分为 3 个并发线程执行,分别是 A1 单元作业

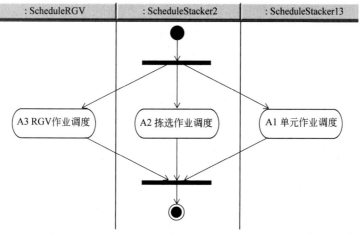

图 10.14　A 调度线程子活动图

调度、A2 拣选作业调度和 A3 RGV 作业调度。其中每个并发线程又有相应的子活动图来表示。智能调度系统各子活动图之间的关系如图 10.15 所示。

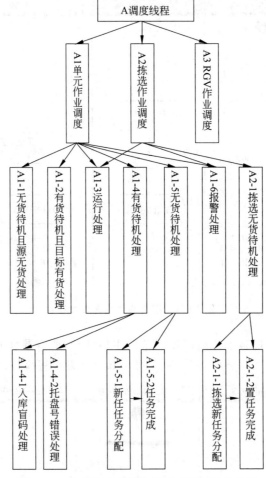

图 10.15　智能调度系统各子活动图之间的关系

10.4.2　堆垛机作业调度模块设计

1. 异常类型及处理方法

单元式堆垛机在执行任务期间可能会出现一些异常,导致任务无法正常完成。单元式堆垛机出现的异常情况主要有两类:一类是在执行出入库作业时涉及库存数据的;另一类是不涉及库存数据的。不管出现哪种异常,都会在巷道 LED 屏幕上进行相应的提示。

(1) 第一类异常及其处理方法。这类异常会影响任务信息及库存数据的正确性,主要包括下面 3 种情况:

- A 类异常:取货无箱。堆垛机取货时,源货位上无货。
- B 类异常:托盘号错误。堆垛机取托盘时,扫描到的托盘号与任务托盘号不符。
- C 类异常:双重入库。堆垛机放货时,目标货位有货,即存货占位。

出现如上异常时,调度系统需要把相关货位设置为堆垛机问题货位,并将本条任务废弃。当有 B 类异常发生时,调度系统需要向堆垛机发送托盘回源货位的命令。

其中,A、B 两类异常只会在出库和移库时出现,涉及源货位;而 C 类异常则会在移库和入库时出现,涉及目标货位。

(2) 第二类异常及其处理方法。这类异常一般与库存数据无关,主要包括下面 3 种情况:

- A 类异常:入库盲码。入库时,堆垛机扫描到的托盘条码不合法。
- B 类异常:无指定托盘作业。入库时,任务队列里没有指定托盘作业。
- C 类异常:其他硬件故障。如认址器故障、水平编码异常等。

当出现 A、B 类异常时,调度系统会向堆垛机发送托盘退回输送机的命令;而当有 C 类异常出现时,调度系统会以弹出提示框的形式提示调度员,并提供两种方案供调度员选择:一是手动设置任务完成(人工确定设置任务完成,并更新库存);二是继续等待(不做任何操作,等待堆垛机恢复正常,再继续作业)。

A、B 类异常会在入库时出现,与货位无关。

2. 操作记忆

为了解释调度系统何时设置作业完成并修改库存数据,引入操作记忆(Has-Operated)的概念。操作记忆是指:当堆垛机当前不是空闲状态,且所记忆的任务号(调度系统将任务下发给堆垛机以后,堆垛机 PLC 会将该任务的任务号保存下来)与数据库任务队列中正在执行的任务号相符时,则将堆垛机操作记忆置位。堆垛机默认的记忆任务号为 0,而任务表里的作业号都是非 0 的。

调度系统设置作业完成有两种情况。

(1) 正常设置为完成。条件是堆垛机当前状态为空闲、有操作记忆、所记忆作业号不为 0 并且操作过程中没有错误发生。满足上述条件后,调用改库函数,同时清除堆垛机操作记忆。

(2) 强制设置为完成。当堆垛机实际完成上一任务后,又有输送机呼叫堆垛机,系统没有检测到堆垛机的空闲状态,则任务不能被正常设置为完成。此时,堆垛机扫描到托盘条码,并请求目标地址。调度系统接收到信号后,首先要检测任务队列中是否有状态为正在执行的任务,如果有且该任务的托盘号和堆垛机扫描到的托盘号不一样,则将该任务设置为完成,同时修改库存,清除堆垛机操作记忆。

下面以 UML 活动图的形式来描述堆垛机作业调度模块的设计,并且利用泳道来界定各个活动都是由哪个类来完成的。

3. 单元作业调度

单元作业调度活动主要是对单元式堆垛机无货待机且源无货、有货待机且目标有货、运行、有货待机、无货待机和报警 6 种状态的处理。图 10.16 为单元作业调度的主活动图。图 10.17~图 10.26 都是为了进一步细化 A1 单元作业调度活动的子活动图。

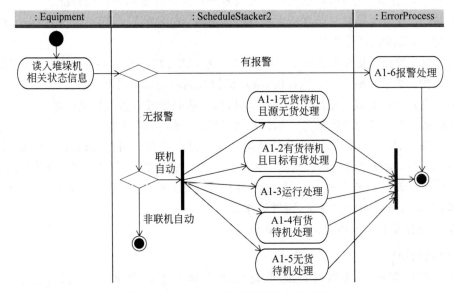

图 10.16　A1 单元作业调度的主活动图

（1）A1-1 无货待机且源无货处理活动主要针对的是移库和出库这两种作业方式下可能出现的取货无箱这种异常类型,相应的子活动图如图 10.17 所示。

（2）A1-2 有货待机且目标有货处理活动主要针对的是入库和入库修正这两种作业方式下可能出现的双重入库这种异常类型,相应的子活动图如图 10.18 所示。

（3）A1-3 运行处理活动主要是为了堆垛机操作记忆置位,相应的子活动图如图 10.19所示。

（4）A1-4 有货待机处理活动（相应的活动图如图 10.20 所示）主要针对 3 种情况:①入库盲码异常（图 10.21）;②托盘号错误异常（图 10.22）;③其他情况（如堆垛机停止作业）。

192

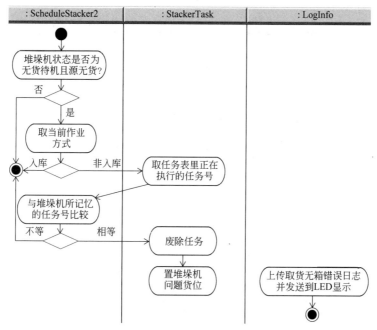

图 10.17　A1-1 无货待机且源无货处理子活动图

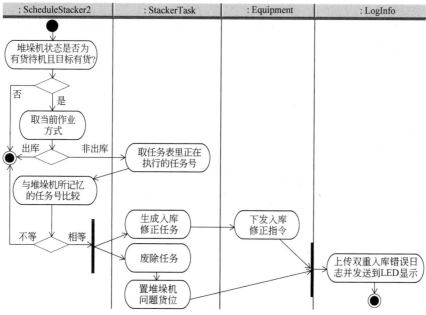

图 10.18　A1-2 有货待机且目标有货处理子活动图

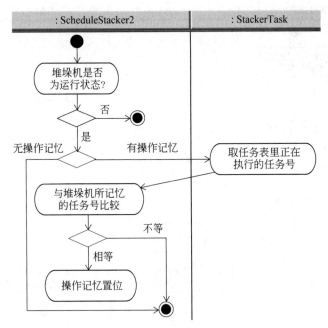

图 10.19　A1-3 运行处理子活动图

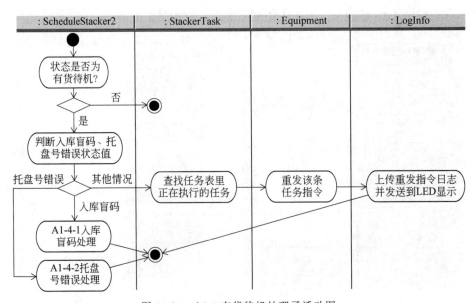

图 10.20　A1-4 有货待机处理子活动图

图 10.21 A1-4-1 入库盲码处理子活动图

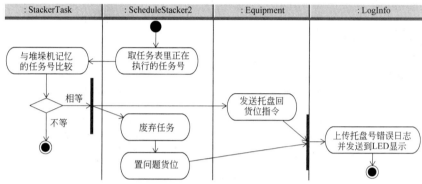

图 10.22 A1-4-2 托盘号错误处理子活动图

（5）A1-5 无货待机处理活动主要完成两个任务：①分配新任务；②置任务完成。相应的子活动图如图 10.23 所示。该任务完成的两个任务的活动图如图 10.24 和图 10.25 所示。

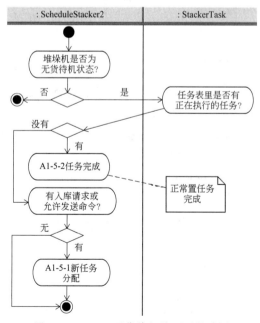

图 10.23 A1-5 无货待机处理子活动图

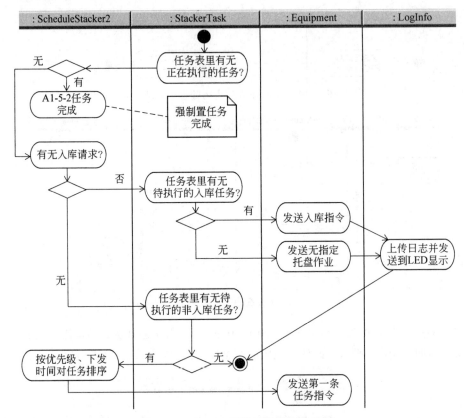

图 10.24　A1-5-1 新任务分配子活动图

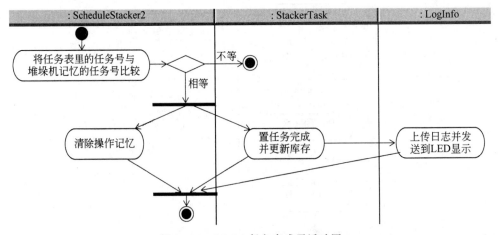

图 10.25　A1-5-2 任务完成子活动图

（6）A1-6 报警处理活动是在堆垛机发生硬件故障（如激光测距异常、水平编码异常等）时对任务所做的相应处理。其子活动图如图 10.26 所示。

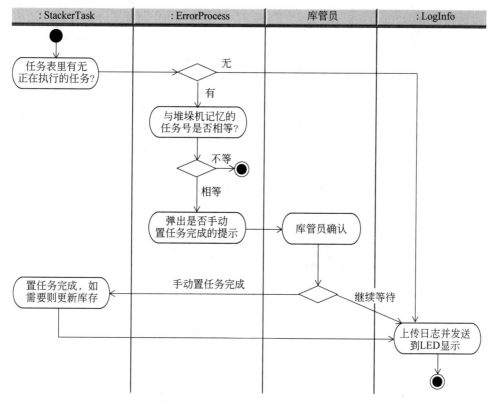

图 10.26 A1-6 报警处理子活动图

当单元式堆垛机有入库请求或者允许发送命令的信号为 1 时，智能调度系统首先判断入库请求信号是否为 1。如果为 1，则智能调度系统会根据堆垛机当前扫描到的托盘号在任务表里查找相应的待执行的入库任务。如果找到，则将相应的入库指令发送给堆垛机；如果找不到，则发送无指定托盘作业信号。如果入库请求信号不为 1，智能调度系统才会分配其他非入库任务给堆垛机。

3. 拣选作业调度

拣选作业调度比单元作业调度要简单一些，它只需要对以下 3 种状态下的情况进行处理：拣选无货待机、运行和报警状态。拣选作业调度活动图如图 10.27 所示。

其中，后两种状态的处理方式与单元作业调度相同。拣选无货待机状态处理也比较简单，其活动图如图 10.28 所示，这种状态实际上就是拣选式堆垛机处于空闲状态，载货

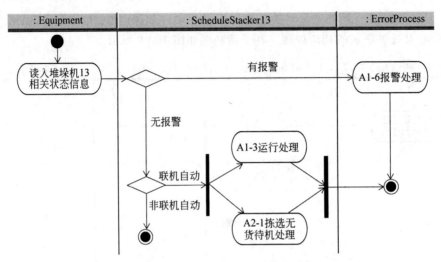

图 10.27　A2 单元拣选作业调度主活动图

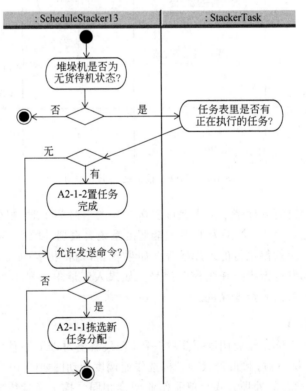

图 10.28　A2-1 拣选无货待机处理子活动图

台可能有货也可能无货。在这种情况下 A2-1-1 新任务的分配方式(如图 10.29 所示)也有别于单元式堆垛机,系统只要检测到允许发送命令的信号为 1,就会对任务表里的所有待执行任务进行优化排序,然后选择第一条任务下发给堆垛机。

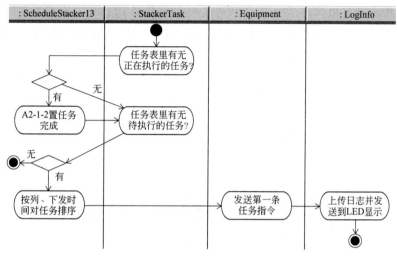

图 10.29 A2-1-1 拣选新任务分配子活动图

同 A1-5-2 任务完成活动相比,A2-1-2 置任务完成活动主要有两个不同点:

(1) 两者的执行类(Class)不同。

(2) 任务完成活动执行的操作不同,只负责置任务完成而不用更新库存。

A2-1-2 置任务完成活动图如图 10.30 所示,其基本结构和 A1-5-2 任务完成活动图几乎一样。

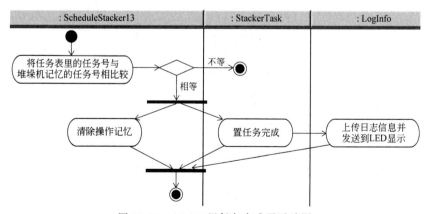

图 10.30 A2-1-2 置任务完成子活动图

10.4.3 RGV 作业调度模块设计

RGV 执行运输任务的步骤如下：

（1）到取货地址取货。这一步是由输送机有货信号（Transport_CallRGV）发起的。智能调度系统在检测到此信号为 1 时，根据当前 RGV 的任务类型对 RGV 进行相应的出入库调度，发送一次命令，并存储二次命令的目标地址。

（2）到放货地址放货。这一步是由 RGV 请求目标地址信号（RGV_RequestDst）发起的。智能调度系统在检测到此信号为 1 时，根据发送一次命令时所存储的目标地址发送二次命令。

由于 RGV 运输货物需要分两步来进行，因此向 RGV 发送的任务命令便可以分为一次命令（First-Command）和二次命令（Second-Command）两种。图 10.31 为 RGV 作业调度活动图。

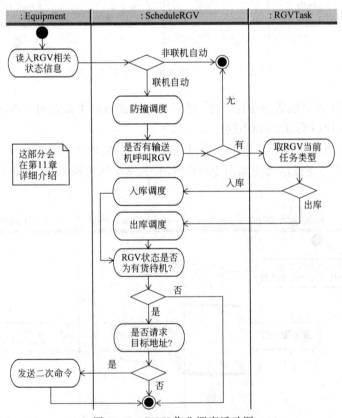

图 10.31 RGV 作业调度活动图

10.5 系统实现

智能调度系统采用 Delphi 语言开发,其开发平台为 Borland Delphi 7.0。在搭建本系统的开发环境与运行环境时,还涉及其他的通信软件与技术(例如 OPC 技术),这些软件与技术将在第 14 章通信接口的实现部分详细介绍。本节主要介绍 Delphi 多线程机制在智能调度系统中的应用。

智能调度系统不但要与计划管理层实时通信,还要负责与下层的 3 个堆垛机、输送机和两辆 RGV 的 PLC 通信。其实现途径是采用多线程技术,即在主程序所在进程中开辟多个线程,分别是堆垛机 1 线程、堆垛机 2 线程、堆垛机 3 线程和 RGV 线程,各线程是并行执行的,每个线程占用 CPU 的时间由系统分配。

10.5.1 多线程技术

1. 多线程技术实现原理

线程(thread)是系统调度的基本单位,是 CPU 的一条执行路径。线程本质上是进程中一段并发运行的代码。一个进程至少有一个线程,即主线程。用户可以根据需要同时创建若干线程,让一个程序在同一时刻运行多个线程,当一个进程中用到超过一个线程时,就是多线程。多线程的各线程均独立运行,每个线程都轮流占用 CPU 的运行时间和资源,即将 CPU 的时间分片,每一个时间片给一个线程使用。某个线程只有在分配的时间片内才有对 CPU 的控制权。实际上,在 PC 中,同一时间只有一个线程在运行。由于系统为每个线程划分的时间片很小(20ms 左右),所以看上去好像是多个线程在同时运行。多线程实现原理如图 10.32 所示。

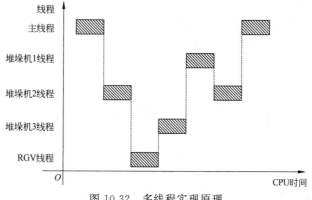

图 10.32 多线程实现原理

进程中的所有线程共享进程的虚拟地址空间,这意味着所有线程都可以访问进程的全局变量和资源。这虽然在一定程度上为编程带来了方便,但也容易造成冲突。

虽然在进程中进行费时的工作不会导致系统挂起,但这会导致进程本身挂起。所以,如果进程既要长期工作,又要响应用户的输入,那么它可以启动一个线程来专门负责费时的工作,而主线程仍然可以与用户进行交互。

2. 线程的优先级

对于多线程程序,每个线程的重要程度不尽相同。如果有多个线程在等待处理机,往往要使优先级高的线程优先执行。当多个线程交替执行时,优先级高的线程应该得到较长的 CPU 时间。这样,高优先级的线程效率就高一些。通过设置线程对象的 Priority 属性可以改变线程的优先级。

10.5.2 Delphi 对多线程的支持

Delphi 中的 TThread 类封装了所有有关线程的控制,负责线程的启动、运行、休眠、挂起、恢复、退出和终止等一般性的逻辑控制操作,并可检查线程的状态。除此之外,TThread 类也实现了对线程优先级的控制。由于 CPU 一次只能执行一个线程中的指令,因此对多线程体系而言,必须通过优先级决定线程之间的切换。

1. Delphi 中的 TThread 类

在 Delphi 环境中,通过 TThread 类可以方便地编写多线程应用程序。

TThread 类将 Windows API 中关于多线程方面的函数封装在一起。TThread 类是一个抽象类,不可以直接创建它的实例,但是可以创建它的派生类。

利用 TThread 类编写多线程应用程序的一般步骤如下:

(1) 从 TThread 类派生一个新的线程类。

(2) 创建线程对象。

(3) 设置线程对象的属性,例如优先级等。

(4) 根据具体情况挂起和唤醒线程。

(5) 结束线程。

2. 线程的同步

线程的异常执行是指线程抢占 CPU,不关心其他线程的状态或行为。在访问一些共享资源时,这种无序访问会导致无法预料的结果。因此,当两个或多个线程需要访问同一资源时,它们需要以某种顺序来确保该资源在某一时刻只能被一个线程使用,这种方式称为同步。

由于 Delphi 的可视化对象库(Visual Component Library,VCL)不支持多线程同时

访问,因此,在编写多线程程序访问 VCL 时要特别注意,只能逐个线程实现对 VCL 的访问。可以采用的方法较多,较为通用的方法是使用 TThread 类的 Synchronize 方法。Synchronize 方法的相关说明如下:

```
TThreadMethod=procedure of object;
Procedure Synchronize(Method:TThreadMethod);
```

其中,参数 Method 是一个不带参数的过程名。在这个不带参数的过程中包含一些访问 VCL 的代码。

在 Execute 过程中调用 Synchronize 过程,可以避免对 VCL 的并发访问。程序运行期间的具体过程实际上是由 Synchronize 过程通知主线程,然后主线程在适当时候执行 Synchronize 过程的参数列表中不带参数的过程。在多个线程的情况下,主线程将 Synchronize 过程所发的通知放到消息队列中,然后逐个响应这些消息。Synchronize 通过这种机制实现了线程之间的同步。所以,可以将对 VCL 访问的代码写在一个不带参数的过程中,然后将过程名作为 Synchronize 过程的参数,在 Execute 过程中调用。

10.5.3　Delphi 多线程在智能调度系统中的应用

1. 创建 TThread 类的派生类

要在智能调度系统中实现 Delphi 多线程编程,只要建立 TThread 类的 3 个派生类即可,即 RGV 调度线程类 ScheduleRGV、堆垛机 2 调度线程类 ScheduleStacker2 和堆垛机 1/3 调度线程类 ScheduleStacker13。

1) ScheduleRGV 派生类

ScheduleRGV 派生类代码如下:

```
ScheduleRGV=class(TThread)
type
  PRGVCommand=^TRGVCommand;
  TRGVCommand=record                        //RGV 命令结构
    RGVNO: integer;
    SrcAddr: integer;
    DstAddr: integer;
    Action: integer;
end;
private
    …//RGV 相关状态变量声明
    …//私有过程的声明
```

203

```
    procedure ScheduleTask;                    //RGV 调度主过程
    procedure ReadRealData;                     //读入 RGV 实时状态
    procedure AssignTask;                       //RGV 任务分配
    procedure NoHitProcess;                     //RGV 防撞调度
protected
procedure Execute; override;
end;
```

ScheduleRGV 类的核心代码是其执行方法 Execute 和同步过程 ScheduleTask，代码如下：

```
procedure ScheduleRGV.ScheduleTask;            //同步过程
begin
    ReadRealData;                               //读入 RGV 实时状态
    ...
    NoHitProcess;                               //RGV 防撞调度
    ...
    AssignTask;                                 //RGV 任务分配
    ...
end;
procedure ScheduleRGV.Execute;                 //执行方法
var
Handle_Exit: THandle;
begin
    Handle_Exit :=frmSchedule.FCloseEvent;
    try
    //首先判断线程类的 Terminated 标志,如果未被标志为终止,
    //则调用线程类的 Execute 方法执行线程代码
        while(not Terminated) do
          begin
            case WaitForSingleObject(Handle_Exit, T_SCHEDULER_PERIOD) of
                WAIT_OBJECT_0: Break;          //线程关闭
                WAIT_TIMEOUT: Synchronize(ScheduleTask);    //下一个执行周期到
            else;
          end;
      end;
    except
        on E: Exception do
        begin
```

```
            InsLogInfo(E.Message, '0',0, 13);    //异常信息记入日志
        end;
      end;
    end;
```

　　函数 WaitForSingleObject(Handle_Exit，T_SCHEDULE_PERIOD)用来间隔地执行一个线程函数的函数体。其中，参数 Handle_Exit 是一个事件的句柄，参数 T_SCHEDULE_PERIOD 是时间间隔。如果事件是有信号状态，返回 WAIT_OBJECT_0。如果时间超过 T_SCHEDULE_PERIOD 值，但事件还是无信号状态，则返回 WAIT_TIMEOUT。在这个线程函数中，可以通过设置 T_SCHEDULE_PERIOD 来控制这个线程的函数体多久执行一次（执行周期），在本系统中设置为 3000，即 3s。如果事件是无信号状态，函数体每隔 T_SCHEDULE_PERIOD 执行一次。当设置事件为有信号状态时，线程就执行完毕了。

　　Thread 是设计时不可缺少的利器，然而它不容易掌握。作为一个不可视系统组件，它封装在 TThread 类中。由于一个子线程可以与主线程同时运行，因此，来自子线程的异常在主程序里未必能捕捉到。这样，来自子线程的异常就会导致应用程序出现错误甚至崩溃；也可能造成以下情况：主程序都结束了，某个线程却因等待同步对象的信号还在系统中独立运行着。所以，对线程必须进行异常处理，线程的异常处理模块最好独立于主程序的异常处理模块。对于通常的异常都用 try…finally 块来捕获；对于来自 TThread 的异常也不例外，如上面的 Execute 代码所示。

　　在 Execute 方法中，当线程发生异常时，通过调用 InsLogInfo 方法将相应的异常信息记入日志中，即插入数据库表 logInfo 中。InsLogInfo 方法是在 LogInfo 类中定义的方法。当多个线程对象同时发生异常时，就会同时调用该方法，这样就会造成访问冲突。解决的方法是采用线程同步技术临界区（critical section）。用临界区保护共享数据的方法很简单：在每次要访问共享数据之前调用 EnterCriticalSection，设置进入临界区标志，然后再操作数据，最后调用 LeaveCriticalSection 离开临界区。它的保护原理是：当一个线程进入临界区后，如果此时另一个线程也要访问这个数据，则后一个线程会在调用 EnterCriticalSection 时发现已经有线程进入临界区，后一个线程就会被挂起，等待当前在临界区中的线程调用 LeaveCriticalSection 离开临界区。当临界区中的线程完成操作，调用 LeaveCriticalSection 离开后，被挂起的线程就会被唤醒，并设置临界区标志，开始操作数据，这样就防止了访问冲突。临界区是操作系统资源，在使用前需要创建，在使用完后需要释放。具体方法是：在 LogInfo 类所在的 Classes 单元中创建全局临界区，并在 initialization 和 finalization 中创建和释放它。用临界区实现的 InsLogInfo 方法的代码如下：

```
var
    LogInfoTextCriticalSection: TRTLCriticalSection;
initialization
    InitializeCriticalSection(LogInfoTextCriticalSection);
finalization
    DeleteCriticalSection(LogInfoTextCriticalSection);
procedure LogInfo.InsLogInfo(logInfo,iTaskNo: string;iNo,logid: integer);
begin
    EnterCriticalSection(LogInfoTextCriticalSection);
    try
        //执行代码
    finally
        LeaveCriticalSection(LogInfoTextCriticalSection);
    end;
end;
```

2）ScheduleStacker2 派生类

ScheduleStacker2 派生类代码如下：

```
ScheduleStacker2=class(TThread)
private
    …//堆垛机 2 相关状态变量声明
    …//私有过程的声明
    procedure ScheduleTask;              //堆垛机 2 调度主过程
procedure ReadRealData;                  //读入堆垛机 2 实时状态
    procedure Optimize;                  //堆垛机 2 路径优化
protected
    procedure Execute; override;
end;
```

Execute 方法的执行过程与 ScheduleRGV.Execute 相同。同步过程 ScheduleTask 的部分代码如下：

```
procedure ScheduleStacker2.ScheduleTask;         //同步过程
    begin
        ReadRealData;                            //读入堆垛机 2 实时状态
        …
        Optimize;                                //堆垛机 2 路径优化
        …
    end;
```

3）ScheduleStacker13 派生类

由于堆垛机 1 和堆垛机 3 的调度方法是一样的，因此对它们只定义一个线程，主线程启用时可以创建两个线程。

```
ScheduleStacker13=class(TThread)
private
    …//堆垛机 1 或堆垛机 3 相关状态变量声明
    …//私有过程的声明
    procedure ScheduleTask;              //堆垛机 1 或堆垛机 3 调度主过程
    procedure ReadRealData;              //读入堆垛机 1 或堆垛机 3 实时状态
    procedure Optimize;                  //堆垛机 1 或堆垛机 3 路径优化
public
    function GetStackID: Integer;        //读堆垛机号
    procedure SetStackID(Value: Integer); //写堆垛机号
protected
    procedure Execute; override;
published
    //定义堆垛机号读写属性
    property StackID:Integer read GetStackID write SetStackID;
end;
```

Execute 方法的执行过程与 ScheduleRGV.Execute 相同，同步过程 ScheduleTask 的执行过程与 ScheduleStacker2.ScheduleTask 相同。

2. 创建线程对象

在本系统中，主窗体为 frmSchedule，对应的单元文件为 Schedule.pas。在主窗体创建时调用 Schedule 过程。首先在 Schedule.pas 中声明 3 个派生线程类的实例对象：

```
public
    FCloseEvent: THandle;                //退出事件
private
    FRGVThread: ScheduleRGV;             //RGV 调度线程
    FStacker2Thread: ScheduleStacker2;   //堆垛机 2 调度线程
    FStacker1Thread: ScheduleStacker13;  //堆垛机 1 调度线程
    FStacker3Thread: ScheduleStacker13;  //堆垛机 3 调度线程
procedure Schedule;
```

然后在 Schedule 过程中调用 Create 方法创建线程类对象，并立即启用线程：

```
procedure frmSchedule.Schedule;
begin
    //初始化退出事件为无信号状态
```

```
    FCloseEvent :=CreateEvent(nil,True, False,nil);
    //FRGVThread初始化
    FRGVThread :=ScheduleRGV.Create(False);
    //FStacker2Thread初始化
    FStacker2Thread :=ScheduleStacker2.Create(False);
    //FStacker1Thread初始化
    FStacker1Thread :=ScheduleStacker13.Create(False);
    FStacker1Thread.StackID :=1;
    //FStacker3Thread初始化
    FStacker3Thread :=ScheduleStacker13.Create(False);
    Fstacker3Thread.StackID :=3;
end;
```

3. 结束线程

当系统退出时,需要结束线程,这时只需要将退出事件 FcloseEvent 设为无信号状态,然后调用 WaitForSingleObject 方法即可,代码如下:

```
//设置退出事件为无信号状态
if FCloseEvent <>0 then
    SetEvent(FCloseEvent);
//结束线程
if FRGVThread <>nil then
    WaitForSingleObject(FRGVThread.Handle,2000);
if FStacker2Thread <>nil then
    WaitForSingleObject(FStacker2Thread.Handle,2000);
if FStacker1Thread <>nil then
    WaitForSingleObject(FStacker1Thread.Handle,2000);
if FStacker3Thread <>nil then
    WaitForSingleObject(FStacker3Thread.Handle,2000);
```

 10.6　本章小结

本章首先根据智能调度系统的功能需求,以用例图和类图的形式对系统进行了总体设计。然后在确立了系统主要业务和相关物理数据模型的基础上,以活动图的形式对系统进行了详细设计。最后在系统实现部分又应用 Delphi 多线程机制和临界区解决了多线程同步所带来的共享资源访问冲突的问题。在整个系统设计的过程中,充分考虑了各种异常情况,并进行了相应的处理,实践表明,本章给出的智能调度系统的实现是可行的。

第11章

两辆往复式RGV/AGV的联合调度算法

RGV 和 AGV 都属于工业机器人中的高性能机器人,是货物搬运的典型设备,逐步成为现代工业生产、智能化仓库和物流系统的核心。本章对智能化立体仓库管理系统中运行于单条轨道上的两辆直线往复式 RGV 或运行于单条电磁轨道上的两辆直线往复式 AGV 的联合调度算法进行研究,包括解决两辆 RGV/AGV 的相向碰撞和同向追尾问题,以及在不相撞的前提下如何合理高效地向两辆 RGV/AGV 分配任务,提高工作效率。

 ## 11.1　RGV/AGV 系统概述

11.1.1　RGV 概述

RGV 即轨道式导引车,它是伴随着自动化物流系统和自动化仓库领域的飞速发展产生的。RGV 具有速度快、可靠性高、成本低等特点,在物流系统中有广泛的应用。经过多年的发展,RGV 的应用在发达国家已经逐步成熟;而在我国,RGV 还处于起步阶段。RGV 可以十分方便地与其他物流设施设备实现自动连接,如出/入库站台、各种缓冲站、输送机、升降机和机器人等,按照计划进行货物的输送。另外,RGV 无须人员操作,运行速度快,因而能大幅减少库管员的工作量,提高劳动生产率,因此 RGV 的应用可使物流系统变得非常高效。

RGV 系统既可作为立体仓库的周边设备,也可作为独立系统运行。根据功能的不同,RGV 系统可分为装配型 RGV 系统和运输型 RGV 系统两大类型,分别用于车间装配、货物输送;根据运动方式的不同,RGV 系统可分为环形轨道式 RGV 系统和直线往复式 RGV 系统。环形轨道式 RGV 系统效率高,可多车同时工作,一般采用铝合金轨道,其成本也较高;而直线往复式 RGV 系统一般在一个系统中有一辆 RGV 做往复式运动,通常采用钢轨,成本较低,但效率比环形轨道式 RGV 系统低。

目前,RGV 在国内外自动化立体仓库中的运行轨道主要有以下 3 种:

（1）分段轨。即一个 RGV 系统由若干辆 RGV 和若干条轨道组成,每辆 RGV 只在一条固定的轨道上运行,RGV 与轨道之间是一一对应的关系。

（2）直线轨。即一个 RGV 系统中只有一辆 RGV 运行在一条直线形非闭合轨道上。在这样的系统中不存在 RGV 碰撞的问题,是 RGV 应用最简单的一种形式。

（3）环形轨。即一个 RGV 系统由一辆或多辆 RGV 和一条环形轨道组成。

在以上 3 种形式中,前两种虽然形式上不同,但都可以看作在一条非闭合轨道上跑一辆 RGV 车,由于不存在相撞问题,调度程序比较简单。对于第三种形式,尽管有多辆车同时工作,但是由于它们的运动方向相同,调度算法也比较简单。

当智能化立体仓库管理系统建设在洞里或其他出入口狭小的空间内时,由于洞库或出入口狭小的条件限制,就需要设计在一条非闭合的直线轨上跑两辆 RGV 的载货系统。本章所介绍的 RGV 系统就是应用于某立体洞库的系统,该洞库的 RGV 系统出入库装载点有 6 个,要求有两辆 RGV 能够同时在轨道上做往复式运动且不碰撞、不追尾。这同以往大多数智能化立体仓库中的 RGV 系统是不同的,如何解决这两辆 RGV 的避碰问题,并且在不相撞的前提下,如何合理高效地给它们分配任务,成为整个系统的设计难点。在国内,类似问题的成熟解决方案非常少。本章对如何解决该难点进行详细论述。

11.1.2　AGV 概述

AGV 即自动导引车,它是装备有电磁或光学等自动导引设备,能够沿着设定好的导引路径行驶,具有安全保护以及移载功能的运输车,可以使用充电式蓄电池作为其动力来源。AGV 是伴随着自动化物流和智能化仓库领域的发展而产生的。AGV 以轮式移动为特征,与其他非轮式移动的机器人相比较具有移动速度快、工作效率高、安全性能高、结构简单等特点。尤其重要的是,与 RGV 等其他运输设备比较,AGV 的活动区域不需要铺设轨道、支座架等固定设备,不受场地和道路的影响,能够很好地和其他物流系统实现自动连接。AGV 在正常运输过程中无须人员干涉,运行速度快,因而能够大幅度减少车间人员的工作量,提高劳动生产效率。

AGV 系统的控制是通过物流上位调度系统、AGV 地面控制系统及 AGV 车载控制系统的协作完成的。AGV 系统既可作为立体仓库的周边设备,也可作为独立的系统运行。AGV 根据导引方式的不同可分为电磁导引 AGV、磁带导引 AGV、光学导引 AGV、RFID 感应导引 AGV 和激光导引 AGV 等。

目前,在国内外智能化立体仓库中,AGV 的导引方式主要是以下 3 种:

（1）磁带导引。在地面上粘贴带有磁性的胶带(简称磁带),AGV 在经过粘有磁带的位置时,装在车底部的电磁传感器会感应到地面磁带的地标,从而实现自动行驶,运送货物到目的地址。磁带导引方式具有较高的灵活性,路径方便改变和扩充,路径磁带容易铺设;其缺点主要是容易受周围金属物质干扰以及磁带容易受到机械性损伤。

（2）激光导引。这种导引方式的原理是：AGV 在运行过程中通过激光扫描器发射激光束,同时采集安装在 AGV 行驶路径周围用于定位的激光反射板反射的激光束,以确定其当前的位置和行驶方向。这种导引方式具有定位精确、地面无须布设其他定位设施及行驶路径灵活多变等优点。但是它也具有制造成本高、对使用环境有相对苛刻的要求等缺点。

（3）RFID 导引。即通过 RFID 标签和读取装备自动检测 AGV 行驶的坐标位置,以此实现 AGV 的自动运行。

在某企业生产基地的智能化立体仓库建设中,由于生产车间环境条件的限制,AGV采用磁带导引方式。在一层的生产车间里共有两个生产线包装间和两个原辅材料领料间,一共设置了 32 个工位、两辆 AGV 和一条磁带导引线路,要求两辆 AGV 能够同时在磁带上运行,同时对不同的工位进行送货和取货操作,并且不碰撞、不追尾。整个调度系统的难点在于如何解决两辆 AGV 小车的碰撞、追尾问题,以及如何在不碰撞、追尾的情况下给它们分配任务以实现作业的高效率的执行。虽然 RGV 和 AGV 在导引形式和驱动形式上不同,但把这两种形式都抽象为一个移动设备的话,它们在一条直线导引轨或导引磁带上的防碰撞、防追尾的算法应该是一样的。

11.2　RGV/AGV 的调度要求

在智能化立体仓库系统中,输送系统作为连接操作端与货架的纽带,是整个仓库的重要组成部分。在实际应用中,如果作业很多,堆垛机往往可以高速工作,基本可以满足要求。而这时对输送系统的调度就显得尤为重要,如果调度不合理,就会出现瓶颈甚至死锁状态。

11.2.1　RGV 的工作原理

前面已经说过,RGV 轨道有 3 种形式：分段轨、直线轨和环形轨。分段轨由于一个区间只有一辆 RGV,不存在碰撞和追尾的问题,所以比较简单。环形轨可能会有多辆RGV,但由于 RGV 沿相同方向运行,不会存在相撞的问题,只要控制好运行速度,调度也是比较简单的。直线轨上如果出现两辆以上 RGV,其调度就比较复杂,这也是本章研究和阐述的重点。本节以某洞库的建设为例,介绍 RGV 系统的工作原理。该洞库输送系统的核心是由两辆直线往复式 RGV 构成的服务系统。对 RGV 进行合理调度,提高其输送效率,对于消除瓶颈、提高仓库的整体运行效率具有重要的作用。RGV 调度作为中层

（协调计划管理层与控制层）内的一个子系统，要实现的功能是依据上层（计划管理层）给出的作业计划，在正常及故障情况下实时调度 RGV 完成各类运输任务，保证整个立体仓库存储过程的自动化。因此，兼顾上层作业计划和下层实时反馈是 RGV 调度的突出特点，而对输送机、堆垛机等不同类型的设备进行合理协调则是 RGV 调度的首要任务。

图 11.1 为该智能化立体仓库系统中 RGV 地址与输送机对应图。靠近库口的灰色方块代表 1 号 RGV，简称 RGV1；靠近库前区的黑色方块代表 2 号 RGV，简称 RGV2。RGV1 与 RGV2 的物理布局不可更换，即靠近库口的始终是 RGV1，靠近库前区的始终是 RGV2。整条轨道上有 22 个认址片，每个认址片都对应 RGV 的一个物理地址（即工位），认址片是为了精确定位 RGV 而设计的，第 n 个认址片对应的 RGV 物理地址记为 n 号地址，即 RGVn 的地址。其中，RGV1 的地址为保养维修位置（或避让位置），也称为原点；RGV9 的地址是库前区（库内）和库口（库外）的分界点。

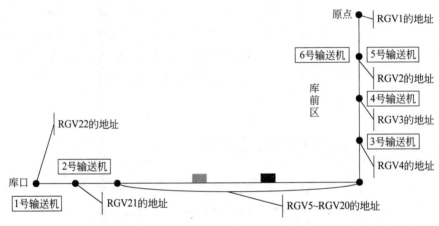

图 11.1　某智能化立体仓库系统中 RGV 地址与输送机对应图

RGV 将出/入库站台与每一巷道前的输送机相连接，主要完成货物的存储、分发工作。例如，出库时，RGV 按照上位机下达的命令运行到指定的工位，有出库任务的输送机和 RGV 自身的移载机同时工作，将货物移至 RGV 上；然后 RGV 运行到出库站台位置，并将货物移载到出库站台上；最后在出库站台上，库管员对货物进行分拣，或者叉车将整盘货物移走。入库时，入库站台和 RGV 自身的移载机同时工作，将需要入库的货物移至 RGV 上；RGV 按照上位机下达的命令运行到指定的工位，将货物移载到输送机上；最后由堆垛机将货物搬运到指定的货位存储。

从以上过程可以看出，整个智能化立体仓库管理系统的运行几乎每一步都离不开 RGV 的服务，可见 RGV 是整个智能化立体仓库管理系统中的瓶颈设备。可以说，RGV

调度的优劣直接决定了整个智能化立体仓库管理系统的运行效率。

11.2.2　AGV 的工作原理

AGV 调度系统作为中间监控层的一个子系统,需要实现的主要功能是:根据计划管理层下发的相应作业,在 AGV 正常运行以及出现故障的情况下对 AGV 进行调度,完成各种类型的运输任务,并实时反馈作业的执行情况。因此,对上层作业计划的执行和对下层 AGV 小车运行状态的实时反馈是 AGV 调度系统的突出特点。

图 11.2 为某企业生产车间的 AGV 地址、提升机与工位对应图。靠近提升机的为AGV1,远离的为 AGV2。AGV1 和 AGV2 的物理位置为固定的,不可更改。整层车间共有 40 段磁带导引线,其中 1～32 号分别分布在 4 个生产车间中。AGV 的运行路径上的编号设定从 51 开始,51 号磁带位置表示 AGV 的停靠原点。磁带可以精确定位 AGV 运行的位置和导引 AGV 正常运行。

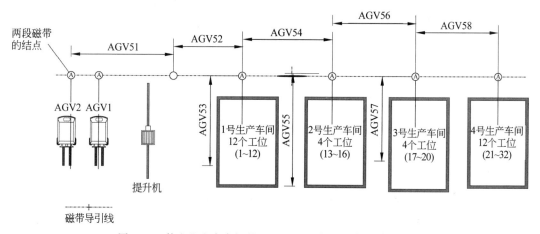

图 11.2　某企业生产车间的 AGV 地址、提升机与工位对应图

AGV 将生产车间的每一个工位与提升机相连接,实现了原辅料的分发和余料的返回工作。生产车间 AGV 调度流程可以如图 11.3 所示。

11.2.3　RGV/AGV 调度要求

RGV/AGV 调度系统需要实现对 RGV/AGV 的作业调度管理、运行状态显示与监测、数据采集和两辆 RGV/AGV 避碰问题的解决,并且能根据上层(计划管理层)下达的任务和 RGV/AGV 的工作状态、运行情况,通过通信系统控制 RGV 的运行和 RGV 向输送机的移载。RGV/AGV 调度系统主要完成以下任务:

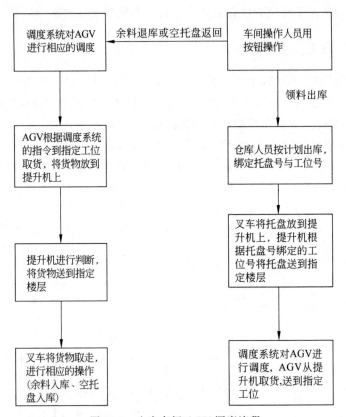

图 11.3 生产车间 AGV 调度流程

(1) 接收上层分发的任务信息并向 RGV/AGV 分配任务。

(2) RGV/AGV 运行状态上报。

(3) RGV/AGV 状态监测。

(4) 两辆共用一条轨道/磁道的直线往复式 RGV/AGV 的防碰撞。

 11.3 RGV/AGV 有关参数定义

本节介绍 RGV/AGV 的状态参数和命令参数。

在以下参数说明中,N 均代表 RGV/AGV 的编号。

11.3.1　RGV 的状态参数

在某智能化立体仓库中，RGV 与输送机需进行接驳以传送托盘。调度系统需要知道 RGV 及输送机的状态。RGV 的状态参数如表 11.1 所示。

表 11.1　RGV 的状态参数

序号	参 数 名 称	参数类型	参 数 值	描　　述
1	RGV_AutoStatus_N	Bool	1 为自动，0 为手动	RGV 是自动还是手动
2	RGV_RunStatus_N	Bool	1 为正常，0 为有故障	RGV 运行是否有故障
3	RGV_Task_Status_N	Bool	1 为空闲，0 为忙	RGV 工作状态
4	ID_RGVIsUsable_N	Bool	1 为可用，0 为不可用	RGV 标志是否可用
5	RGV_RequestDst_N	Bool	1 为请求，0 为不请求	RGV 是否请求目标地址
6	RGV_CurrentAddress_N	Int	1～22 的整数	RGV 当前地址
7	RGV_Direction_N	Int	1 为入库，2 为出库	RGV 运行方向
8	RGV_Task_Type	Int	1 为入库，2 为出库	RGV 任务类型

关于表 11.1 的说明如下：

（1）当且仅当 RGV_AutoStatus_N、RGV_RunStatus_N 和 RGV_Task_Status_N 都为 1 时，ID_RGVIsUsable_N 才为 1。

（2）入库方向指的是 RGV 朝着原点方向运行，出库方向则是指 RGV 朝着库口方向运行。

（3）输送机有货信号为真时，表示输送机上有托盘到位并且要求 RGV 运载货物。

11.3.2　RGV 的命令参数

为了向 RGV 下发命令，调度系统定义了 RGV 的命令参数，如表 11.2 所示。

表 11.2　RGV 的命令参数

序号	参 数 名 称	参数类型	参 数 值	描　　述
1	RGV_Cmd_Action_N	Bool	1 为运输，2 为避让	RGV 要执行的动作
2	RGV_Cmd_Src_N	Int	1～22 的整数	RGV 源地址
3	RGV_Cmd_Dst_N	Int	1～22 的整数	RGV 目标地址
4	RGV_Start_N	Bool	1 为启动，0 为不启动	RGV 启动信号
5	RGV_Stop_N	Bool	1 为停止，0 为不停止	RGV 停止信号

关于表 11.2 的说明如下：

（1）当 RGV_Cmd_Action_N＝1 时，表示 RGV 要到源地址取货，再到目标地址放货；当 RGV_Cmd_Action_N＝2 时，表示 RGV 到目标地址但不执行其他动作。

（2）当 RGV_Cmd_Action_N＝1 时，RGV_Cmd_Src_N 的值为 RGV 要取货的地址；当 RGV_Cmd_Action_N＝2 时，RGV_Cmd_Src_N 的值默认为 RGV 的当前地址。

（3）当 RGV_Cmd_Action_N＝1 时，RGV_Cmd_Dst_N 的值为 RGV 要放货的目标地址；当 RGV_Cmd_Action_N＝2 时，RGV_Cmd_Dst_N 的值为 RGV 要到达的目标地址（主要在避让时用到）。

调度系统向 RGV 下发的命令的结构如下：

（1）下发任务命令 SendRGVCommand 时，参数依次为 N、RGV_Cmd_Src_N、RGV_Cmd_Dst_N 和 RGV_Cmd_Action_N。

（2）下发启动或停止命令 SetTagValue 时，参数依次为 tagName 和 tagValue。tagName 等于 RGV_Start_N 时，为启动命令；tagName 等于 RGV_Stop_N 时，为停止命令。

11.3.3　AGV 的状态参数

在某企业生产基地智能化立体仓库中，AGV 与提升机进行接驳以传送托盘。调度系统需要知道两辆 AGV 小车及提升机的状态。AGV 的状态参数如表 11.3 所示。

表 11.3　AGV 的状态参数

序号	参 数 名 称	参数类型	参 数 值	描　　述
1	AGV_AutoStatus_N	Bool	1 为自动，0 为手动	AGV 是自动还是手动
2	AGV_RunStatus_N	Bool	1 为正常，0 为故障	AGV 运行是否有故障
3	AGV_isFree _N	Bool	1 为空闲，0 为忙	AGV 工作状态
4	AGV_Done_N	Bool	1 为开机，0 为未开机	AGV 是否处于开机状态
5	AGV_CurrentAddress_N	Int	1～58 的整数	AGV 当前所在位置地址
6	AGV_Direction_N	Int	1 为送货，2 为返回	AGV 运行方向
7	AGV_Mode_N	Int	1 为领料，2 为余料退库	AGV 任务类型
8	TSJ_Num	Int	1～32 的整数	提升机上传的工位号（任务号）

关于表 11.3 的说明如下：

（1）当提升机上传的数据大于 0（即 TSJ_Num＞0）时，表示载有货物的托盘已经到位。此时调度系统可以通过判断两辆 AGV 的当前工作状态及其运行方向调度 AGV 取货。

（2）送货方向即 AGV 从提升机的载货台上将托盘取走，运用到指定的生产车间工位的方向；返回方向指 AGV 从生产车间工位返回原点的方向。

（3）当且仅当 AGV_isFree_N、AGV_Done_N 和 AGV_AutoStatus_N 全部为真（值都为 1）时，AGV 才能够进行相关的操作。

11.3.4 AGV 的命令参数

为了方便给 AGV 下发命令，调度系统定义了 AGV 的命令参数，如表 11.4 所示。

表 11.4 AGV 的命令参数

序号	参 数 名 称	参数类型	参 数 值	描 述
1	AGV_Cmd_QDst_N	Int	1～32 的整数	领料放货地址
2	AGV_Cmd_FDst_N	Int	1～32 的整数	余料取货地址
3	AGV_Cmd_Stop_N	Bool	1 为急停，0 为运行	急停信号
4	AGV_Cmd_Back_N	Bool	1 为返回，0 为不返回	返回信号

关于表 11.4 的说明如下：

（1）AGV_Cmd_QDst_N 的值为 AGV 放货的工位的值，它的取值是提升机传递的，其值也就是表 11.3 中 TSJ_Num 的值。

（2）AGV_Cmd_FDst_N 的值为 AGV 取货（余料或空托盘）的工位的值。AGV_Cmd_FDst_N 的值是由调度系统判断并传递给 AGV 的退料工位号。每个生产车间的每个工位都有一个按钮盒，工人根据需要按下相应的按钮（领料出库、余料退库和空托盘返回）。

（3）AGV_Cmd_Stop_N 为 AGV 急停信号，由调度系统根据两辆 AGV 的运行状态发出。当 AGV_Cmd_Stop_N＝1 时，表示 AGV 停止运行；AGV_Cmd_Stop_N＝0 时，表示 AGV 启动运行。该值主要用于防止运行在同一磁带上的两辆 AGV 碰撞。

（4）AGV_Cmd_Back_N 的值表示 AGV 到达指定工位后是否立即返回。AGV_Cmd_Back_N＝1 时，表示调度系统允许 AGV 小车返回。

11.4 两辆直线往复式 RGV/AGV 的联合调度算法

一般来讲,RGV/AGV 系统的效率主要取决于以下 4 个因素:

(1) 调度:给 RGV/AGV 选择和派送任务过程。

(2) 路径:从输送源到目的地所走的路径。

(3) 规划:决定到达和离开的时间,其目的主要是为了减少在输送过程中的碰撞现象。

(4) RGV/AGV 的配置数量。

通常,智能化立体仓库中的 RGV/AGV 系统路径和 RGV/AGV 的数量是已经确定的,所以,这里主要做的就是从调度和规划方面来研究 RGV/AGV 的调度算法。

前面已经说过,在一条直线开端轨道或磁道上运行两辆 RGV 或 AGV 时,防碰撞和防追尾的算法是一样的,因此,下面主要介绍 RGV 的调度算法,AGV 的调度算法与此类似。

11.4.1 避碰算法

避碰(Conflict-free)算法是 RGV 调度算法的一部分,它解决 RGV 如何在完成任务的前提下不与其他正在工作的 RGV 碰撞的问题。引起两辆 RGV 碰撞的主要原因如下:

(1) RGV 本身出现故障。

(2) 两辆 RGV 竞争同一条线路。

(3) 线路交叉。

在本节研究的实例中,引起 RGV 碰撞的主要原因是前两条。为了解决此类避碰问题,引入时间窗(time window)方法,将 RGV 执行某个特定动作所持续的时间合在一起,构成这个特定动作的时间集合,称为时间窗。用于道路连接的部分称为结点(node)。停留在某个结点的时间窗称为保留时间窗(reserved time window),在保留时间窗之内用于调度其他 RGV 从一个结点出发沿着指定的路径行进到另一个结点的时间窗称为自由时间窗(free time window)。空间可行性是指在两个结点之间确实存在某条物理通道,时间可行性是指 RGV 在即将开始的下一个自由时间窗内能够进入该时间窗并能按时离开。通过检查空间可行性和时间可行性可以发现潜在的碰撞,这样便可以解决两辆直线往复式 RGV 的避碰问题。

如图 11.4 所示,A、B 为两辆 RGV。A 从 i 移动到 j,B 从结点 j 移动到结点 i,通过比较两个结点占用时间窗的顺序可以看出,在 t_1 时刻 A 和 B 会碰撞。对于相向碰撞

(head-on conflict)这种情况,可通过车身上的前向传感器加以避免。

另一种是追尾碰撞(catching-up conflict)情况,如图11.5所示。正常情况下,A到达并离开 j 后,B才到达 j。但如果出现某种突发情况,例如A减速或者有故障发生时,A占用保留时间窗的时间就会延长,如果B仍然按照原计划前进,则必然会在 t_2 时刻产生碰撞。

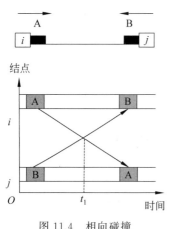

图11.4　相向碰撞

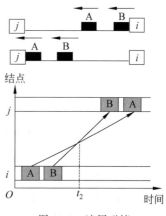

图11.5　追尾碰撞

调度系统在给RGV选择和派送任务时应该避免相向碰撞的发生(见11.4.2节),本节只针对追尾碰撞这种情况进行研究。

假设RGV1与RGV2的安全距离为DISTANCE_SAFE,针对本节讨论的两辆直线往复式RGV的具体情况,并结合上述时间窗方法,建立以下避碰算法。

1. RGV1和RGV2均处于运行状态且运行方向均为入库时的避碰算法

如果RGV1和RGV2均处于运行状态且运行方向均为入库,当RGV1和RGV2的距离小于或等于安全距离时,则令RGV1停车,否则RGV1继续运行。相应的算法CF1如下:

```
IF(~RGV_Task_Status_1) ∧ (~RGV_Task_Status_2)
    ∧ (RGV_Direction_1=1) ∧ (RGV_Direction_2=1)
    ∧ (ABS(RGV_CurrentAddress_1-RGV_CurrentAddress_2)<=DISTANCE_SAFE)
THEN
    SetTagValue('RGV_Stop_1',1)
ELSE
    SetTagValue('RGV_Stop_1',0);
```

2. RGV1 和 RGV2 均处于运行状态且运行方向均为出库时的避碰算法

如果 RGV1 和 RGV2 均处于运行状态且运行方向均为出库,当 RGV1 和 RGV2 的距离小于或等于安全距离,则令 RGV2 停车,否则 RGV2 继续运行。相应的算法 CF2 如下:

```
IF(~RGV_Task_Status_1) ∧ (~RGV_Task_Status_2)
    ∧ (RGV_Direction_1=2) ∧ (RGV_Direction_2=2)
    ∧ (ABS(RGV_CurrentAddress_1-RGV_CurrentAddress_2)<=DISTANCE_SAFE)
THEN
    SetTagValue('RGV_Stop_2',1)
ELSE
    SetTagValue('RGV_Stop_2',0);
```

3. RGV1 处于运行状态且任务类型为入库,RGV2 停在 RGV1 途经轨道上的避碰算法

如果 RGV1 处于运行状态且任务类型为入库,而 RGV2 停在 RGV1 途经的轨道上,则 RGV2 需要避让到 RGV1 当前命令缓冲区中目标地址的前两个地址位置。设 TempAddress 表示 RGV2 的避让地址。相应的算法 CF3 如下:

```
IF(~RGV_Task_Status_1) ∧ (RGV_Task_Status_2) ∧ (RGV_Task_Type=1)
    ∧ (RGV_CurrentAddress_2>=(RCV_Cmd_Dst_1-DISTANCE_SAFE)
THEN
    TempAddress:=RGV_Cmd_Dst_1-2;
    IF(TempAddress<1)
    THEN
        TempAddress:=1;
SendRGVCommand(2, RGV_CurrentAddress_2, TempAddress,2);
```

4. RGV2 处于运行状态且任务类型为入库,RGV1 停在 RGV2 途经轨道上的避碰算法

如果 RGV2 处于运行状态且任务类型为入库,而 RGV1 停在 RGV2 途经的轨道上,RGV1 需要避让。设 TempAddress 表示 RGV1 的避让地址。相应的算法 CF4 如下:

```
IF(RGV_Task_Status_1) ∧ (~RGV_Task_Status_2) ∧ (RGV_Task_Type=1)
THEN
    IF(RGV_Cmd_Src_2+2>7) ∧ (RGV_CurrentAddress_1<22)
    THEN
        TempAddress:=22
    ELSE  IF(RGV_Cmd_Dst_2+2<=7) ∧ (RGV_CurrentAddress_1
        <RGV_Cmd_Dst_2+DISTANCE_SAFE)
```

THEN

```
        TempAddress:=RGV_Cmd_Dst_2+DISTANCE_SAFE;
SendRGVCommand(1, RGV_CurrentAddress_1, TempAddress,2);
```

5. RGV2 处于运行状态且任务类型为出库，RGV1 停在 RGV2 途经轨道上的避碰算法

如果 RGV2 处于运行状态且任务类型为出库，而 RGV1 停在 RGV2 途经的轨道上，RGV1 需要避让。设 TempAddress 表示 RGV1 的避让地址。相应的算法 CF5 如下：

IF(RGV_Task_Status_1) ∧ (~RGV_Task_Status_2) ∧ (RGV_Task_Type=2)

THEN

  IF(RGV_Cmd_Dst_2+2＞7) ∧ (RGV_CurrentAddress_1＜22)

  THEN

```
        TempAddress:=22
```

  ELSE　**IF**(RGV_Cmd_Dst_2+2<=7) ∧ (RGV_CurrentAddress_1

    ＜RGV_Cmd_Dst_2+DISTANCE_SAFE)

  THEN

```
        TempAddress:=RGV_Cmd_Dst_2+DISTANCE_SAFE;
SendRGVCommand(1, RGV_CurrentAddress_1, TempAddress,2);
```

前两种算法属于 RGV 在执行阶段的防追尾算法，而后 3 种算法则是 RGV 在执行阶段以及调度系统向 RGV 发送一次命令前的避让算法，它们都属于 RGV 的避碰算法。

11.4.2　调度算法

根据仓库中输送机的实际布局状态，为了进行安全调度，避免 RGV 碰撞，需要进行入库和出库的互锁：如果系统的状态为入库，则不进行出库作业；如系统的状态为出库，则不进行入库作业。系统的状态（即 RGV 任务类型）由计划管理层设置，调度系统实时从数据库中读取系统的状态。

为了避免相向碰撞的发生，调度系统在向 RGV 分派任务之前应该判断是否可以向 RGV 发送命令，因此需要建立如下 3 条规则。

1. 规则 R1

向 RGV1 发送命令时，除了满足 RGV1 可用（R1-1：ID_RGVIsUsable_1＝1）之外，还须满足如下条件之一：

（1）RGV2 当前状态为空闲，即

R1-2：RGV_Task_Status_2＝1

（2）RGV2 当前为运行状态，且 RGV1 的目标运行方向与 RGV2 当前运行方向相

同,即

R1-3：$(RGV\_Task\_Status\_2=0) \wedge (RGV\_Direction\_2=RGV\_Direction\_1)$

可得到

规则 R1：R1-1 $\wedge$ (R1-2 $\vee$ R1-3)

规则 R1 的建立保证了向 RGV1 下发任务时不会使它与 RGV2 发生相向碰撞。

2. 规则 R2

向 RGV2 发送命令时,除了满足 RGV2 可用(R2-1：$ID\_RGVIsUsable\_2=1$)之外,还须满足如下条件之一：

(1) RGV1 当前状态为空闲,即

R2-2：$RGV\_Task\_Status\_1=1$

(2) RGV1 当前为运行状态,且 RGV2 的目标运行方向与 RGV1 当前运行方向相同,即

R2-3：$(RGV\_Task\_Status\_2=0) \wedge (RGV\_Direction\_2=RGV\_Direction\_1)$

可得到

规则 R2：R2-1 $\wedge$ (R2-2 $\vee$ R2-3)

规则 R2 的建立保证了向 RGV2 下发任务时不会使它与 RGV1 发生相向碰撞。

3. 规则 R3

规则 R3：1 号输送机呼叫 RGV 时,只能由 RGV1 来响应(这是由物理布局产生的限制)。

11.5　本章小结

本章主要介绍了 RGV/AGV 在智能化立体仓库系统中的工作原理及其状态参数和命令参数,重点介绍了在一条轨道上联合智能调度两辆直线往复式 RGV/AGV 进行工作,合理地向两辆 RGV/AGV 下发任务,同时能够保证在新添加的任务完成的前提下不与其他 RGV/AGV 发生碰撞的调度算法。由于各种立体仓库在建设时都有其特殊情况,其中的 RGV/AGV 的使用环境及应用效率也会有所不同,调度算法的实现也会有所差异。读者要根据仓库建设环境的实际情况对算法进行调整。

第12章

箱式输送线的缓存区调度算法

本章介绍的箱式输送线在许多生产型企业中都会遇到。尤其是生产车间与产品仓库之间有比较远的距离的企业,为了提高生产效率,一般都会在生产车间和仓库之间架设一条输送线,将生产的成品经过输送线送入仓库存储。由于生产的产品一般都会打包成箱,所以,这样的输送线称为箱式输送线。在建设智能化立体仓库系统时,箱式输送线就成了仓储系统的一个组成部分。由于车间会同时生产不同批次、不同品种的产品,而仓库部分为了提高货架的利用率,会在一个托盘上码垛一定数量的产品进行存放,所以不同批次、不同品种的产品在进入仓库时不会立即码垛入库,而是先分别积放,等积放一定的数量后才会利用机器人码垛入库。而箱式输送线缓存区就是为了能够使产品进行分批次、分品种积放而设计的。对其进行合理有序的调度,可以提高入库的速度,提高生产效率。

这里以某企业生产基地的智能化立体仓库为例,介绍对箱式输送线缓存区进行调度的算法及其实现方法。该企业的生产基地集生产、存储和销售于一体。生产车间在打包完成品后会直接将成品放在箱式输送线上,成品经过箱式输送线运送到仓库进行存储。为提高仓库的利用率,加大货物的存储容量,需要将成品码垛在一个托盘上进行存储。根据成品外包装箱的大小不同,码垛的数量也不尽相同,一般为 12～30 箱。这样就需要在成品达到满托盘数量之前先在缓存区存放,等达到满托盘数量后再码垛入库。箱式输送线缓存区的使用解决了在码垛之前对成品进行缓存的问题。

12.1 箱式输送线缓存区描述

上面提到的企业,其生产车间共有 3 层,其中二层和三层分别有一条箱式输送线与立体仓库相连接,所以本系统的箱式输送线缓存区分为上下两层,分别与三层车间和二层车间相连接。为了在入库过程中调剂上下两层的产品输送,在上下两层之间设立了换层区和再检区,通过换层区和再检区将上下两层连接起来。在从生产车间输送过来的成品外包装箱上都贴有唯一标识该成品各种信息的电子监管码,该电子监管码为一维的Code128条码。成品在进入立体仓库的库前区并由码垛机器人码垛到托盘上之前,首先要进入缓存区进行等待。待入库的成品能够码垛一个托盘时,才对缓存区进行释放,让码垛机器人开始码垛,执行入库作业。为此,在箱式输送线上增设了缓存区。缓存区分为上下两层,且上层和下层各有 9 条缓存道。上层和下层缓存区俯视图如图 12.1 所示。在缓存区的前面设有换层区和再检区。图 12.2 就是换层区和再检区俯视图。其中,左图为上层输送线再检区俯视图,右图为下层输送线再检区俯视图;左图中加了虚线框的部分为换层区,位于上下两层之间。

上层 下层

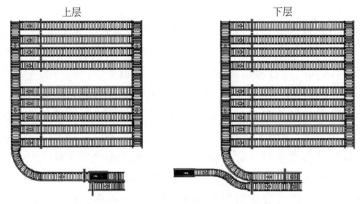

图 12.1 上、下层缓存道俯视图

从图 12.2 可以看出,箱式输送线缓存区共设有 5 个条码扫描器,其中上层和下层再检区分别设有 2 个,换层区设有 1 个。为了加快产品包装箱进入缓存区的节奏,默认三楼车间输送过来的箱子优先进入上层缓存区,二楼车间输送过来的箱子优先进入下层缓存

上层 下层

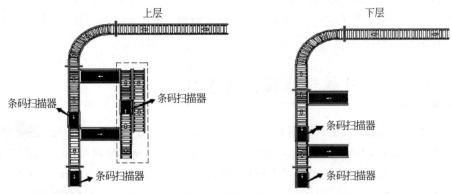

条码扫描器 条码扫描器 条码扫描器 条码扫描器

条码扫描器

图 12.2 换层区和再检区的俯视图

区,只有上层或下层的缓存区已经放满后才考虑换层存放。

当缓存区根据产品批次信息对其进行分道缓存积放时,调度系统会实时监控各个缓存道的产品数量信息和码垛机器人的空闲信息。当缓存道的数量达到一托盘数量且同时有码垛机器人处于空闲状态时,则释放相应缓存道,由空闲码垛机器人进行码垛。缓存道积放与释放码垛作业中,各种设备及调度系统之间的活动关系可用图12.3所示的泳道图表示。

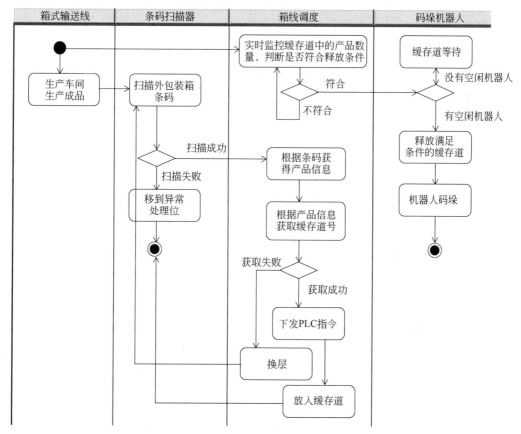

图 12.3　缓存道积放及释放码垛作业中各种设备及调度系统之间的活动关系

下面以将产品放入下层缓存道为例描述业务的流程。

当产品经过下层第一个条码扫描器时,条码扫描器将读到的条码上传给调度系统。调度系统通过条码获得该产品的特定信息(本系统提取的是产品的批号信息),然后根据提取的批号信息判断下层是否有满足以下条件之一的缓存道:

(1)有与该产品批号绑定的缓存道,并且该缓存道中该产品的数量未达到一托盘数量(一托盘数量是机器人在空托盘上码垛到一定的高度时产品的最大数量,托盘码垛高度就是立体仓库货架限制托盘的最大高度)。一托盘能够码垛的产品数量需要在产品进入缓存道前输入数据库。

(2) 有空缓存道,即存在没有和任何产品信息绑定的缓存道。

如果满足条件(1),则调度系统获得该缓存道号并将该缓存道的产品数量加1,向PLC下发继续前行指令;如果满足条件(2),则调度系统将空缓存道与该产品信息绑定,并将该缓存道的产品数量加1,向PLC下发继续前行指令。

如果下层没有满足上述两个条件的缓存道,则调度系统向PLC下发换层命令,该产品换层进入再检区。产品经过再检区时,条码扫描器获得条码信息,调度系统判断是否上层有满足以上两个条件的缓存道。如果有,则调度系统向PLC下发换到上层命令;如果没有,则调度系统剔除该产品,将其移入人工异常处理工位。当箱子经过缓存区前面的条码扫描器时,调度系统根据传回的条码信息以及在前一个条码扫描器绑定的信息获得该产品进入的缓存道的缓存道号,并由调度系统向PLC下发进入指令。

上述流程如图12.4所示。

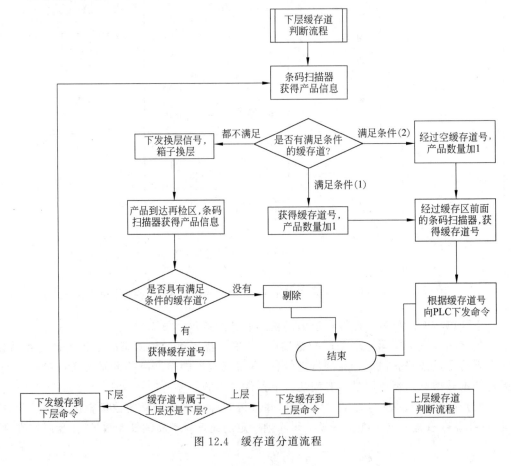

图12.4　缓存道分道流程

12.2　箱式输送线缓存区调度要求

在本章所述企业的智能化立体仓库系统中,箱式输送线缓存区的作用主要是对产品进行分品种、分批次缓存积放。由于缓存道的数量已经确定,但生产车间所生产的产品的品种数量并不能确定,所以为了尽可能合理利用缓存道,对箱式输送线缓存区的调度有以下几点要求:

(1) 按照产品的批次分配缓存道,即不同品种、不同批次的产品分配不同的缓存道。

(2) 按照生产车间与上下层缓存区对应原则优先分配缓存区,即二层车间的产品优先分配下层缓存,三层车间的产品优先分配上层缓存,以此减少产品的换层时间,加快产品缓存的节奏。

(3) 如果同品种、同批次的产品占用了两条或两条以上的缓存道,那么在为产品分配缓存道时,优先将其分配到产品数量最多的缓存道,以使其优先达到满托盘数量的要求。

(4) 当同品种、同批次的缓存道达到满托盘数量时,可以对该缓存道进行释放,由机器人码垛入库,同时释放该缓存道,清空产品绑定信息,减少对缓存道的占用,提高缓存道的利用率。

12.3　箱式缓存区调度算法

根据12.2节提出的调度要求以及在实际应用中产品进入缓存道的情况,提出以下算法。

Step1:设(a,i)表示缓存道号,$a=1$表示下层缓存道,$a=2$表示上层缓存道,$i=1$,$2,\cdots,9$。令$x_{(a,i)}$表示(a,i)缓存道的状态,$x_{(a,i)}\in\{0,1\}$,0表示(a,i)缓存道未绑定产品批号信息,1表示(a,i)缓存道已绑定产品批号信息。$N_{(a,i)}$表示(a,i)缓存道内产品的数量。$O_{(a,i)}$表示(a,i)缓存道需要释放的产品数量。$F_{(a,i)}$表示(a,i)缓存道满托盘的数量,$F_{(a,i)}$的值根据(a,i)缓存道内产品的不同而不同。不同产品的满道数量在产品进入缓存道前应该存入数据库。转到Step2。

Step2:产品进入缓存道之前的换层区,在这里通过条码扫描器验证产品条码。如果条码扫描器扫到条码,将条码上传给调度系统,系统根据条码提供的产品批号信息查询该条码扫描器所在层的缓存道的产品批号绑定信息。若存在(a,i)缓存道绑定了此产品批号信息且未满$((N_{(a,i)}+O_{(a,i)})<F_{(a,i)})$,则获得缓存道号$(a,i)$并将该缓存道的产品数量加1,即$N_{(a,i)}=N_{(a,i)}+1$;若与产品当前层不符,则下发换层指令,产品进入再检区,转

到 Step4;如果没有缓存道绑定此产品批号信息,转到 Step3;如果条码扫描器扫描条码失败,则下发换层指令,使产品进入再检区,转到 Step4。

Step3:若 $\sum_{i=1}^{9} x_{(1,i)} < \sum_{i=1}^{9} x_{(2,i)}$,系统遍历条码扫描器所在层的缓存道(默认为下层),判断 $x_{(1,i)}(i=1,2,\cdots,9)$ 是否有 $x_{(1,i)}=0$。若存在,则获得该缓存道号 $x_{(1,i)}$,绑定产品信息,设置 $x_{(1,i)}=1$,并将该缓存道产品数量加 1,即 $N_{(1,i)}=N_{(1,i)}+1$,转到 Step5;若该层没有满足条件的空缓存道,则下发换层命令,产品进入再检区,转到 Step4。

Step4:产品进入再检区,条码扫描器扫描条码,若扫描成功,将条码上传调度系统,系统获得条码提供的产品批号信息,依次遍历上层和下层缓存道绑定信息,尝试获取绑定该批号信息且未满的缓存道号 (a,i)。若获得且缓存道号为下层,则下发换到下层命令,转至 Step2;若为上层,则下发换到上层命令。如果没有获得符合条件的缓存道,则依次遍历下层和上层缓存道,获得空缓存道号 (a,i)。若为下层,则下发换到下层命令,转到 Step2;若为上层,则下发换到上层命令。若没有找到符合条件的缓存道,则下发换到下层指令,使产品进入循环状态,直到找到符合条件的缓存道。如果扫描条码失败,下发剔除指令,将此产品送至剔除位,由人工进行后续处理,转到 Step7。

Step5:产品进入缓存道前也需要扫码。调度系统获得条码信息后,查询当前层的产品批号绑定信息,进行分道,并将分道号发送给 PLC 控制器。PLC 控制器根据分道号将产品分道缓存,转到 Step6。

Step6:调度系统实时监测缓存道与机器人状态。若存在机器人空闲且缓存区中有可释放的缓存道,则下发释放指令,将缓存道中的产品移入码垛箱线,将产品批号信息以及释放数量和箱型信息与码垛机器人信息进行绑定,同时更新该缓存道的数量信息。如果释放条件为满足一托盘数量,数量更新情况为 $N_{(a,i)}=N_{(a,i)}-F_{(a,i)}$,$O_{(a,i)}=F_{(a,i)}$;若释放条件为产品结批释放,则数量更新情况为 $N_{(a,i)}=0$,$O_{(a,i)}=N_{(a,i)}$,当缓存道 $N_{(a,i)}=O_{(a,i)}=0$ 时,则表明该缓存道为空缓存道,应清空绑定信息,$X_{(a,i)}=0$。转至 Step7。

Step7:结束。

该调度算法已经在某企业生产线上得到应用,达到了设计要求,应用效果良好。

12.4　本章小结

本章主要对箱式输送线缓存区系统进行了描述,并提出了对成品包装箱分配缓存道的算法,实现了对不同品种、不同批次产品分缓存道积放。在分配缓存道方面,实现了同批次产品在同一缓存道边进边出,大大减少了同批次产品进入不同缓存道的情况,提高了缓存道的利用率。

第13章

基于组态软件的监控系统设计

　　堆垛机、RGV 和输送机是智能化立体仓库系统中的核心设备,它们能够高效、自动地完成货物出入库的具体操作。如何实现计算机对这些现场设备的有效监控,现场设备的当前状态如何实时、准确地向计算机反馈,是智能化立体仓库监控系统开发必须解决的首要问题。

　　为实现监控系统的实时性并且与下位执行机构进行通信,监控系统应具有实时数据采集和处理的功能,并且拥有丰富的硬件驱动程序。以往的监控系统多采用 VB、C++ 等高级语言编写,这样针对具体项目要做长期的上位机编程开发。本系统采用有较好发展前景的组态软件开发智能化立体仓库监控系统,缩短了开发周期,并且拥有更好的实时性,能更方便地实现对设备的控制。

 ## 13.1　组态软件及其结构特点

13.1.1　组态软件概述

　　"组态"一词来源于英文单词 configuration。组态软件作为一个专业术语,到目前为止,业界对其并没有统一的定义。组态软件的英文名称有 3 种,分别为 HMI(Human and Machine Interface,人机接口)、MMI(Man and Machine Interface,人机接口)和 SCADA (Supervisory Control and Data Acquisition,监视控制和数据采集)。

　　组态的概念是伴随着集散型控制系统(Distributed Control System,DCS)的出现而发展起来的。其含义是:使用软件工具对计算机及软件的各种资源进行配置,达到使计算机或软件按照预先设置自动执行特定任务,以满足使用者的要求。

　　组态软件是指数据采集与过程控制的专用软件,它们是自动控制系统监控层的软件平台和开发环境,是能够快速构建工业自动控制系统监控功能的通用软件工具。组态软件能支持各种工控设备和常见的通信协议,并且通常提供分布式数据管理和网络功能。

对应于 HMI 或 MMI 的概念,组态软件应该是使用户能快速建立 HMI 的软件工具或开发环境。在组态软件出现之前,工控领域的用户自己或委托第三方编写 HMI 应用,开发时间长,效率低,可靠性差。有的用户购买专用的工控系统,这些系统通常是封闭的,选择余地小,往往不能满足用户需求,很难与外界进行数据交互,升级和增加功能都受到严重的限制。组态软件的出现把用户从这些困境中解脱出来。用户可以利用组态软件的功能构建一套最适合自己的应用系统。因此,在组态软件最早出现时,HMI 或 MMI 是其主要内涵,即组态软件主要解决人机接口问题。随着组态软件的快速发展,实时数据库、实时控制、SCADA、通信及联网、开放数据接口、对 I/O 设备的广泛支持等已成为监控组态软件的主要内容。在未来,随着监控技术的不断发展,监控组态软件将会不断被赋予新的内容。

组态软件具有如下基本特点:

(1) 实时多任务。这是组态软件最突出的特点。在 SCADA 系统中,实时多任务主要体现于数据采集与输出、数据处理与算法实现、图形显示及人机对话、实时数据的存储、检索管理、实时通信等多个任务在同一台计算机上同时运行。

(2) 面向自动化工程设计人员。组态软件使自动化工程设计人员可以方便快捷地设计、编制和修改应用程序而不需要修改应用程序的源代码。

(3) 高可靠性。在正常情况下,软件系统能够稳定可靠地运行。如果对系统的可靠性要求得更高,可以利用冗余技术构成双机乃至多机备用系统。

13.1.2　本系统采用的组态软件

本系统采用的是 Rockwell RSView32 组态软件。Rockwell RSView32 工控组态软件是美国 Rockwell 公司生产的标准 PC 平台上的组态软件,它是以 MFC(Microsoft Foundation Classes,微软基础类库)、COM(Component Object Model,组件对象模型)技术为基础,运行于 Microsoft Windows 10/Windows NT 环境下的 HMI 集成软件包。

1. RSView32 的特点

RSView32 是基于组件集成并用于监视和控制自动化设备和过程的监控组态软件。它是第一个在以下方面发挥微软公司领先技术优势的组态软件:

(1) ActiveX。RSView32 开放的图形显示系统通过 OLE 容器方式支持 ActiveX 控件。可供选择的第三方 ActiveX 控件有数千种,用户可以方便地将现有解决方案添加到 RSView32 项目中。

(2) OLE(Object Linking and Embedding,对象链接与嵌入)。通过对象模型的开发实现对 RSView32 核心功能的调用,同时也允许 RSView32 与其他基于组件技术的软件产品实现互操作。

（3）VBA Script 语言。以业界流行的微软公司 Visual Basic for Applications（VBA）作为内置编程语言，可以最大限度地实现对 RSView32 项目的扩展和自定义。

（4）与先进的 OPC 规约完全兼容。RSView32 支持 OPC 标准，可以快速、方便地与众多制造商的硬件设备实现可靠的通信，同时还可以作为 OPC 服务器向其他 OPC 客户端提供服务。

（5）AOA。通过附加件体系结构（Add-On Architecture，AOA）插件技术扩展了 RSView32 的功能，将最新的技术集成到 RSView32 的内核中。

2. RSView32 给开发人员带来的好处

RSView32 除了具备高质量监控软件的功能外，还提供了独特的系列工具，可以最大限度地提高开发人员的生产率。RSView32 给开发人员带来以下好处：

（1）在开发应用项目时，只需要单击按钮就可以实现模拟运行。

（2）无须对图形对象组进行分解就可以编辑组内对象，不影响与之相关的动画显示。

（3）利用智能对象轨迹功能，可以拖动鼠标定义图形对象的运动路径。

（4）通过标签占位符和参数文件实现一个图形画面代表多台设备的功能。

（5）通过标签替代功能可以快速更换标签名和字符串。

（6）轻松导入在其他绘图应用程序中开发的图形。

13.1.3 组态软件结构特点

从组态软件的内涵来看，使用组态软件的过程就是操作人员根据应用对象及控制任务的要求，配置用户应用软件（包括对象的定义、制作和编辑，对象状态、特征和属性参数的设定等）的过程，也就是把组态软件视为应用程序生成器。

从应用角度讲，组态软件是完成系统硬件与软件沟通、建立现场与监控层沟通的人机接口的软件平台，它的应用领域不局限于工业控制领域。而工业控制领域是组态软件应用的重要阵地，伴随着集散型控制系统（DCS）的出现，组态软件已被引入工业控制系统。

在工业控制系统中存在两大类可变因素：一是操作人员需求的变化；二是被控对象状态的变化及被控对象所用硬件的变化。而组态软件可以在保持软件平台执行代码不变的基础上，通过改变软件配置信息（包括图形文件、硬件配置文件、实时数据库等），适应软硬件系统对上述两大类可变因素的控制要求，构建新的监控系统。以这种方式构建监控系统，既提高了软硬件系统的成套速度，又保证了系统软件的成熟性和可靠性，使用起来方便灵活，而且便于修改和维护。

无论是美国 Wonderware 公司推出的世界上第一个工控组态软件 Intouch 还是现在

的各类组态软件,从总体结构上看一般都是由以下两大部分构成的。

1. 系统开发环境

系统开发环境是自动化工程设计人员为实施其控制方案,在组态软件的支持下进行应用程序的系统生成工作所必须依赖的工作环境。设计人员通过建立一系列用户数据文件,生成最终的图形目标应用系统,供系统在运行时使用。系统开发环境由若干组态程序(如图形界面组态程序、实时数据库组态程序等)组成。

2. 系统运行环境

在系统运行环境中,目标应用程序被装入计算机内存并投入实时运行。系统运行环境由若干运行程序(如图形界面运行程序、实时数据库运行程序等)组成。

组态软件支持在线组态技术,即在不退出系统运行环境的情况下可以直接进入组态环境并修改组态,使修改后的组态直接生效。

自动化工程设计人员最先接触的一定是系统开发环境,通过一定工作量的系统组态和调试,最终将目标应用程序在系统运行环境中投入实时运行,完成一个工程项目。

13.2 ITDW-SCADA 系统功能分析

对 HMI 广义的解释就是"用户与机器间沟通、传达及接收信息的接口"。举例来说,在一座工厂内,用户要搜集工厂各个区域的温度、湿度以及工厂中机器的状态等信息,通过一台主控器监视并记录这些参数,并在一些意外状况发生时能够加以处理。这便是一个很典型的 SCADA 系统的运用。一般而言,SCADA 系统必须有以下几项基本的能力:

(1) 实时显示数据趋势。把获得的数据立即显示在屏幕上。

(2) 自动记录数据。自动将数据保存至数据库中,以便日后查看。

(3) 历史数据趋势显示。把数据库中的数据以可视化形式呈现。

(4) 报表的产生与打印。能把数据转换成报表的格式并打印出来。

(5) 图形界面控制。操作者能够通过图形界面直接控制机台等装置。

(6) 警报的产生与记录。用户可以定义一些警报产生的条件,例如温度过高或压力超过临界值,在这样的条件下系统会产生警报,通知操作者处理。

智能化立体仓库系统要求具备完整的仓库自动化控制和管理功能。控制和管理系统分成3层:上位管理层、中位监控层和下位控制层。管理层实现自动化仓库的货物存取管理、自动出入库作业处理、库存管理、数据查询、报表输出及系统参数维护等功能。控制层根据监控层的命令控制堆垛机、RGV 和输送机的动作,同时向监控层反馈各设备运行状态和任务完成情况。监控层处于智能化立体仓库系统的中间层,对整个系统的协调、优化运行起着非常重要的作用。

智能化立体仓库监控系统(简称 ITDW-SCADA 系统)由监控计算机、监控软件、网络设备接口、堆垛机控制设备 PLC 通信接口、输送机控制设备 PLC 通信接口和 RGV 控制设备 PLC 通信接口组成,主要完成以下功能:

(1)与 PLC 控制器通过网络通信,完成现场运行设备的状态数据采集、传送以及控制指令的传送等功能。

(2)堆垛机运行参数的设定,包括堆垛机起升速度、水平运行速度等。

(3)堆垛机检测开关当前状态和示教数据的显示。

(4)采用人性化彩色界面直观、实时、动态地显示输送机、RGV 和堆垛机的运行状态及作业状态信息。

(5)输送机、RGV 和堆垛机发生异常或故障时有明确报警提示,并提供远程故障复位控制功能。

(6)向设备控制器下达动作指令并监测执行结果,将设备的状态信息和动作执行结果以图示及数值的形式反馈给库管员。

(7)在脱机状态下可接收人工输入的作业命令。

图 13.1 为 ITDW-SCADA 系统功能框图。

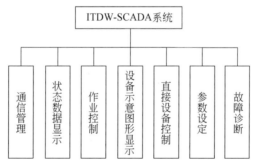

图 13.1 ITDW-SCADA 系统功能框图

13.3 ITDW-SCADA 系统编制步骤

用 RSView32 编制监控系统比较方便简单,其编制步骤如下:

(1)把所有 I/O 设备点的参数收集齐全,以备在组态软件 RSView32 和 PLC 上的组态使用。

(2)在 RSView32 工程管理器中新建一个工程,设定保存路径和工程名。

（3）构建标记数据库，选择合适的数据类型。如果是 I/O 数据，要选择连接的 I/O 设备点地址；如果是内存变量，需要指定初始值或值域。

（4）根据现场实际情况绘制、设计画面结构和草图，创建图形画面，然后绘制各个现场设备的模拟图。

（5）在工程浏览器中定义设备，根据 I/O 设备的具体情况选择正确的驱动程序和数据源，并设置好各个通信参数。

（6）记录组态数据。将操作画面中的字符串显示与标记建立连接。

（7）建立动画连接。将操作画面中的图像对象和定义的标记建立动画连接关系，规定动画属性和幅度。

（8）运行调试。在运行模式下观察运行效果（也可在编辑模式下直接调试）。若不满意，再回到编辑模式下进行修改。

13.4　ITDW-SCADA 系统具体实现

13.4.1　ITDW-SCADA 项目的配置

1. 创建 ITDW-SCADA 项目

启动 RSView32 Works，新建项目，设置项目名为 ITDW-SCADA。

2. 配置节点信息

配置节点信息即建立 RSView32 的通信通道。本系统中采用 SimaticNET 作为 RSView32 组态软件与 PLC 进行通信的驱动软件。OPC 使 RSView32 可以作为客户端或服务器，允许不同的 RSView32 站以及其他 OPC 服务器之间进行点对点通信。本系统采用 OPC 连接方式。使用 OPC 使 RSView32 成为客户端时，必须先在 SimaticNET 中组态 OPC，使 SimaticNET 成为 OPC 服务器。然后在 RSView32 中设置节点："数据源"选择"OPC 服务器"，"节点名"为本机计算机名，服务器"类型"为"本机"，服务器"名字"为 OPC.SimaticNET，"更新速率"默认为 1.000s。图 13.2 为 ITDW-SCADA 项目的节点信息配置。

13.4.2　标记数据库的创建

在 RSView32 组态编程中，标记（Tag）是其核心，且有 3 种数据源类型：设备（Device）、内存（Memory）和系统（System）。标记是设备或内存中的一个变量的逻辑名字，数据源类型为设备的标记可视为一个来自外部设备的数据，与下位机 PLC 的一个内

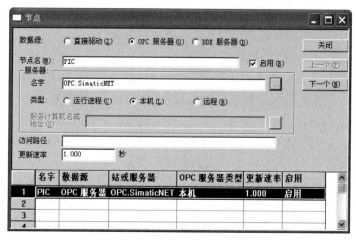

图 13.2　ITDW-SCADA 项目的节点信息配置

存地址单元同步更新,因此监控系统与控制系统的数据通信是通过设备类型的标记来实现的,且每一个被检测参数都对应一个设备类型的标记。数据源类型为内存的标记可视为变量,参数报警字符串的显示就是通过对内存类型的标记进行操作来实现的。数据源类型为系统的标记则是在建立报警等标记时由系统自动创建的标记,如当前报警信息、最近最严重的警报发生日期等。

在标记数据库中,用户可以定义或创建想要 RSView32 监控的标记,标记值有模拟量、开关量和字符串 3 种类型。

创建标记数据库的方法如下:打开标记数据库,自定义标记名并设置其属性,选择数据源,在"节点名"文本框中输入在设置节点信息时定义的节点名。如果选择的数据源类型为设备,则在"地址"文本框中选择需要监视的在 SimaticNET 中创建的标签。如需为标记设置报警标记,选中"报警"复选框,并设置相应的报警信息。

13.4.3　图形画面的建立

在图形编辑界面,可以利用图形显示编辑器或图形库创建图形对象,也可以从其他Windows 应用程序中插入图形对象。本系统绘制的画面主要有如下两个。

1. 监控系统主画面

该画面可显示 3 台堆垛机、两辆 RGV 和 6 台输送机的运行状态。在堆垛机的前视图中动态显示载货台的位置及载货台负载情况。在堆垛机运行状态表中动态显示堆垛机的工作方式、作业类型、作业地址、托盘号、当前位置及作业运行情况,作业运行情况包括水平运行状态、货叉运行状态及作业状态（如运行、故障或空闲等）等。

2. 堆垛机运行状态的详细显示及监控手动控制画面

此画面显示选定堆垛机的使用情况，包括开机时间、运行时间、水平运行距离、垂直运行距离及其累计值，还显示堆垛机的位置、载货台的位置、货叉的负载情况等。在堆垛机运行状态表中显示堆垛机的工作方式、作业类型、作业地址、托盘号、当前具体位置及作业运行情况，作业运行情况包括水平运行状态、货叉运行状态及作业状态（如运行、故障或空闲等）等。此画面中还包括监控系统手动控制堆垛机单步运行的操作界面。图 13.3 为堆垛机运行状态的详细显示及监控手动控制画面。

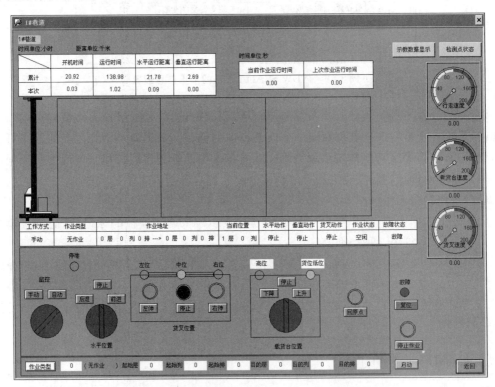

图 13.3　堆垛机运行状态的详细显示及监控手动控制画面

此外，还绘制了堆垛机运行步骤显示、堆垛机故障状态显示、堆垛机检测点状态显示、示教数据显示、堆垛机作业类型显示、输送机运行状态详细显示、RGV 运行状态详细显示和报警汇总画面，其中输送机和 RGV 的运行状态详细显示画面中也有监控系统手动控制设备操作界面。

13.4.4　图形画面的组态

在 13.4.3 节中绘制的画面是静态的。为了实现画面的动作并且使其能够实时反映现场设备的状态,就需要把图形元素与相应的标记相关联,建立动画连接,即组态。

图形画面的组态有 3 种:

(1) 编辑字符串显示。例如,编辑输送机故障字符串显示的对话框如图 13.4 所示。

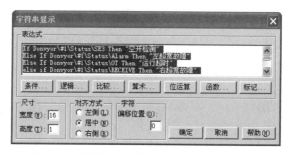

图 13.4　编辑输送机故障字符串显示的对话框

(2) 设置按钮的作用。例如,单击一个按钮会触发另一个画面的打开或者一个标记值的改变等。按钮有置位(标记置 1)、复位(标记置 0)、切换、运行命令等操作,可以根据需要来具体设置。例如,在堆垛机运行状态的详细显示及监控手动控制画面中单击"复位"按钮,会执行堆垛机故障复位的操作。

(3) 设置动画连接,包括图形元素的水平位置、垂直位置、触摸、颜色、可见性等,如图 13.5 所示。所有动画连接都是通过与标记相关联来设置的。例如,对于堆垛机载货台负载情况,当载货台有货时,载货台上货物的小图标会出现,反之小图标不可见。堆垛机的水平位置图示等都需要建立动画连接。

图 13.5　动画连接设置

13.5　本章小结

本章介绍了组态软件的结构特点。在对智能化立体仓库监控系统的功能进行分析之后,详细说明了如何使用组态软件 RSView32 进行 ITDW-SCADA 系统的开发。组态软件的种类有很多,例如西门子公司的 WinCC 在工业控制系统中应用得也很多,其使用方法和 RSView32 类似。

第14章

通信子系统的设计与实现

智能化立体仓库系统分为 3 层：位于顶层的管理层、位于中层的监控层和位于底层的控制层，系统正常运行需要保证 3 层之间通信的顺畅性与可靠性。管理层与监控层通过网络数据库进行数据共享和信息交换，管理层把任务命令信息传达给调度系统，调度系统把任务完成情况再反馈给管理层；监控层与控制层通过组态软件、OPC 服务器和特定的网络实现 PC 与 PLC 的通信，监控层通过数据采集（data acquisition），监视并控制（supervisory and control）控制层各设备的运行。

 ## 14.1　智能化立体仓库系统网络拓扑结构

智能化立体仓库系统网络拓扑结构如图 14.1 所示。整个网络采用工业以太网协议

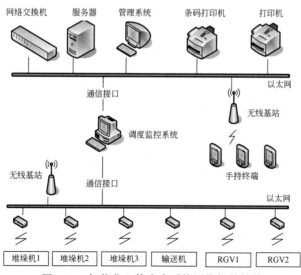

图 14.1　智能化立体仓库系统网络拓扑结构

的工业控制网络,底层的设备控制器、中层的调度监控系统和顶层的管理系统都通过无线基站进行网络通信,这样可保证智能化立体仓库系统 3 层结构数据通信的可靠性。

14.2　调度监控系统的开发环境与运行环境

由于通信子系统的构建决定了调度监控系统的开发环境与运行环境,所以把调度监控系统的开发与运行环境放在本章,在通信子系统的设计与实现中介绍。调度和监控两个子系统运行在同一台研华工控机上,共同完成监控层的任务,这是把调度系统与监控系统划分到监控层的一个主要原因。

表 14.1 和表 14.2 分别列出了调度监控系统的开发环境与运行环境。

表 14.1　调度监控系统开发环境

开发环境		软件名称及版本
操作系统		Windows 10
OPC 服务器与西门子 PLC 通信驱动程序		SimaticNET PCSoftware Edition
调度系统	开发语言	Delphi
	开发工具	Borland Delphi 10.0
监控系统	开发工具	Rockwell RSView32 开发版

表 14.2　调度监控系统运行环境

运行环境	软件名称及版本
操作系统	Windows 10
OPC 服务器与西门子 PLC 通信驱动程序	SimaticNET PCSoftware Edition
组态软件	Rockwell RSView32 运行版

14.3　管理层与监控层的通信及其实现方法

在第 10 章进行智能化立体仓库管理系统设计时,曾经提出了在管理层的数据库中建立堆垛机任务信息接口表(Stacker_Task)、RGV 任务接口表(RGV_Task)、日志信息表(LogInfo)和更新库存接口存储过程 UpdateInventory,监控层就是通过共享这些接口信息和管理层进行通信的。

　　管理层和调度系统（运行于监控机上）分别运行在不同的计算机上，管理机与监控机的通信网络都采用 TCP/IP，使用局域网方式联网，调度系统通过访问安装在管理层服务器上的 SQL Server 2012 数据库，与管理层进行数据信息的交换。

　　管理层与监控层信息交换的过程也就是操作数据库信息的过程，通过读取、修改和更新数据库中存储的信息，便可以实现操作的交互。不论是入库操作还是出库操作，一旦发出操作任务单，管理层就要及时向调度系统发送任务命令并且接收返回的任务完成情况报告。在管理层与调度系统之间的这种数据交换的实现方法有多种。可以采用发送自定义消息的方法。发送数据的一方在发出数据的同时发送消息，接收数据的一方在接收到消息后就准备接收数据，通过消息来保证发送方与接收方的同步。这种方法实时响应速度快，但实现起来比较复杂。也可以采用定时查询法。发送数据的一方在发送数据的同时设定数据发送标志；接收数据的一方定时查询数据发送标志，一旦发现数据已发送，则准备接收数据。这种方法实时性差一些，适用于对实时响应速度要求不高的场合。

　　在本系统中，两层操作数据库信息的过程是：管理层直接将生成的堆垛机和 RGV 命令分别存储在数据库表 Stacker_Task 和 RGV_Task 中。调度系统一方面在需要时从数据库中读取命令并下发给控制层，另一方面通过调用更新接口存储过程 UpdateInventory 把控制层各设备的执行情况及时反馈给管理层；每次对数据库表进行更新时，调度系统都会把相关信息记录到 LogInfo 表中，以供管理层决策参考。这种通信方式省去了管理层和调度系统中间的联络环节，实现了管理层与监控层实时、快捷的数据通信。

14.4　监控层与控制层的通信及其实现方法

　　作为智能化立体仓库系统的核心部分，调度监控系统在立体仓库的运行、监控、管理等方面发挥着无可替代的作用。调度系统的功能是对下位设备的实时监控，同时具有货物的信息管理、自动生成指令等功能。监控系统的作用主要表现在以下几个方面：能够实现控制作业指令的下发；能够实时监视堆垛机的位置、工作状态、报警状态及载货台的状态变化；能够监控输送机和 RGV 的工作状态和报警状态。要实现以上功能，首先要解决监控层与控制层的通信问题，即数据交互问题。

　　监控层与控制层的通信也就是调度监控系统与现场设备的通信，也可以说是 PC 与 PLC 之间的信息交换。在本系统中采用 OPC 技术实现了 PC 与 PLC 的数据交互。OPC 技术的主要优点有：高速的数据传送性能；基于分布式 COM 的安全性管理机制；开发成本低；能实现具有高度柔性、高可靠性的系统。近年来，OPC 技术在国内工业过程控制系统中也有了广泛的应用。

14.4.1　OPC 体系结构

OPC(OLE for Process Control)是以 OLE/COM 机制作为连接数据源(OPC 服务器)和数据的使用者(OPC 应用程序)之间的软件接口标准,它提供了一种使系统以标准的方式从数据源获取数据,并传送给各客户端应用程序的机制。数据源可以是 PLC、DCS、条码扫描仪等控制设备。根据控制系统的不同,作为数据源的 OPC 服务器既可以是和 OPC 应用程序在同一台计算机上运行的本地 OPC 服务器,也可以是在其他计算机上运行的远程 OPC 服务器。OPC 定义了一个开放的接口,在这个接口上,基于 PC 的上位监控系统与下位机可以交换数据。因而,OPC 为控制层的现场设备连接工业应用程序和上位机程序提供了一个理想的方法。

OPC 服务器主要由 OPCServer(服务器对象)、OPCGroup(组对象)和 OPCItem(项对象)组成。OPCItem 表示与数据源的连接,一个 OPCItem 对应一个实际的硬件装置上的某个信道或端口。一个 OPCGroup 可以包含许多 OPCItem,并定义这些 OPCItem 更新的时间、方式以及提供读取 OPCItem 值的接口;而一个 OPCServer 则包含若干 OPCGroup,同时提供操作这些 OPCGroup 的接口。图 14.2 说明了 OPCServer、OPCGroup 和 OPCItem 的关系。

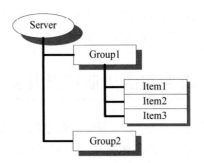

图 14.2　OPCServer、OPCGroup 和 OPCItem 的关系

需要指出的是 OPCItem 不是数据源,它仅仅连接到数据源。例如,PLC 设备控制系统中的点数是一直存在的,而不管是否有 OPC 服务器在访问它们。OPCItem 只是简单描述了数据的地址,而不是地址所引用的实际物理数据源,因此它也被称为标签或点。

14.4.2　OPC 数据访问规范

OPCServer 提供连接数据源以及数据访问(DA,即读写)的方法,在建立 OPCGroup 和 OPCItem 前必须建立 OPCServer。其过程如下。

首先,OPC 客户端要通过 OPC 接口连接到 OPC 服务器上,并建立 OPCGroup 和 OPCItem,这是 OPC 数据访问的基础。如果没有这个基础,那么数据访问的其他功能是不可能实现的。然而,为了实现这个基础,OPC 服务器首先需要和底层物理设备通过特定的驱动程序和通信方式实现连接,当确定 OPC 服务器与现场设备通信顺畅之后,才可以进行过程数据的访问。为了访问过程数据,OPC 客户端需要事先指定 OPC 服务器的名称、运行 OPC 服务器的计算机名称以及 OPC 服务器上的 OPCItem 定义。

其次,OPC 客户端通过对其建立的 OPCGroup 与 OPCItem 进行访问实现对过程数据的访问。OPC 客户端可以选择设备(Device)或缓冲区(Cache)作为其访问的数据源。OPC 客户端的过程数据访问包括过程数据的读取、更新、订阅、写入等。过程数据的读写还可以分为同步读写与异步读写。

最后,完成通知。当 OPC 服务器响应 OPC 客户端的过程数据访问请求并处理完毕时通知 OPC 客户端。例如,在异步读写时,OPC 服务器就要在操作完毕时通知 OPC 客户端。

OPC 服务器总是按照一定的刷新频率通过相应的驱动程序访问各个硬件设备,将现场数据送入数据存储区,成为内存数据。上位系统作为 OPC 客户端,只要读取 OPC 项就可以获得设备信息。如果 OPC 客户端对 OPC 项进行了修改,OPC 服务器收到 OPC 项的变化信息,就向控制系统发送相应命令,对设备进行操作。OPC 客户端和 OPC 服务器以同步或异步方式进行数据交互,解决了调度系统与硬件的协调动作问题,使调度命令能正确地转换成控制指令,并且把智能化立体仓库各种操作的完成情况及时反馈到调度系统中,实现了系统闭环。图 14.3 为上下位系统以 OPC 方式通信的过程。

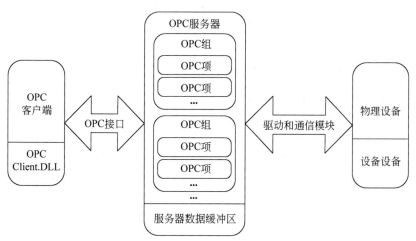

图 14.3 上下位系统以 OPC 方式通信的过程

OPCClient.DLL 中包含了 OPC 客户端开发工具包用到的功能,客户端应用程序通过该工具包和 OPC 服务器的接口进行操作。用户不必了解 OPC 的通信规范和实现,就能实现数据的读取和回写等功能。

14.4.3　OPC 技术在智能化立体仓库系统中的应用

在智能化立体仓库系统中,现场设备控制器采用的是西门子公司的 PLC,并且使用 PLC 编程软件 STEP 7 编写 PLC 的控制程序。本系统中共有 6 个 PLC 站,分别是 3 个堆垛机 PLC 站、一个输送机 PLC 站和 2 个 RGV PLC 站,各个 PLC 站之间通过无线以太网通信。本节介绍 OPC 技术在 PC 与 PLC 通信中的应用。

1. 通过无线以太网建立 OPC 服务器与 S7 PLC 的连接

要想实现 PC 与 PLC 的数据访问,第一步需要建立驱动与通信模块,即建立 OPC 服务器与 PLC 的连接。这通过安装 SimaticNET PC 软件并进行 PC 组态来实现。

SimaticNET 是西门子公司在工业控制层面上提供的一个开放的、多元的通信系统。安装了 SimaticNET PC 软件之后,便可以使工业现场的 PLC、主机、工作站和 PC 通信,从而为 OPC 客户端访问 PLC 数据奠定了驱动基础。

成功安装完 SimaticNET 软件后,接下来便可以进行 OPC 服务器与 S7 PLC 连接通信的组态。

首先,配置 PC 站的硬件机架。打开 Station Configuration Editor 对话框,在 1 号插槽添加 OPC Server 组件,在 3 号插槽添加 IE General 组件,如图 14.4 所示。

然后,下载 PC 组态。通过 Import Station Configuration 导入 S7 PLC 中的组态文件(＊.xdb)。下载成功后,图 14.4 中 1 号插槽的 Status 小红叉便会消失,说明连接已经被激活。

最后,通过 OPCScout 工具创建 OPC 标签。至此 OPC 服务器创建成功。

2. OPC Client 与 OPC 服务器的连接

当 OPC 服务器与 S7 PLC 连接成功之后,调度监控系统应用程序就可以通过连接 OPC.SimaticNET 服务器来实现对 PLC 的数据访问了。监控系统与 OPC 服务器的连接在第 13 章已经介绍过了,在此主要对调度监控系统应用程序连接 OPC 服务器的过程进行介绍。调度监控系统主要通过 OPC 工具包 OPCClient.DLL 实现对 OPC 服务器的数据访问,具体过程如下:

(1) 调用 ActiveCode 函数激活工具包。

(2) 调用 Init 函数进行初始化。

(3) 初始化成功之后,调用 Connect 函数和 OPC 服务器进行连接。

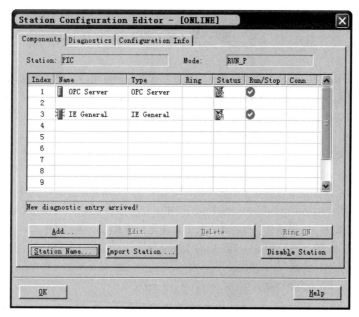

图 14.4 Station Configuration Editor 对话框

（4）调用 SetDataChangeProc 函数注册数据改变回调函数。

（5）调用 AddGroup 函数向 OPC 服务器添加一个或多个 OPC 组。

（6）调用 AddItem 函数向 OPC 组添加一个或多个 OPC 项。

（7）用户数据处理。当与调度监控应用程序连接的 OPC 服务器发生数据改变时，注册数据改变回调函数会被调用，用户可以对接收到的数据进行相关的处理和操作。

（8）在 OPC 客户端程序退出时，调用 Uninit 函数注销 OPC 服务器。

在利用 OPC 工具包开发应用程序的过程中，用户必须完成以下工作：

（1）建立应用程序，加载 OPC 运行库。

（2）按照 OPC 工具包提供的接口正确地调用函数。

 14.5 本章小结

本章主要针对智能化立体仓库系统网络拓扑结构，介绍了管理层与监控层、监控层与控制层的通信方式，重点介绍了 OPC 技术在 PC 与 PLC 通信中的作用，从而实现了监控层与控制层的无缝连接。

参 考 文 献

[1] 张登滨,李丽,杨建根. 自动化立体仓库在军队器材管理中的应用[J]. 科技信息,2014,5:076.

[2] 周凤祥,陈伟忠. 自动化立体仓库在船厂物资管理中的应用[J]. 江苏船舶,2014,31(1):37-39.

[3] 凌浩. 自动化立体仓库研究[J]. 科技与企业,2013(23):162-162.

[4] 王盛明,卢秉亮. 自动化立体仓库货位分配优化研究[J]. 微处理机,2013,34(6):46-48.

[5] 宗晓萍,齐兴敏,王培光,等. 自动化立体仓库拣选作业优化研究[J]. 物流技术,2014,5(3):403-405.

[6] 高立兵. 自动化立体仓库仓储管理系统的设计与实现[J]. 自动化与仪器仪表,2014,8:113-115.

[7] 高丹. RFID 技术在自动化立体仓库管理中的应用研究[J]. 物流技术(装备版),2014(8):63-66.

[8] 孙建民,周泽洋,杨云. 自动化立体仓库存取策略优化与仿真[J]. 物流科技,2014,37(4):18-23.

[9] Jin M,Mu X,Du F,et al. The research on key problem of stereoscopic warehouse with tandem storage space[C]//2013 International Conference on Quality,Reliability,Risk,Maintenance,and Safety Engineering (QR2MSE),IEEE,2013:1447-1450.

[10] Wu J,Xu D,Li Z. Research on key techniques of warehouse management system based on two-dimensional bar code[C]//Proceedings of the 2013 International Conference on Computer Sciences and Applications. 2013:353-356.

[11] Jomaa D,Monteiro T,Besombes B. Development of an inventory classification module: implementation in a warehouse management system[C]//Proceedings of 2013 International Conference on Industrial Engineering and Systems Management (IESM),IEEE,2013:1-5.

[12] 薛明. 浅析自动化立体仓库的应用及发展[J]. 物流技术,2014(1):41-49.

[13] 桂寿平,刘会. 自动化立体仓库出入库作业优化策略研究[J]. 物流技术,2014(7):139-141.

[14] 王成林,何政,王琦. 自动化立体仓库出入库系统研究[J]. 物流技术:装备版,2013(4):85-90.

[15] 王敏. 基于货位升级策略的自动化立体仓库库存管理研究[J]. 物流技术,2014(14):61-64.

[16] 赖思琦,尹显明,杨应洪. 基于 FMS 的自动化立体仓库设计[J]. 机床与液压,2013,41(4):6-9.

[17] Cui C,Wang Y,Yang C. Research on the stability of high-level order pickers based on gravity center self-balancing technology[C]//2015 IEEE International Conference on Mechatronics and Automation (ICMA),IEEE,2015:1295-1300.

[18] Liang H,An S,Wang J,et al. Optimizing time-multiplexing auto-stereoscopic displays with a genetic algorithm[J]. Journal of Display Technology,2014,10(8):695-699.

[19] 夏贤康. 基于遗传算法的高架立体仓库拣选路径优化[J]. 铁道货运,2015,33(9):39-42.

[20] 宋懿. 自动化立体仓库的管理和控制系统[J]. 电子技术与软件工程,2014(7):72.

[21] 李成花. 浅谈立体车库的目前发展过程[J]. 科技资讯,2014(28):63.

[22] 笪良飞. 人工智能在双深式自动化立体仓库货位分配中的应用[J]. 山东工业技术,2015(14):184.

［23］ 王子鸣,王汉新.基于 RFID 的数字化仓储系统研究［J］.价值工程,2015,34(11)：42-44.

［24］ 杨英.浅析"互联网＋物流"智能化仓储系统现状与行业发展［J］.现代经济信息,2015,15：332-334.

［25］ 杨玮,李丹.自动化立体仓库的流程组织资源建模与配置［J］.机械设计与制造,2014（2）：256-258.

［26］ 宗晓萍,朱玲玲,齐兴敏.自动化立体仓库三维仿真平台的研究与实现［J］.物流技术,2014,33(1)：321-324.

［27］ 张开碧,张洋川,匡仲琴.无线控制的立体仓库控制系统设计［J］.电脑知识与技术,2015,19：144-146.

［28］ 康殿友.储运系统中立体仓库及 AGV 小车的研究［J］.科技与创新,2015,7：98.

［29］ 杜亚江,王娴.物流中心高层货架拣选作业的路径优化［J］.计算机系统应用,2013(9)：160-163.

［30］ Mishra N,Kumar V,Kumar N,et al. Addressing lot sizing and warehousing scheduling problem in manufacturing environment.［J］. Expert Systems with Applications,2011,38(9)：11751-11762.

［31］ Smolic-Rocak N,Bogdan S,Kovacic Z,et al. Time windows based dynamic routing in Multi-AGV Systems［J］.IEEE Transactions on Automation Science ＆ Engineering,2010,7(1)：151-155.

［32］ 王琦,牛亚婷,王慧,等.钢铁企业生产执行系统中的 OPC 应用［C］//中国计量协会冶金分会 2010 年会暨全国第十五届自动化应用学术交流会,2010.

［33］ 李媛丽,张仰森,刘安宇.基于无线手持方案的二维条码辅助拣选策略研究［J］.北京机械工业学院学报(综合版),2009(1)：24-27.

［34］ 刘安宇,张仰森.面向重量均匀分布的货位优化分配算法及实现［J］.北京机械工业学院学报.2009(1)：25-27.

［35］ Gademann N,Velde S.Order batching to minimize total travel time in a parallel-aisle warehouse ［J］. IIE Transactions. 2005,37(1)：63-75.

［36］ 柳赛男,柯映林.基于调度策略的自动化仓库系统优化问题研究计算机集成制造系统. 2006.12 (9)：1438-1443.

［37］ 常发亮,刘增晓,辛征,等.自动化立体仓库拣选作业路径优化问题研究［J］.系统工程理论与实践,2007,2：139-143.

［38］ 徐淑萍,苏小会,茹媛,等.二维条码技术在航材保障中的应用研究［J］.微计算机信息,2007.23(11-3)：46-47,56.

［39］ 卢红,郭昉,李泉.企业管理系统中的货位优化研究［J］.物流科技,2006,(7)：50-51.

［40］ 陈志平.无线条码扫描技术在备件仓库实时管理中的应用［J］.物流技术,2007,26(4)：87-89.

［41］ Prindezis N,Kiranoudis C T. An Internet-based logistics management system for enterprise chains ［J］. Journal of Food Engineering,2005,70(3)：373-381.

［42］ 刘德文,梁敏.自动化立体仓库技术的应用［J］.中国设备工程,2018(4)：116-117.

［43］ 王伟超.基于 PLC 的工业自动化立体仓库控制系统设计［J］.电子制作,2018(4)：44-45.

［44］ 朱杰,张文怡,薛菲.基于遗传模拟退火算法的立体仓库储位优化［J］.计算机应用,2020,40(1)：

284-291.

[45] 蔡安江,薛晓飞,郭师虹,等.两端式自动化立体仓库布局堆垛机调度[J].中国机械工程,2019,30(6):109-115.

[46] 蔡安江,史启程.自动化立体仓库调度模型分析及优化[J].机械设计与制造,2018,334(12):53-56.

[47] 吕晓峰.基于无线网络通信技术在自动化立体仓库的应用[J].自动化与仪器仪表,2018(9):208-211.

[48] 杜毅.自动化立体仓库中堆垛机分类与结构研究[J].中国设备工程,2019(22):90-91.

[49] 张桂琴,张仰森.直线往复式轨道自动导引车智能调度算法[J].计算机工程,2009,35(15):176.

[50] Zhang Y,Zhang Y S. Research on the schedule algorithm of the order picking optimization problem in bend aisle warehouse[C]//2010 7th International Conference on Fuzzy Systems and Knowledge Discovery (FSKD 2010),2010:299-303.

[51] 张仰森,刘安宇.智能化立体仓库入库货位分配的综合优化算法[J].计算机科学,2010,37(12):175-177.

[52] Wu L,Zhang Y S. Stacker scheduling algorithm of turn-type and multiexport three-dimensional warehouse[C]//2011 8th International Conference on Fuzzy Systems and Knowledge Discovery (FSKD 2011),2011:718-721.

[53] Liu W L,Zhang Y S. A strategy of the in-warehouse assorted pallet in the three-dimensional warehouse based on the association rule[C]//2011 8th International Conference on Fuzzy Systems and Knowledge Discovery (FSKD 2011),2011:921-924.

[54] 黄改娟,张仰森,刘武雷.基于关系数据库的复合型 BOM 的设计与算法实现[J].北京信息科技大学学报,2012,27(6):66-71.

[55] 唐安杰,张仰森,柴菁,等.多设备集成的智能化仓库管理系统的设计与应用[J].制造业自动化,2015,37(11):143-149.

[56] Duan X L,Zhang Y S,Li F M. The design and application of intelligent stereoscopic warehouse management system for industrial production[A]. Lancaster:DEStech Publications,Inc,2016.

[57] 段旭磊,张仰森,张涛.智能化仓储中箱式缓存区调度算法的设计与应用[J].现代电子技术,2017,40(16):86-89,93.